信息检索

张 静 陈秀华 金福臣 主编

中国出版集团
世界图书出版公司
广州·上海·西安·北京

图书在版编目(CIP)数据

信息检索／张静,陈秀华,金福臣主编. —广州:世界图书出版广东有限公司, 2012.9
ISBN 978-7-5100-5106-7

Ⅰ.①信… Ⅱ.①张…②陈…③金… Ⅲ.①情报检索 Ⅳ.①G252.7

中国版本图书馆 CIP 数据核字(2012)第 203498 号

信息检索

责任编辑	杨力军 吴小丹
出版发行	世界图书出版广东有限公司
地　　址	广州市新港西路大江冲 25 号
http://www.gdst.com.cn	
印　　刷	东莞虎彩印刷有限公司
规　　格	880mm×1230mm　1/32
印　　张	9.25
字　　数	250 千字
版　　次	2013 年 9 月第 2 版　2013 年 9 月第 2 次印刷
ISBN	978-7-5100-5106-7/G・1107
定　　价	30.00 元

版权所有,翻印必究

前 言

知识经济时代,信息广泛渗透到经济、科技、文化的各个学科领域乃至人类生活的各个方面,信息检索与利用已经成为提高人们信息素质和综合素质的重要手段之一。随着信息社会化,以及信息技术和信息资源的迅速发展,信息检索与利用的重要性越来越突出。它既是一个平台,一种工具,也是一个"引擎"。如何快捷、准确、及时、有效地获取所需要的信息,是知识经济和网络时代对信息检索提出的新要求,也是进行素质教育不可缺少的重要组成部分。

爱因斯坦曾经说过"用专业知识教育人是不够的",信息素养已成为现代人才的必备基本素质之一。由于信息载体发生的巨大变化,除传统纸质信息外,还有大量的磁载体信息、电子信息及各类网上信息。信息的多样性增加了信息检索的难度,这极大地影响了人们获取信息的质量与效率。通过对信息检索知识的学习,能够帮助学习者掌握有效的信息获取方法,充分利用已有的信息资源,为科学研究的预测和决策提供必要的信息支撑。

信息检索教育的目的就是培养学习者的信息素质,使其在增强信息意识的基础上,熟悉检索工具和系统,掌握信息检索的方法和技巧,科学、准确地获取信息,提高自学能力,激发创新能力。为此,我们在总结长期从事信息检索教学、科研服务和实际工作的基础上,结合各大检索系统的发展变化,并吸收各类相关教材的优点,编写了《信息检索》一书。

本书力图紧扣信息时代的脉搏,突出现代网络信息的检索与利用,压缩了传统检索知识的篇幅,着重介绍了近几年新出现的检索方法,将最新信息检索方法与利用作为主要内容。在进行国内外大型检索系统、大型检索工具、特种文献的介绍时,采用了理论结合实践操作的模式(图文结合),便于读者举一反三,触类旁通。本书具有内容新颖、实用性强的特点;在文字上力求简练,在取材上力求新颖、翔实。

全书共12章,具体分工如下:

第3—9章、第11章由张静编写;第1章、第12章由陈秀华编写;第2章、第10章由金福臣编写。全书各章节初稿完成后,由张静负责统改全部稿件。

由于经验不足,水平所限,内容难免有疏漏和不当之处,恳请同行专家和读者批评指正。

在本书编写过程中,我们参阅了大量文献,因篇幅所限,仅列出主要参考文献,请有关作者见谅,并借此机会向这些文献作者表示诚挚谢意。

编 者

2012年5月

目 录

第1章 概 论 …… 001
  1.1 信息、知识与文献 …… 001
  1.2 信息源 …… 005
  1.3 信息检索及其类型 …… 013
  1.4 信息检索语言与工具 …… 015
  1.5 信息检索途径、方法和步骤 …… 018

第2章 常用中文信息资源 …… 023
  2.1 CNKI 中国知网 …… 023
  2.2 维普资讯 …… 032
  2.3 万方数据 …… 037
  2.4 国家科技图书文献中心 …… 042
  2.5 超星数字图书馆 …… 047
  2.6 书生之家 …… 050
  2.7 方正 Apabi …… 053

第3章 常用英文信息资源 …… 059
  3.1 Elsevier ScienceDirect …… 059
  3.2 SpringerLink …… 063
  3.3 Scopus …… 067
  3.4 WILEY InterScience …… 073
  3.5 ISI Web of Knowledge …… 076
  3.6 Ei Village …… 084

第4章 图书馆资源与利用 …… 092
  4.1 图书馆概述 …… 092

4.2　馆藏资源利用 ··· 098
　　4.3　图书馆信息服务 ·· 103
第 5 章　专利信息检索 ··· 116
　　5.1　概述 ··· 116
　　5.2　国内专利信息检索 ··· 126
　　5.3　国外专利信息检索 ··· 130
第 6 章　标准信息检索 ··· 137
　　6.1　概述 ··· 137
　　6.2　国内标准信息检索 ··· 143
　　6.3　国外标准信息检索 ··· 151
第 7 章　学位论文检索 ··· 160
　　7.1　概述 ··· 160
　　7.2　国内学位论文检索 ··· 160
　　7.3　国外学位论文检索 ··· 167
第 8 章　会议信息检索 ··· 171
　　8.1　概述 ··· 171
　　8.2　国内会议信息检索 ··· 172
　　8.3　国外会议信息检索 ··· 179
第 9 章　科技报告检索 ··· 185
　　9.1　概述 ··· 185
　　9.2　国内科技报告检索 ··· 186
　　9.3　国外科技报告检索 ··· 191
第 10 章　事实数据检索 ··· 196
　　10.1　概述 ··· 196
　　10.2　百科全书检索 ··· 199
　　10.3　字典、词典检索 ··· 206
　　10.4　名录信息检索 ··· 210
　　10.5　年鉴、手册检索 ··· 213
　　10.6　表谱、图录检索 ··· 218
　　10.7　工具书指南 ·· 222

10.8　中国工具书网络出版总库 ……………………………… 224
第 11 章　Dialog 国际联机检索 …………………………………… 227
　　11.1　概述 ………………………………………………………… 227
　　11.2　常用检索平台 ……………………………………………… 232
　　11.3　常用检索指令 ……………………………………………… 238
　　11.4　基本检索技术 ……………………………………………… 243
　　11.5　联机检索的步骤 …………………………………………… 247
第 12 章　网络信息资源检索 ……………………………………… 250
　　12.1　概述 ………………………………………………………… 250
　　12.2　搜索引擎 …………………………………………………… 258
　　12.3　学科网络信息资源检索 …………………………………… 269
参考文献 …………………………………………………………………… 285

第 1 章 概 论

1.1 信息、知识与文献

1.1.1 信息

信息与人类的关系十分密切,可以说人类从诞生开始就从事着信息活动。在文字发明以前,人们的手势、眼神、乃至捎口信等都是表达和交流信息的方式。人们用结绳记事来编码和存储信息,用烽火来传递信息。"信息"一词的出现已有上千年的历史,唐代李中的《暮春怀故人》一诗中就有"梦断美人沉信息,目穿长路倚楼台"的绝句。今天,"信息"一词的使用频率越来越高、越来越频繁。但究竟"信息"是什么?至今各说不一,没有一个统一的定论。

信息的英文 information,是消息、情报的意思,这是对信息的狭义解释。把信息作为一门科学来解释,"信息"一词的定义多达几十种。概括起来有以下几个方面。

信息的创始人申农(C. E. Shannon)在其经典论著中定义:"信息是用来消除不确定性的东西。"他把信息看做一个抽象的量,提出能否定义一个量,这个量在某种意义上能度量一个过程所产生的信息是多少。

控制论创始人维纳(N. Wiener)认为,信息是"我们对外界进行调节并使我们的调节为外界所了解时而与外界交换来的东西"。

《汉语大辞典》对信息的解释是:现代科学指事物发出的消息、指令、数据、符号所包含的内容。

我国大多数学者认为：信息普遍存在于自然界与人类社会，是客观事物各种表现的反映。物体在运动过程中，伴随有信息的产生，信息借助于物质载体记录和媒体传播。

实际上，信息无处不在，它与万事万物相联系，在我们日常生活中每天都与信息打交道，我们通过感觉器官接受各种各样的外界信息，通过语言和手势表达和传递信息。信息是层出不穷的，人类在社会实践中又不断地产生新信息。因此，我们说信息是客观存在的一切事物，通过物质载体所发出的消息、情报、指令、数据及它们中所包含的一切可传递的和可交流的内容，并随着自然界和人类社会的发展而不断产生新的信息。

1.1.2 知识

信息、知识与文献有一定的内在联系，但它们之间又有着明显的差别。

知识是人类社会实践的总结，是人的主观世界对客观世界的概括和反映。人类在社会实践中通过信息对自然界和人类社会发展的运动规律产生认识，再通过大脑的重新组合和系统化，就获得知识。人类通过世间存在的信息来认识世界和改造世界，人类的生活环境中普遍存在的信息是知识的来源，信息在被接受、选择、处理之后就转化成了知识。知识是一种特定的信息。

1.1.3 文献

文献是用符号、图形、文字、视频、声频等方式记录人类知识的载体。《中华人民共和国国家标准文献著录总则》（GB 3792.1-83）对文献的解释为："文献是记录有知识的一切载体。"这里，文献具有两个基本的要素，一是含有知识；二是一种载体。文献记录知识，而这些知识又依附于载体而存在。正是文献的这些特点使人类的知识得以保存和传播，人类的科学和文化得以继承和发展。所谓载体，不仅包括印刷型出版物，还包括声像制品和电子出版物。因此，文献的范围非常广泛，古代的甲骨文是文献，碑刻、竹简、帛书是文献,青铜器上的铭文是文献,包括今天的磁带、磁盘、光盘、缩微胶片等都是文献。

文献中有可能蕴藏着大量的信息,是信息检索的主要信息源。

信息的内涵范围很大,把一般的信息经过加工处理、系统化之后,信息就可转化成知识。知识是从信息积累中找出的规律性的东西。把知识用载体记载下来就是文献,因此,知识和文献是信息的组成部分,而有价值的信息转化成知识并促使信息再生。

1.1.4 信息的分类

分类是人们认识事物的一种最为基本的方法,也是科学研究活动中常用的一种方法。由于信息在信息界和人类社会生产中存在和流动的范围极其广泛,因此对信息的分类也相对复杂。不同学科领域的研究人员依据不同的分类标准,可对信息进行不同的划分。

(1)按信息内容划分,可将信息分为人类信息和非人类信息。

(2)按信息产生的先后和加工深度划分,可将信息分为一次信息、二次信息、三次信息。

(3)按信息的存在形式划分,可将信息划分为内储信息和外化信息。

(4)按信息的流通方式和传递范围划分,可将信息分为公开信息、半公开信息和非公开信息。

(5)按信息载体形式划分,可将信息分为感官载体形式、语言载体形式、文字载体形式、电磁波载体形式、缩微载体形式、光波载体形式、声像载体形式和计算机载体形式。

另外,我们还可以按信息管理组织、信息的反映面、信息的时态、信息的特征、人对信息的感知方式、信息运动形态等方式将信息划分成不同的类型。

1.1.5 信息的特性

信息定义所揭示的是信息的本质属性,但信息本身还存在许多由本质属性派生出来的一般特性,包括普遍性、时效性、传递性、共享性、开发性、变换性、转化性和可伪性等,它们大都从某一个侧面体现了信息的基本特点。正是有了这些新颖的特性,才使信息成为既不同于物质又不同于能量的一类新的研究对象。同时,通过研究信息的这些新颖性质,又会有助于加深人们对信息基本概念的理解。在这里,我们给大家介绍几种信息的常见特性。

1. 普遍性

信息的普遍性是指信息的存在是普遍的,即信息是无处不在的,也是无时不在的。信息普遍存在于自然界、人类社会之中,也存在于人类的思维或精神领域之中。

2. 时效性

信息的时效性是指信息从发出到被接收的时间间隔及其效率。信息的功能、作用都是随着时间的改变而改变的,信息在获取、加工、传递和利用的过程中,时效性可以表明信息的经济价值。如果信息传递的时间慢,信息很容易失去效益,即使有用的信息也会失去价值,因此,信息的时效在很多时候就决定了信息的价值。

3. 传递性

传递性是信息的本质特征之一,是指信息可以通过一定的传输工具和载体进行传递,从而形成信息联系,被人们感知和接受。信息是物质存在方式的直接或间接显示,这种显示靠光、声、磁以及语言、表情、文字符号等得以呈现和传递。信息的可传递性使信息有可能在短时间内广泛扩散、传播。

4. 共享性

信息的共享性是指信息可被众多主体共享。信息共享是信息的运动规律之一,也是信息的一个重要性质,同时还是信息与其他资源的一个重要区别。信息在交换和转让过程中,其原有信息一般不会丧失,还可能会同时获得新的信息。正是由于信息可以被共享,所以它是人类社会的宝贵财富。

5. 开发性

信息是一种可开发的资源,存储与传递信息的目的是为了开发信息资源。信息是点燃智慧的火种,它能给人们以新的知识,引导人们开拓更新的、更高层次的、更广阔的知识领域。人们正是通过对信息资源的开发利用,来促进科学技术的进步和社会的发展。

6. 价值的不定性

信息的价值就在于将一人、一事、一时、一地的信息传递给需要者,从而创造新的物质财富和精神财富。由于人们对信息的需求和理解及判断能力的不同,信息的价值也有很大的差别。同样的信息对于不同的使用者可能有不同的价值,同样的,不同类型的信息对于不同的使用者也不一定有相同的价值。

1.2 信息源

信息无处不在,无时不有。人们的生产实践、日常生活,以及科研、贸易、金融、军事、政治等活动都是产生信息的源泉。

总体来看,信息来源有语言信息源、实物信息源和载体信息源。

实物包括自然实物和人工实物(人类文化的创造物,如文物、产品等),内含大量科技文化信息,具有文献所不具备的种种优点:直观、实用。实物是现实的商品,除了本身的信息价值外,还具有商品价值(转让)和使用价值。在不作为信息载体使用时,实物可投入流通或作为一般物品发挥它本身的使用价值,这是其他信息载体所不及的。

口头信息指通过交谈、讨论、报告等方式交流传播的信息。多数时候的口头交流传播都属于非正式交流,午餐、沙龙、公关活动等渠道都可能成为主要的交流方式,因而信息分散、随意,交流的信息多属于非公开出版,不具有记载性,不易获取,而且信息质量良莠不齐,存在大量谬传信息有待分析再加以利用。目前,随着通信技术的发展,我们可通过正式会议、视频会议、广播电视、固定与移动电话、网络语音对话等获得此类信息源。

实物信息和语言信息是还没有加工的信息,用户只能根据自己的需要去细心地、有目的地搜集、加工、整理、分析和利用。载体信息源是我们获取信息最主要的来源,根据不同的标准载体信息源又划分为多种不同的类型。

1.2.1 按出版发行方式形成的文献信息源

印刷型文献信息源是一种传统而又古老的记载信息的信息源，这些信息数量庞大、种类繁多、内容丰富，是获取信息的重要来源。印刷型文献信息源有如下几种。

1. 图书

图书(Book)即书籍，有专著、丛书、论文集、工具书、教科书、参考书等，每种图书都有一个中心主题或系统论述。图书的内容比较成熟、全面、系统、完整。尤其是科技图书，一般是对已发表的科研成果、生产技术、科技知识和经验，或某一知识领域进行系统论述或总结之后重新组织编写而成。它通常以会议论文、研究报告、期刊论文以及第一手资料为基本素材，经过作者分析、鉴别而重新组合。它是综合、积累和传递科技知识的一种重要文献信息源。由于图书的出版周期较之期刊长，其报道的信息比期刊论文和专业学科文献迟。但科技图书中提供的知识全面可靠，有的内容还包括一些从未发表过的研究成果和资料，查阅这些图书有利于加强对综合性问题的了解以及对陌生问题的认识。近年来，电子图书大量面世，且数据量越来越大，内容十分丰富，通过计算机就能方便快捷地获得相关图书信息。

2. 期刊

期刊(Journal/Magazine/Periodical)是一种有固定名称的连续出版物，定期或不定期连续刊行，每期载有不同著者、译者或编者所编写的文章，用连续的卷期和年月顺序编号出版，每期的内容不重复。与图书相比，期刊出版发行速度快，报道的内容新颖。

期刊是重要的信息来源，经常查阅期刊，可以了解科研动态、前沿信息和进展情况以拓宽思路，汲取有用的成果。有人曾做过统计，从期刊得到的信息占了整个信息来源的65%～75%，有些学科和专业所占的百分比或许还要高些。

期刊的特点是：品种繁多，内容丰富多样，出版周期短，报道及时、迅速，流通面广泛，连续性强，能及时反映各国的科学技术水平。

有的期刊还登有文献述评、动态介绍、学术协会通告、书评和商品广告等。期刊全文数据库为期刊的利用带来极大的方便,受到越来越多用户的欢迎。

3. 报纸

报纸(Newspaper)是新闻的主要载体,它的出版周期最短。报纸的特点是内容新、涉及面广、读者多、影响大。及时性、新闻性是报纸的主要特征,发生的事件有的仅几个小时就能见诸报端;报纸的内容十分丰富,能让读者及时了解社会政治、经济、文化、科技等各个方面的信息。报纸信息具有连续性和完整性,通过报纸可以了解社会的当前信息和即将发生的事情。但报纸信息零乱、材料分散、知识不系统,是一种难以保存和累积的信息文献。

报纸的数量十分庞大,这给查阅资料带来困难,因此,一般须利用相关索引。电子版报纸的出版发行给查找报纸信息带来了极大的便利。

4. 科技报告

科技报告(Science & Technical Report)是科研工作成果或进展的研究报告和技术报告,一般都有编号,供识别报告类型使用。科技报告通常以正式报告、进展报告、技术札记和备忘录等形式发表。最早的科技报告是在20世纪之初出现的,尤其是在第二次世界大战期间及战后,各国政府加紧军事科研活动并不断增加经费投入,这使科技报告得到快速发展。科技报告大致可以分为基础理论研究和生产技术两大类,所反映的科研水平和成果比期刊论文快,且内容新颖、详尽、专深、具体、完整可靠,是科研过程的真实记录,能反映一个国家在某一学科领域的科技水平。许多尖端学科的研究信息首先就反映在科技报告之中。

科技报告具有保密性,发行是受控制的,一般以单行本形式出版,只有公开与解密的科技报告,流传范围才会较广。目前,国外常见的科技报告主要有:军事系统的AD报告,由美国武装部队技术情报局收集、整理和报道;行政系统的PB报告,由美国商务部国家技术信息服务处负责搜集、整理、报道和发行;原子能和能源管理系统的 AEC/ERDA/DOE 报告,由美国原子能委员会出版;航空与宇航系统的 NASA 报告,由美国国家航空和宇宙航行局出版。以上也就是常说的四大科技报告。

5. 学位论文

按国际标准化组织(ISO)的定义,学位论文(Dissertation/Thesis)是指作者为取得专业资格的学位而提出的介绍他本人的研究发现或某种结论的调查的文献。学位论文在美国通称为"dissertation",在英国则称为"thesis",上面注明了授予的学位头衔,授予学位的单位名称、时间、地点等。

学位论文,尤其是高层次的学位论文质量较高,它们带有一定的独创性,探讨的问题比较专深,对问题的阐述较为系统详细,其参考价值不亚于科技报告,因此是一种重要的信息源。学位论文属非卖品,一般不对外发行,这就造成了利用学位论文的不便。但目前已有不少博硕论文数据库面世,要利用这些信息已不再困难。

6. 会议文献

会议文献(Proceedings/Conference Paper)是指在国际或各国国内各种专业学术会议和科学技术研究会议上宣读的论文和报告。它分为会前、会中、会后出版物,即会前发言预印本或发言预摘、会议期间的论文汇编和会后整理出版的论文集或会议资料。学术会议的类型很多,概括起来有研究特定问题的专题讨论会;有交流学术观点、发表研究成果的学术研讨会;有一年一度讨论工作、规划来年活动的年会。在学术会议上交流的文献常常反映出科学技术的最新成就和发展趋势,探讨的问题专业领域集中、针对性强、内容专深。全世界每年都有上万次的各种学术会议召开,每年发表科技会议记录数千种,文章十多万篇。这些会议文献有许多不再在其他出版物上发表,即使要发表也需经过很长一段时间,因此,很多国际国内的科技工作者都把学术会议视作重要的信息交流场所,以收集和传递各种最新信息。会议文献是了解国际和各国的科技水平、动态及发展方向的重要信息资源。

7. 专利文献

专利文献(Patent Literature)是专利制度下的产物,它是一种知识产权。广义的专利文献指一切记录有关发明创造的文献,包括专利申请书、专利说明书、专利公报以及专利二次文献等。狭义的专利文献仅指各国专利局公布出版的专利说明书,它是一种受法律保护的文献。发明人因研制出某项新技术、创造出某种新的设计等,都可向政府主管部门提出专利申请,经审批后,就能获得一定时间限制(如年限)的专利权。

专利说明书中要指出发明实用新型和外观设计的名称、所解决的核心技术问题、解决的方法、使用后的效果、实施的最佳方案或实例等。专利说明书的内容很具体,同时附有图形,通过它可以了解该项专利的技术内容、经济价值和特殊用途等。据统计,全世界的专利文献虽仅占期刊文献的10%,却能提供40%左右的新产品信息,世界上90%~95%的新技术是通过专利文献公诸于世的。因此,专利文献是科技工作者极为重要的信息源,是了解科技发展沿革的途径之一。利用专利文献,通过专利文献披露出来的技术资料,从中仔细挑选和权衡,常常可获得质优价廉的技术信息,从而帮助人们顺利地进行技术贸易。专利文献涉及的技术内容比较广泛,从日常的生活用品到高科技领域,涉及面广、数量巨大。

8. 灰色文献

灰色文献(Gray Literature)是近年发现的一种新型信息源,一般指非公开出版发行的文献。灰色文献品种繁多,包括非公开出版的政府文献、学位论文;不公开发行的会议文献、科技报告、技术档案;不对外发行的企业文件、企业产品资料、贸易文件(包括产品说明书、相关机构印发的动态信息资料)和工作文件;未刊登稿件以及内部刊物、交换资料、赠阅资料等。灰色文献流通渠道特殊,制作份数少,容易绝版。虽然有的灰色文献的信息资料并不成熟,但所涉及的信息广泛、内容新颖、见解独到,具有特殊的参考价值。

9. 政府出版物

政府出版物(Government Publication)是指各国政府部门以及

所属机构发表、出版的文献。一类是行政性文件,包括国会记录、立法司法资料、方针、政策、规章制度、决议以及调查统计资料等;另一类是科技文献,占政府出版物的30%~40%,其中有科技成果的公布,也有科技研究报告、科普资料等。政府出版物发行前,有的文件已由原单位出版过,有一定量的重复。政府出版物的密级一般为保密、解密和公开发售三类。通过政府出版物,可以了解该国家的科技发展动态、经济政策的演变和科技策略等状况。

10. 产品资料

产品资料(Product Literature)是指各国厂商或经销商为介绍或推销产品而印发的商业宣传品。产品资料包括产品样本、产品目录、产品说明书、厂商介绍、厂刊或贸易刊物、技术座谈资料等。产品样本是对定型产品的性能、构造、原理、用途、使用方法、操作规程、产品规格等所作的具体说明,其数据可靠、技术成熟,有详细的外观照片和结构图,直观性强,并且代表已投产的产品,因此是查阅和分析国内外产品的主要资料。通过产品资料可以掌握竞争对手的活动情况,加快新产品的试制和推销,加速产品的更新换代,提高产品的竞争能力;还可获得设计、制造、使用过程中的必要数据和方法;也可以判断某种产品的使用价值,为企业引进设备提供信息。

产品资料的特点是来源变化大,由于科技创新所带来的新产品样本多,故使用周期短,需及时收集。

11. 标准文献

标准文献(Standard Literature)有狭义和广义之分。狭义指按规定程序制订,经公认权威机构批准的一整套在特定范围内必须执行的规格、规则、技术要求等规范性文献。广义指与标准化工作有关的一切文献,包括标准形成过程中的各种档案、宣传推广标准的手册及其出版物、揭示报道标准文献信息的目录、索引等。标准可划分为法定标准、推荐标准、试行标准和标准草案等。标准文献具有约束力、实效性、针对性等特点。标准号由标准代号、序号、年代号组成。技术标准是各国执行技术政策必要的工具,其中所记载的信息资料都经过了严格的科学验证和精确的数学计算。技术标准在科学上是可信的,在技术上是可行的,对各国的科技发展和生产技术活动进步起到了很重要的作用,对产品的更新换代、改进工艺水平、提高产品竞争力等很有帮助,是了解一个国家的发展和生产水平的重要信息源。

12. 档案文献

档案文献(Archives)是指国家机关、社会团体及组织在从事政治、军事、经济、科技、文化、宗教等活动以及个人从事社会活动中所形成的具有保存价值的各种形式的历史记录。档案材料形式复杂,有原始记录、印刷本文件、复制文件、图纸图样、相关照片;有任务书、协议书、技术指标、审批文件;有研制计划、新方案、技术措施;有调查材料、设计计算、试验的项目、方案、记录的数据、设计图方便纸、生产工艺的记录等。档案内容繁多,包括科研档案、人事档案、会计档案、产品档案、工程档案等。档案材料具有原始性特点,其客观的记录真实地反映了历史。档案文献的可靠性和稀有性使其具有特殊的使用价值。

1.2.2 按记录方式形成的文献信息源

根据文献所依附的信息传递与存储技术,也可将文献信息源分为印刷型、声像型、电子型和网络型信息源。

1. 印刷型

印刷型文献是以纸张为存贮介质、以手写或印刷为记录手段而存在的一种传统的文献形式。其优点是便于阅读和传播。其缺点是存贮密度太低,篇幅庞大,体积笨重,占据储藏空间过多,难于实现内容的自动输入和自动检索。

2. 声像型

音像文献,又称声像资料、视听资料、音像制品,是以磁性材料、光学材料为记录载体,利用专门的机械电子装置记录、显示声音和图像的文献,包括唱片、录音带、幻灯片、电影片、电视片、录像带、录像盘、激光唱盘、激光电视录像盘、多媒体学习工具等。与纸质文献相比,声像型文献的优点是存贮密度高,内容直观,表现力强,易理解接受,传播效果好;缺点是需要相应的技术设备才能视听。

3. 电子型

电子文献是指以数字代码方式将图、文、声、像等信息存储在磁光电介质上,通过计算机或具有类似功能的设备阅读使用,用以表达思想、普及知识和积累文化的文献。出版发行的电子文献又被称之为电子出版物,包括正式出版的电子文献(即电子出版物,如电子图书、电子期刊、电子报纸)和非正式出版的电子文献(如校园网上的各类行政报告、网上的会议资料、内部电子期刊、电子教程等)。从载体上讲,电子文献主要有磁带(Magnetic Tape)型、磁盘(Disk,硬盘、软盘)型、光盘(CD-ROM)型。

在文献载体发展历程上,从纸质文献到电子文献的发展,是人类信息处理、存储、传播技术发展的成果,是对人类自身交流功能的延伸与扩展,它使得人类的文明成果以多于过去成千上万倍地速度增长、记载和交流,从而形成了电子文献与纸质文献平分天下的局面,并且还有取而代之的趋势。

4. 网络型

网络信息源(Network Information Resources)指通过计算机网络可利用到的所有信息资源。由于网络信息源是多媒体形式与多技术手段相融合的结果,其内容上到政治、经济、军事等上层建筑的事实新闻,下到平民百姓的日常生活经历与琐事,无所不包,无奇不有,并以电子与数字化的方式传播,如电子函件、电子布告、电子论坛等,网络信息源以数量巨、内容丰、实时交互、超文本方式的方便与快捷成为当前人们查找利用信息的首选。

1.2.3 按文献信息加工深度形成的文献信息源

从对文献信息的加工处理深度来看,文献源可以分成零次文献、一次文献、二次文献和三次文献。

1. 零次文献

所谓"零次文献",是指非正式出版物或非正式渠道交流的文献,未公开于社会,只为个人或某一团体所用,如文章草稿、私人笔记、会议记录、未经发表的名人手迹等。

2. 一次文献(Primary Literature)

一次文献(Primary Literature)指一切作者以本人的研究成果为基本素材而创作(或撰写)的原始文献,包括论文、译文专著、报纸、报告、产品样本、学位论文、专利文献、标准文献、档案等公开发表的类型;也包括日记、内部报告,技术档案、信件等不公开发表的类型。一次文献是人们对自然和社会信息进行首次加工后固化形成的,公开发表的一次文献具有新颖性和创造性,比较具体、详尽和系统;而不公开发表的一次文献在内容和形式上很分散、不系统。

3. 二次文献(Secondary Literature)

二次文献(Secondary Literature)又称二级次文献,是通过对一次文献进行外部特征(如题名、作者、文献物理特征)和内容特征的分析、提取、整理而形成的新的文献形式,一般包括目录(Bibliography)、题录(Title)、索引(Index)、文摘(Abstracts)、搜索引擎(Search Engine)等。二次文献的重要作用不仅在于报道,更重要的是为查找一次文献提供线索,是检索一次信息的主要工具。

4. 三次文献(Tertiary Literature)

三次文献(Tertiary Literature)又叫参考性文献,由对一定范围内的一次文献信息进行分析、研究、综合生成的系统化的信息而形成,它又可分为综述研究类、参考工具类两种类型。前者有动态综述、学科总结、专题述评、进展报告等;后者有年鉴、手册、大全、词典、百科全书等。三次文献源具有系统性、综合性、知识性和概括性等特点。

1.3 信息检索及其类型

1.3.1 信息检索的含义

信息检索(Information Retrieval)即信息查找之意,包括信息的存储过程和查找过程,而狭义的信息检索就是信息用户为处理解决各种问题而从信息集合中迅速而准确地查找、识别、获取相关的事实、数据、知识的活动及过程。

信息检索作为一门专门技能,其历史可追溯到图书目录和文摘、索引产生的时代。从19世纪30年代起,信息检索经历了手工检索、计算检索、联机检索、光盘检索等几个阶段。近年来,随着信息检索理论和实践的更新发展,人们对信息检索的认识也不断发生变化。

1.3.2 信息检索的类型

1. 按检索内容划分

(1)文献检索(Document Retrieval):以文献(包括图书、期刊、资料等)为检索对象的一种检索。如检索有关"高山红景天的药用价值"的文献。文献检索是信息检索中最重要的一部分。

(2)数据检索(Data Retrieval):凡是利用参考工具书、数据库等检索工具检索包含在文献中的某一数据、参数、公式或化学分子式等,统称为数据检索。如检索"2006年黑龙江省大豆产量"、"2000年吉林省贫困山区人均消费值"等。数据检索是确定性的检索,检索结果直接回答用户问题。

(3)事实检索(Fact Retrieval):以事实为检索对象,查找某一事物发生的时间、地点及过程。如检索"植物学分类的创始人"、"目前我国对森林监测及管理采用的主要技术手段"等。事实检索是一种确定性的检索,检索结果是具体的事实情况,它直接把有关问题的具体答案提供给用户。

2. 按检索方式划分

(1)手工检索:简称"手检",是检索人员用手工方式从印刷型的检索工具(目录、题录、文摘等)中查找所需信息的过程,其检索工具主要是书本型、卡片式和信息系统。手工检索不需要借助任何设备,具有较强的灵活性、适应性和方便性,其缺点是速度慢、效率低。

(2)计算机检索:简称"机检",是检索人员利用计算机从数据库或网上查找信息的过程。计算机检索速度快、效率高、内容新、范围广,尤其网上检索不受地理位置限制,可随时获取全国乃至世界的各种信息。计算机检索在信息检索中发挥着越来越重要的作用。

3. 按检索时间跨度划分

(1)定题检索:是将信息检索限定在特定主题领域,提供主题领域内信息的检索服务。它是新一代搜索引擎的发展方向之一。定题检索的关键技术是主题相关信息的搜索。

(2)回溯检索:对检索系统已存储的全部信息,或其中一定时间范围的信息,按照特定主题范围(用户课题)进行文献检索。

4. 按检索对象划分

(1)文本检索:是指根据文本内容,如关键字、语意等对文本集合进行检索、分类、过滤等。

(2)多媒体检索:在基于内容的图像(视频)检索中,颜色、纹理、形状和运动等视觉特征被提取出来表征图像(视频)内容所蕴涵的语义,从而实现图像(视频)数据的查询与管理。

1.4　信息检索语言与工具

1.4.1　检索语言的含义及作用

在文献信息存储和检索过程中,检索语言起着重要的语言保证作用。如果没有检索语言作为标引人员与检索人员的共同语言,就很难使得标引人员对文献信息主题内容的表达(文献信息标引)与检索人员对相同内容的课题信息需求(课题标引)取得一致,文献信息检索也就不可能顺利实现,甚至根本无法实现。因此,检索语言就是根据检索需要而创造的一种人工语言,即组织文献和检索文献所使用的语言,是经过规范化的人工语言。

检索语言有三个基本要素:①有一套用于构词的专用字符;②有一定数量的基本词汇用来表达各种基本概念;③有一套专用语法为表达各种概念关系。

检索语言的主要作用在于：①标引文献信息的内容及某些外部特征,保证不同标引人员表征文献信息的一致性；②使内容相同及相关的文献信息集中化,并揭示其相关性,使大量分散的文献信息系统化、组织化,便于进行有规律的检索；③便于将标引用语与检索用语进行相符性比较,保证检索提问与文献信息标引的一致性,以及检索结果与检索要求的一致性；④保证检索者在按不同需求检索文献信息时,都能获得最高的查全率和查准率。

1.4.2 检索语言的类型

检索语言通常按表述文献信息特征分为两大类：一类是表述文献信息外表特征的语言,一类是表述文献信息内容特征的语言,如图1-1所示。

表述文献信息外表特征的语言,是以文献信息上记明的、显而易见的特征作为文献信息标识和检索的依据,按字顺或号码排序,容易检索,比较简单。表述文献信息内容特征的语言结构与使用规则较为复杂,因而,它是检索语言的主体和核心。

表述文献信息内容特征的语言,又可分为先组式语言和后组式语言。先组式检索语言是指在文献信息检索之前,表达文献信息内容的标识已经事先组配好了的检索语言；而后组式检索语言是指表述文献信息主题概念的标识,在编制检索语言词表和标引文献信息时,都不预先固定组配,而是在进行检索时,根据检索的实际需要,按组配规则临时组配起来的检索语言。

1.4.3 信息检索工具及类型

检索工具是指用以报导、存贮和查找文献线索的工具。它是附有检索标识的某一范围文献条目的集合,是二次文献。一般说来,检索工具应具备以下条件：明确的收录范围；有完整明了的文献特征标识；每条文献条目中必须包含有多个有检索意义的文献特征标识,并标明供检索用的标识；全部条目科学地按照一定规则组织成为一个有机整体；有索引部分,提供多种必要的检索途径。

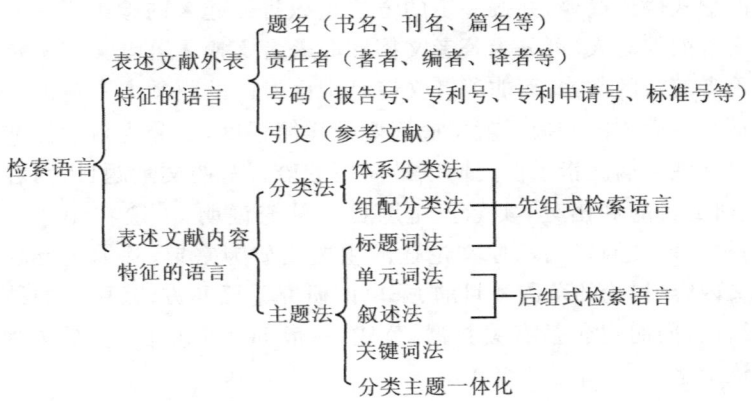

图 1-1　检索语言的分类

目前,可供人们使用的检索工具有很多,不同的检索工具各有特点,可以满足不同的信息检索的需求。检索工具有不同的分类方法,按加工文献和处理信息的手段不同可分为:手工检索工具和机械检索工具。按照载体形式不同可分为:书本式、磁带式、卡片式、缩微式、胶卷式检索工具。按照著录格式的不同可将检索工具分为以下四种类型。

1. 目录型检索工具

目录型检索工具是记录具体出版单位、收藏单位及其他外表特征的工具。它以一个完整的出版或收藏单位为著录单元,一般著录文献的名称、著者、文献出处等。目录的种类很多,对于文献检索来说,国家书目、联合目录、馆藏目录等尤为重要。

2. 题录型检索工具

题录型检索工具是以单篇文献为基本著录单位来描述文献外表特征(如文献题名、著者姓名、文献出处等),无内容摘要,是快速报道文献信息的一类检索工具。它与目录的主要区别是著录的对象不同。目录著录的对象是单位出版物,题录的著录对象是单篇文献。

3. 文摘型检索工具

文摘型检索工具是将大量分散的文献,选择重要的部分,以简炼的形式做成摘要,并按一定的方法组织排列起来的检索工具。按照文摘的编写人,可分为著者文摘和非著者文摘。著者文摘是指原文著者编写的文摘;而非著者文摘是指由专门的熟悉本专业的文摘人员编写而成的文摘。就文摘摘要的详简程度,可分为指示性文摘和报导性文摘。指示性文摘以最简短的语言写明文献题目、内容范围、研究目的和出处,实际上是题目的补充说明,一般在100字左右;报导性文摘以揭示原文论述的主题实质为宗旨,基本上反映了原文内容、讨论的范围和目的、采取的研究手段和方法、所得的结果或结论,同时也包括有关数据、公式,一般500字左右,重要文章可多达千字。

4. 索引型检索工具

索引型检索工具是根据一定的需要,把特定范围内的某些重要文献中的有关款目或知识单元,如书名、刊名、人名、地名、语词等,按照一定的方法编排,并指明出处,为用户提供文献线索的一种检索工具。

1.5 信息检索途径、方法和步骤

1.5.1 信息检索途径

检索途径主要是指信息检索的角度或渠道。文献信息的检索,必须依赖于检索前已经掌握的线索,以及现有检索工具的情况,有针对性地选择合适的检索途径。通常可依据文献的特征,将信息检索途径分为内容特征检索途径和外部特征检索途径。

1. 内容特征检索途径

内容特征检索途径,依照所采用的检索语言的不同,又分为分类途径、主题途径和分类主题途径三种。

(1)分类途径。按文献的信息内容,利用分类检索语言,检索文献信息的途径。分类检索的实施,需要使用各种分类目录或分

第1章 概 论

类索引。其基本过程为:首先按照分析提问的主题概念,选择能够表达这些概念的分类类目(包括类名和类号);然后按照分类类目的类号或字顺,从分类目录或索引中进行查找,进而得到所需的文献信息。

分类途径一般是以学科体系为中心排检文献的,较能体现学科的系统性,使同一学科有关文献集中在一起,使相邻学科的文献相对集中,所以能较好地满足族性检索的需要,查全率较高。

(2)主题途径。按文献的信息内容,利用主题检索语言,检索文献信息的途径。主题检索的实施,需要使用各种主题词索引,如主题索引、关键词索引、叙词索引等。其基本过程为:首先分析提问的主题概念,选择能够表达这些概念的主题词。然后按照主题词的字顺,从主题词索引中进行查找,进而得到所需的文献信息。

主题途径以词语作为检索标识,表达概念直接、准确、灵活,并可根据科学技术的发展随时增加新的检索标识,反映学科发展的新概念,具有动态性特征。所以,主题途径适合于检索主题概念复杂、专深的或较具体的文献资料,能较好满足特性检索的需求。

(3)分类主题途径。分类主题途径是分类途径与主题途径的结合。它比分类体系更具体,无明显的学术层次。划分比主题体系更概括,但保留了主题体系按字顺排序以便准确查检的特点。

2. 外部特征检索途径

文献的外部特征,是指文献载体的外表上标记的可见特征,如责任者、题名、序号等。按照所采用的外部特征不同,可分为多种具体的检索途径。

(1)责任者途径。按照已知的文献责任者的名称检索文献信息的途径。文献的责任者包括个人责任者(Personal Author)、团体责任者(Corporate Author)、编者(Editor)、专利权人(Patentee)等。利用责任者途径检索文献,需要利用各种著者索引、团体著者索引、机构索引、专利权人索引等,这种索引按责任者姓名或名称字顺编排,使用方便。

责任者途径的特点是:由于研究人员的研究方向相对稳定,同一著者名称下往往集中了学科内容相近或有内在联系的文献,所以这种途径在一定程度上可以满足族性检索的要求,但不能获得某一课题的全面的资料;且通过作者线索,可以系统地发现和掌握他们研究的进展,可以查找某一作者的最新论著。责任者途径是极为常用的检索途径。使用责任者途径检索文献时,要了解作者索引编排的规则和不同国家作者姓名的一般知识。

(2)题名途径。按照已知的文献题名检索文献信息的途径。文献题名主要是指书名、篇名、刊名等。题名检索的实施,需要利用各种题名目录或索引,这种索引款目按标识字顺排列,利用它可以检索出一篇特指的文献,还可以集中一种著作的全部版本、译本等。题名途径一般较多用于查找图书、期刊、单篇文献。

(3)序号途径。有些文献具有独特的编序号码或标识号码,如专利、报告、标准等文献类型。利用这类文献的序号,也可作为检索文献信息的途径。序号检索需要利用各种序号索引,如专利号索引、报告号索引、标准号索引等。在已知文献特定序号的前提下,利用序号途径检索文献非常简便、快速,但局限性很大。

(4)引文途径。引文途径比较特殊,本书将其归入外部特征检索途径,是因为其检索标识的入口词为文献的著者。使用引文语言进行信息检索可以采用两种操作方法:一是利用成套的检索工具,如美国《科学引文索引》(SCI)等,通过被引用文献入手,查找引用文献;二是通过引用文献即来源文献入手,直接利用文献结尾所附的参考文献,查找被引用文献。

综上所述,分类途径和主题途径是文献检索的常用途径。前者以学科体系为基础,按分类编排,学科系统性好,适合于族性检索;后者直接用文字表达主题,概念准确、灵活,直接性较好,适合于特征检索。责任者途径、题名途径、序号途径等外部特征途径,其最大优点是排列与检索方法以字顺或数字为准,比较简捷、单纯,不易错检或漏检,因而适用于查找对已知篇名、作者姓名或序号的文献,可直接判断该文献的有无。

1.5.2 信息检索方法

信息检索的一般方法分为直接检索法、间接检索法、追溯检索法、循环检索法等。

1. 直接检索法

直接检索法是直接从报刊杂志中通过浏览获取所需信息的一种方法,是一种获得最新信息的方法,但很难快、准、全地获取所需信息。

2. 间接检索法

间接检索法是通过检索工具的指引进行查找,获取所需信息的一种方法,效率高、效果好。包括顺查法、倒查法和抽查法。

3. 追溯检索法

追溯检索法是指不利用检索工具,而是利用文献后面所列的参考文献逐一查原文(被引用文献),然后再从这些原文后所列的参考文献目录逐一扩大文献的信息范围,一环扣一环地追查下去的方法。

4. 循环检索法

循环检索法是指交替使用各种方法互相配合、取长补短,以取得更好的检索效果。

1.5.3 信息检索步骤

1. 分析研究课题

分析课题是检索过程中最重要的环节,检索之前要把信息需求分析清楚,分析课题的主题内容,确定文献的学科范围,找出课题研究需要解决的关键问题,同时要确定检索年限,原始文献的语种、类型、出版年代范围、对检索结果的预期数量度等。对于计算机信息检索,还要考虑所能承受的最高费用限度。这些分析将成为制定检索策略、选择检索措施时的关键依据。

2. 选择检索工具

如果课题复杂,应选择综合性和专业性检索工具相结合的方法进行检索;如果课题单一,可以以专业性检索工具为主,如要查找关于"GIS使用的相关软件"的信息,可以先利用专业性较强的《科学文摘》(SA)的 C 辑"计算机与控制文摘"(CCA)查找,然后再用综合性的工具《工程索引》(EI)作为补充。如要查找专利,则应先用专利文献进行检索,如《中国专利公报》、《世界专利索引》或者专利信息数据库等检索工具或检索系统。

3. 选择检索途径

实施检索的查找,先要依据检索需求,以及现有的检索系统或检索工具的特点,选定合适的检索途径,确定适当的检索途径、标识和方法,然后再据此进行具体的查找,并不断地分析,判断查找出的初步检索结果,必要时调整检索的策略和措施,直至符合信息需求。

4. 制定检索策略

制定检索策略的前提条件是要了解信息检索系统的基本性能,基础是要明确检索课题的内容要求和检索目的,关键是要正确选择检索词和合理使用逻辑组配。提高查准率的方法有:使用下位概念检索;将检索词的检索范围限在篇名、叙词和文摘字段;使用逻辑"与"或逻辑"非";运用限制选择功能;进行进阶检或高级检索。提高查全率的方法有:选择在全字段中检索;减少对文献外表特征的限定;使用逻辑"或";使用检索词的上位概念进行检索;进入更合适的数据库查找。

5. 处理检索结果

将所获得的检索结果加以系统整理,筛选出符合课题要求的相关文献信息,选择检索结果的著录格式,辨认文献类型、文种、著者、篇名、内容、出处等几项记录内容,输出检索结果。

6. 原始文献的获取

可以利用二次文献检索工具获取原始文献;利用馆藏目录和联合目录获取原始文献;利用文献出版发行机构获取原始文献;利用文献著者获取原始文献;利用网络获取原始文献。

检索途径、检索方法和检索步骤并非一成不变,需要根据检索过程展开的具体情况加以调整、变换和重组。只要掌握了基本途径、方法和步骤,就可以举一反三,运用自如。

第 2 章 常用中文信息资源

2.1 CNKI 中国知网

2.1.1 简介

中国知识基础设施工程(China National Knowledge Infrastructure,简称 CNKI 工程)是以实现全社会知识信息资源共享为目标的国家信息化重点工程,被国家科技部等五部委确定为"国家级重点新产品重中之重"项目。CNKI 工程是以实现全社会知识资源传播共享与增值利用为目标的信息化建设项目,由清华大学、清华同方发起,始建于 1999 年 6 月。经过多年努力,CNKI 工程集团采用自主开发并具有国际领先水平的数字图书馆技术,建成了世界上全文信息量规模最大的"CNKI 数字图书馆",并正式启动建设《中国知识资源总库》及 CNKI 网格资源共享平台,通过产业化运作,为全社会知识资源高效共享提供最丰富的知识信息资源和最有效的知识传播与数字化学习平台。

通过与期刊界、出版界及各内容提供商的合作,中国知网已经发展成为集期刊杂志、博士论文、硕士论文、会议论文、报纸、工具书、年鉴、专利、标准、国学、海外文献资源为一体的,具体国际领先水平的网络出版平台。中心网站的日更新文献量达 5 万篇以上。

2.1.2 收录内容

在浏览器地址栏键入 http://www.cnlci.net 即可进入 CNKI

中心网站,其界面如图2-1所示。如果不是CNKI的合法用户,只能浏览检索该网站提供的免费信息。要成为合法用户,需获得网上包库用户、CNKI卡用户、编辑部用户、博或硕士单位等任一种登录帐号才可访问CNKI。另一种方法是直接到当地CNKI镜像站点单位检索。通常建立CNKI镜像站点的单位有各大高校图书馆、公共图书馆、科技情报所等单位。

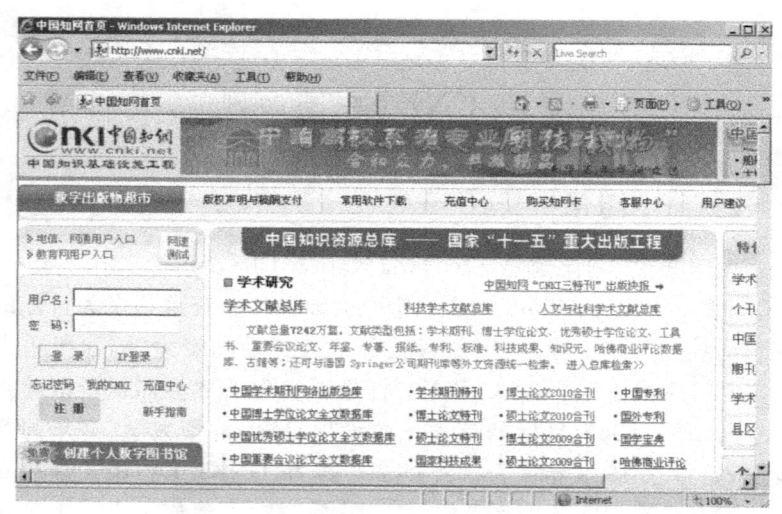

图2-1 中国知网主页

CNKI数字图书馆具有夯实的文献资源基础,正式出版了22个数据库型电子期刊,使CNKI数字图书馆所囊括的资源总量达到全国同类资源总量的80%左右。在此基础上,CNKI工程集团开发了大量的用于教育教学的多媒体素材库和多媒体知识元库。

目前,CNKI工程已建成中国期刊全文数据库(CJFD)、中国重要报纸全文数据库(CCND)、中国重要会议论文全文数据库(CPCD)、中国专利数据库等超大规模数据库,在建设网络化知识信息传播服务体系等方面取得了重大成果。同时,在CNKI源数据库的基础上,CNKI工程研制出了中国企业知识仓库(CEKD)、中国基础教育知识仓库(CFED)、中国医院知识仓库(CHKD)、中国城市规划知识仓库(CCPD)等大型数据库。

下面对 CNKI 提供检索的部分数据库进行介绍。

1. 中国期刊全文数据库(CJFD)

《中国期刊全文数据库(CJFD)》是目前世界上最大的连续动态更新的中国期刊全文数据库,积累全文文献800万篇,题录1500余万条,分九大专辑,126个专题文献数据库;收录了国内公开出版的自1994年至今出版的6100种核心期刊与专业特色期刊的全文。九大专辑为:理工A(数理化天地生)、理工B(化学化工能源与材料)、理工C(工业技术)、农业、医药卫生、文史哲、经济政治与法律、教育与社会科学、电子技术与信息科学。其产品形式主要有《中国期刊全文数据库(WEB版)》、《中国学术期刊(光盘版)》(CAJ-CD)、《中国期刊专题全文数据库光盘版》。1994—2000年的专题全文数据库已出版"合订本",每个专题库1~2张DVD光盘。CNKI中心网站及数据库交换服务中心每日更新,各镜像站点通过互联网或卫星传送数据也可实现每日更新,专辑光盘每月更新(文史哲专辑为双月更新),专题光盘年度更新。

《中国期刊全文数据库》具有以下特点:

(1)海量数据的高度整合,集题录、文摘、全文文献信息于一体,实现一站式文献信息检索(One-stop Access);

(2)参照国内外通行的知识分类体系组织知识内容,数据库具有知识分类导航功能;

(3)设有包括全文检索在内的众多检索入口,用户可以通过某个检索入口进行初级检索,也可以运用布尔算符等灵活组织检索提问式进行高级检索;

(4)具有引文连接功能,除了可以构建成相关的知识网络外,还可用于个人、机构、论文、期刊等方面的计量与评价;

(5)全文信息完全的数字化,通过免费下载最先进的浏览器,可实现期刊论文原始版面结构与样式不失真的显示与打印;

(6)数据库内的每篇论文都获得清晰的电子出版授权;

(7)多样化的产品形式,及时的数据更新,可满足不同类型、不同行业、不同规模用户个性化的信息需求。

《中国期刊全文数据库》除了可用于信息检索、信息咨询、原文传递等常规服务外,还可以用于以下一些专项服务:

(1)引文服务,生成引文检索报告;

(2)查新服务,生成查新检索报告;

(3)期刊评价,生成期刊评价检索报告;

(4)科研能力评价,生成科研能力评价检索报告;

(5)项目背景分析,生成项目背景分析检索报告;

(6)定题服务,生成 CNKI 快讯。

2. 中国优秀博硕士学位论文全文数据库(CDMD)

《中国优秀博硕士学位论文全文数据库(CDMD)》是一个目前国内相关资源非常完备、收录质量高、连续动态更新的中国博硕士学位论文全文数据库,迄今已完成 2000—2003 年 80000 本论文的数据加工与入库。每年收录全国 300 家博士培养单位的优秀博硕士学位论文约 28000 篇。覆盖范围有理工 A(数理化天地生)、理工 B(化学化工能源与材料)、理工 C(工业技术)、农业、医药卫生、文史哲、经济政治与法律、教育与社会科学、电子技术与信息科学等。产品形式主要有 Web 版(网上包库)、镜像站版、光盘版、流量记费四种。

该数据库主要可应用于:帮助研究生确定论文的选题和研究方向,以避免与他人研究工作的重复;帮助教师从中选取研究生教育和本科生教育的教学参考资料;帮助科研人员了解有关课题的研究动态和借鉴有关的理论与方法;帮助研究生培养单位进行研究生教育的业务管理;帮助国家主管部门进行研究生教育的宏观管理与监控;帮助企业单位及早发现研究生的创新成果,并使之转化为创新产品。

3. 中国重要报纸全文数据库(CCND)

《中国重要报纸全文数据库(CCND)》是目前国内少有的以重要报纸刊载的学术性、资料性文献为收录对象的连续动态更新的数据库,目前已累积文献 210 万篇。收录 2000 年 6 月至今国内公开发行

第 2 章 常用中文信息资源

的 400 多种重要报纸,每年精选 80 万篇文献,覆盖范围为文化、艺术、体育及各界人物、政治、军事与法律、经济、社会与教育、科学技术、恋爱婚姻家庭与健康等。共分六大专辑,36 个专题数据库。

该数据库主要应用于:科技与社会发展动态信息查询;自然科学与社会科学学术信息检索与原文提供;自然科学与社会科学基础知识普及教育与传播;与 CNKI 的其他数据库一起,提供不同类型的管理与评价工具;为数字图书馆、数字档案馆建设提供重要的信息资源。

4. 中国重要会议论文全文数据库(CPCD)

《中国重要会议论文全文数据库(CPCD)》内容覆盖理工、农业、医药卫生、文史哲、经济政治法律、教育与社会科学综合等各方面,主要收录我国各级政府职能部门、高等院校、科研院所、学术机构等单位的会议论文集。现已收录 1998 年至今的 1000 本论文集近 10 万篇论文及相关资料,每年增加 1500 本论文集约 10 万篇论文及相关资料,目前网上有 6 万篇文章。学科范围涵盖理科(数理化天地生)、工程学科、农林、医药卫生、电子技术、信息科学、文学、历史、哲学、经济、政治、法律、教育和社会科学等。

5. 中国医院知识仓库(CHKD)

中国医院知识仓库(China Hospital Knowledge Database,简称 CHKD)是中国知识基础设施工程的重要知识仓库之一,是为我国各级各类医院(包括综合、专科、中医、卫生防疫等医疗卫生机构)的信息化建设而设计的大型全文知识仓库。该知识仓库的文献来源包括期刊(700 多种医药类专业期刊及 2300 多种非医药类期刊所提供的文献)、报纸(280 多种专业报纸及与其相关的其它报纸)、医学博硕士论文、我国重要的医药卫生会议论文以及部分医药卫生类工具书、教材等;首次推出的 CHKD 收录了 1994 年至今的各类医学文献达 160 多万篇;内容全面、实用,涵盖了基础医学、临床医学、中国医学、诊疗技术、特种医学(例如,军事医学、航海医学等)、预防保健、药学、医疗器械、管理、医学教育等医药卫生各个领域,并切合不同工作性质的医务工作者的业务素质提高、科研立项、进修学习的实际需要对 CHKD 资料加以遴选、分类和整合。尤其是围绕循证医学新概念的确立,在临床医学专题库中专门增设了"循证医学"这个特色栏目,充分满足医务工作者为适应经验医学向循证医学转变所需的知识信息。产品形式主要有光盘版和网络镜像数据库两种。

6. 中国企业知识仓序

"中国企业知识仓库"简称 CEKD,是由国家新闻出版署正式批准,以期刊方式出版的大型知识库。CEKD 收录国内 5400 余种核心与专业特色期刊、博硕士论文、报纸、行业标准、法律法规、行业经济数据统计、行业深度研究报告、技术发展动态、国外经济发展动态等信息,涵盖企业技术创新、经营决策、企业管理、WTO、行业动态等专业资料信息。以 Web 和光盘版的形式公开发行,每日更新 1000 条,月更新 5 万条,总数约为 300 万余条。主要面向企业中高级管理人员;技术研发、市场拓展与销售人员;各行业信息中心,企业咨询公司,情报所,城市规划单位,政府经营管理决策部门的研究人员;各大专院校、研究院的市场研究、经济研究、现代企业研究的科研人员;社会各行业阶层关注市场发展最新行情的一般人员等。下面介绍部分该知识仓库的知识库。

(1)企业管理创新知识库:该知识库专为企业各职能部门不同层次人员设置 CEO、CFO、COO、CIO、CTO、CGO、CMO、CHO、SALES 九个栏目,及"企业战略决策"、"资本运营"、"人力资源管理"、"技术创新"、"企业认证与质量管理"、"电子商务与网络营销"、"信息与知识管理"、"项目管理"、"国际竞争与 WTO"、"企业案例库"、"西部大开发"等 27 个子栏目。每日更新量千条以上,使企业管理领导层实现足不出户、运筹帷握,鼠标点击,决胜千里的夙愿。

(2)行业技术创新知识库:该知识库设置了信息产业、电力能源工业、城市规划与建设、石油与化工、冶金机械制造业、环保产业、电子与电气、轻工纺织、交通与运输、房地产业、航空航天 11 个栏目,是各行各业的企业专业技术人员进行技术革新、学习技术知识的在线宝典。

7. 中国城市规划知识仓库

"中国城市规划建设知识仓库"简称 CCPD,是报批国家建设部发文立项的 2001 年信息技术研究开发示范项目,由清华同方光盘股份有限公司与中国城市规划设计研究院联合承担目的在于为广大的城市建设行业人员提供全面、权威的专业资料,使行业内部实现标准化管理,有效利用行业信息资源,提高行业城市建设信息化水平。CCPD 收录了 1994—2002 年国内 400 余种期刊、博硕士论文、报纸、优秀设计成果、行业年鉴、行业标准、法律法规、行业通信、国外期刊、技术发展动态等信息,以不同的用途划分为规划设计、城建管理、监理、施工等专题,并配备了专业的知识服务队伍,以实时的内容更新服务于城建行业。CCPD 检索速度快,能进行跨库检索;可进一步开放至 Internet 实现资源共建共享;可自行添加其他"知识仓库";具有检索结果批处理功能;预留引文连接入口和作者 E-mail 入口,可进行在线学术交流等使用特点。

在以上介绍的数据库产品当中,有部分数据库是免费的。对于这些免费数据库,用户可以点击主页上的"免费资源"链接即可进入免费资源选择页面。

2.1.3 检索方法

第一次使用 CNKI 数字图书馆的用户,首先需下载 CAJ 全文浏览器或 Acrobat 浏览器中的任何一个浏览器。用户可到 http://www.cnki.net 主页上下载最新版的 CAJ 全文浏览器或 Acrobat 浏览器,因为 CNKI 数字图书馆的文献资源为 CAJ 和 PDF 两种格式,用户可以选择任意一种格式查阅。CAJ 全文浏览器比 Acrobat 浏览器功能更强,建议使用 CAJ 全文浏览器。如果是 CNKI 卡用户,第一次购卡,还需要注册开户。

要使用好 CNKI 数字图书馆的数据库,首先要学会怎样做检索和如何处理检索结果。检索是通过各种途径发现、查找所需知识的过程。检索结果的处理是获取所需知识的行为。使用数据库的过程包括检索过程和检索结果的处理过程。

1. 检索方式

CNKI数字图书馆提供多种检索方式,主要包括以下几种。

导航检索:从导航目录一步一步进入下一级目录,直达你所需要的内容。

二次检索:在执行完第一次检索操作后,如果觉得检索结果范围较大,你可以在此基础之上多次执行二次检索,以便缩小检索范围,逐次逼进检索结果。

高级检索:通过逻辑关系的组合进行快速查询。这种检索方式的优点是查询结果冗余少,命中率高。对于命中率要求较高的查询,建议使用该检索方式。

2. 检索途径

CNKI数据库提供了若干检索途径,如标题检索、关键词检索、摘要检索、作者检索、期刊(报纸、论文)名称检索等。

3. 检索结果处理

通过多种检索途径,找到了大量的内容后,用户就需要对检索到的内容通过浏览器进行浏览、下载、摘录、复制、取图、打印等。

(1) 浏览:选择浏览的文章,点击下载全文,然后选择在当前位置打开,直接浏览全文。

(2) 下载:选择下载的文章,点击下载全文,然后选择存盘,内容就会保存在您的计算机里面。如果你已经在浏览全文,则在上方直接点击保存即可。

(3) 打印:单击浏览器工具栏中的打印机图标即可。

(4) 摘录:单击浏览器工具栏中的 图标,用鼠标选中你所需要的文章内容,复制粘贴到文本编辑器(如Word等)。

(5) 取图:单击浏览器工具栏中 图标,框选所需要的图片、图表或公式,复制粘贴到Word、图片编辑器处理或其他系统中。

(6) OCR识别:部分文章为扫描版,要将扫描处理的内容转为文本内容,需按鼠标右键,选择文字识别功能,即可将扫描的文字转化为文本进行再编辑处理。

2.1.4 检索步骤

CNKI 检索系统中的全文检索系统深受用户欢迎,在这里以中国期刊全文数据库为例来说明其检索步骤。

(1)通过 http://www.cnki.net 或者进入购买了中国期刊全文镜像站的单位所建立的网页登录检索系统。

(2)登录全文检索系统后,系统默认的检索方式为初级检索方式。如果要选择高级检索可在主页左侧的导航栏中的页面转换工具条中进行选择。

(3)选取检索范围。

首先,在主页左侧的导航栏中的目录导航工具条中进行选择。

其次,双击专题查看下一层的目录,同样步骤操作,直到找出所需的检索范围。在要选择的范围前单击选定,然后点击"检索"按钮。有时候,课题存在跨学科的问题,所以在进行课题检索时,为了保证查全率,最好在总目录下进行检索;如果强调查准率,则可以选择相关目录。

(4)选取检索字段。在字段的下拉框里选取预检索字段,这些相关字段有:篇名、作者、关键词、机构、中文摘要、引文、基金、全文、中文刊名、年期。通常以使用"篇名"、"关键词"为多,对于有特别要求的用户,可选择其他相关字段进行检索。

(5)输入检索词。在检索词文本框里输入关键词。

(6)执行检索。点击"检索文献"按钮进行检索或点击"清除"按钮清除输入,在页面的右侧上部浏览窗口列出检索的题录形式,下部细阅窗口列出选中文献的文摘形式。如图 2-2 所示。

在下部细阅窗口文献的著录格式中,文献的出处部分为超级链接,双击后可得到该期刊当期所有文献的内容。在浏览窗口的下部可以进行二次检索,在当前检索结果中缩小范围,再一次进行检索下载原文。

(7)点击"原文下载"即可打开"文件下载"对话框,用户可以选择在当前位置打开该文件或进行保存,然后再利用 CajvieWeb 进行

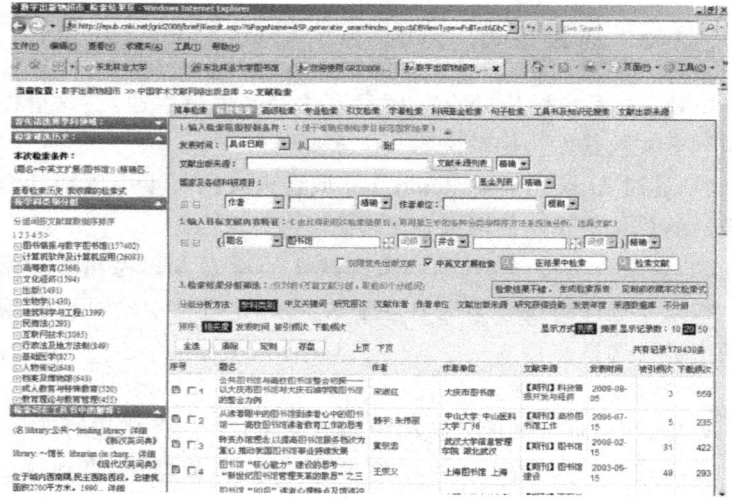

图 2-2　中国期刊网全文数据库检索结果界面

全文阅读、打印和复制。

CNKI 检索系统的其他数据库的检索步骤和界面都非常类似，在这里就不再赘述了。

2.2　维普资讯

2.2.1　简介

维普资讯是科学技术部西南信息中心下属的一家大型专业化数据公司，是中文期刊数据库建设事业的奠基人。公司全称重庆维普资讯有限公司，目前已经成为中国最大的综合文献数据库。从 1989 年开始，公司一直致力于对海量的报刊数据进行科学严谨的研究、分析、采集、加工等深层次开发和推广应用。自 1993 年以来，公司的业务范围已涉及数据库出版发行、知识网络传播、期刊分销、电子期刊制作发行、网络广告、文献资料数字化工程以及基于电子信息资源的多种个性化服务。

维普资讯网建立于2000年,经过多年的商业建设,已经成为全球著名的中文信息服务网站,是中国最大的综合性文献服务网,并成为Google搜索的重量级合作伙伴,是Google Scholar最大的中文内容合作网站。其所依赖的《中文科技期刊数据库》,是中国最大的数字期刊数据库。该库自推出就受到国内图书情报界的广泛关注和普遍赞誉,是我国网络数字图书馆建设的核心资源之一,广泛被我国高等院校、公共图书馆、科研机构所采用,是高校图书馆文献保障系统的重要组成部分,也是科研工作者进行科技查证和科技查新的必备数据库。目前已拥有包括港澳台地区在内的5000余家企事业集团用户单位,网站的注册用户数超过300余万,累计为读者提供了超过2亿篇次的文章阅读服务,实现了以信息化服务社会、推动中国科技创新的建站目标。

迄今为止,维普公司收录有中文报纸400多种、中文期刊9000多种、外文期刊5000余种;已标引加工的数据总量达1500万篇、3000万页次;拥有固定客户2000余家,在国内同行中处领先地位。维普数据库已成为我国图书情报、教育机构、科研院所等系统必不可少的基本工具和获取资料的重要来源。

2.2.2　收录内容

1.《中文期刊全文数据库》

收录了9000余种期刊,分为自然科学、工程技术、农业科学、医药卫生、经济管理、教育科学和图书情报七个专辑。专辑又细分为27个专题。

2.《外文科技期刊数据库(文摘版)》

提供1995年至今的5000余种外文科技期刊题录文摘及检索软件。分为自然科学、工程技术、农业科学、医药卫生、经济管理、教育科学和图书情报七个专辑。检索字段包括作者、刊名、题名、文摘、ISSN号、刊号和任意字段。

3.《中国科技经济新闻数据库》

源于1992年至今的400多种中国重要报媒和5000多种科技期

刊,累积数据量达 120 多万条,覆盖工业、农业、医药、经济、商业等行业的科研动态、企业动态、发展趋势等信息。分为科研、工业 A、工业 B、工业 C、农业、医药、商业、经济、教育九个专辑,23 个专题。提供树型分类导航系统,有作者、标题、正文、出版地、报刊名、分类号、任意字段等多个检索入口。

4.《中文科技期刊数据库(引文版)》

提供 1990 年至今的 5000 余种中文科技期刊题录文摘和引文及检索软件。分为自然科学、工程技术、农业科学、医药卫生、经济管理、教育科学和图书情报七个专辑。可从源文献和被引文献入口进行检索,检索字段包括作者、题名、出处和任意字段。

2.2.3 数据库检索

1. 使用方法

如果您不是该网站的注册用户,要查看文摘或全文信息,必须先注册;要查看详细题录文摘和全文,还要升级为正式用户。要成为正式用户须交纳一定的费用,方式有包库和流量计费两种方式。

维普电子期刊全文采用特有的格式制作及传播,用户使用时必须首先下载并安装其期刊全文阅读器——维普全文阅读器,才可对期刊全文进行浏览、打印及下载。

2. 检索方法

(1)专业检索。点击"专业检索"下列的任何一个类别逐级展开即可,结果将显示出该子类包含的全部文献标题、作者、刊物名称和出版年供浏览;同时,该页面的上方会出现一个"请输入检索词"的提示框,可作进一步搜索,系统默认在关键词和题名字段搜索输入的检索词,如图 2-3 所示。

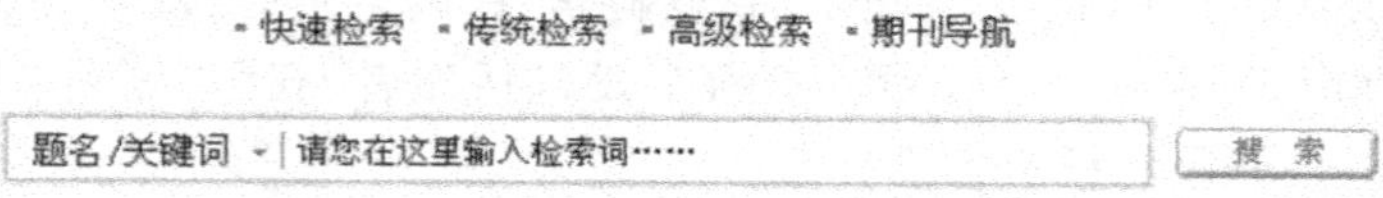

图 2-3 中文科技期刊数据专业检索

第 2 章 常用中文信息资源

(2)高级检索。可选择检索途径,包括关键词、刊名、作者、第一作者、机构、题名、文摘、分类号、任意字段九种途径。

可通过对导航树学科范围(见图 2-4)的选择来缩小检索范围,利用同义词库、同名作者库选择来扩大检索范围,并可在第一次结果的基础上利用"二次检索"进一步检索。

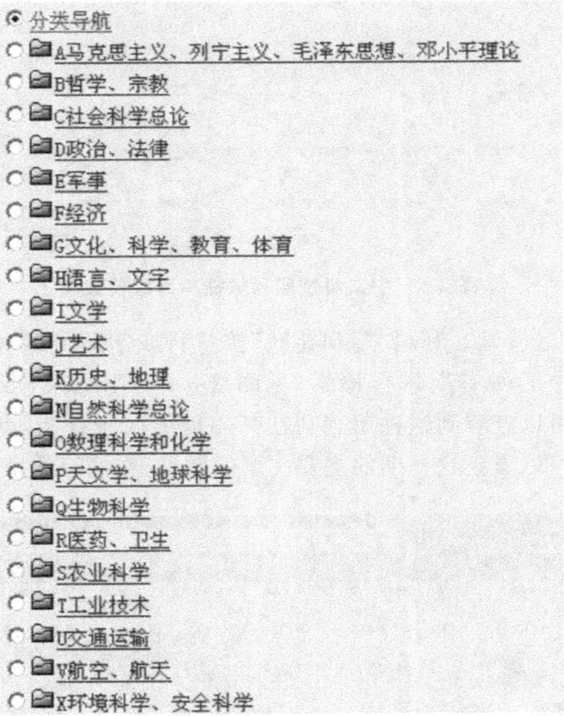

分类导航
A 马克思主义、列宁主义、毛泽东思想、邓小平理论
B 哲学、宗教
C 社会科学总论
D 政治、法律
E 军事
F 经济
G 文化、科学、教育、体育
H 语言、文字
I 文学
J 艺术
K 历史、地理
N 自然科学总论
O 数理科学和化学
P 天文学、地球科学
Q 生物科学
R 医药、卫生
S 农业科学
T 工业技术
U 交通运输
V 航空、航天
X 环境科学、安全科学

图 2-4　学科导航树

该数据库逻辑检索关系符为"＊"(与)、"＋"(或)和"一"(非)。在选用"任意字段"途径时可按布尔运算的规则编写复合检索式。

在"检索式"输入框的右侧提供了"模糊"和"精确"的检索方式可选项,该功能在选定"关键词"、"刊名"、"作者"、"第一作者"和"分类号"这五个字段进行检索时才生效,如图 2-5 所示。

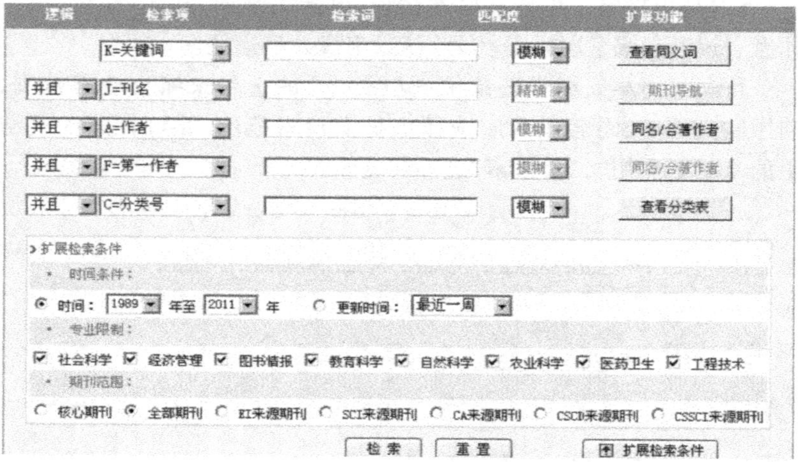

图 2-5 中文科技期刊数据库高级检索

(3)刊名检索。利用"期刊导航"按学科或字顺可以对某种期刊所有年度中的所有期进行检索,见图 2-6。利用结果显示处的"刊名"链接,可以查看到这种期刊刊在某年度中的所有期,点击其中任意一期就可以看到这一期的主要文章的题目、文摘等信息。

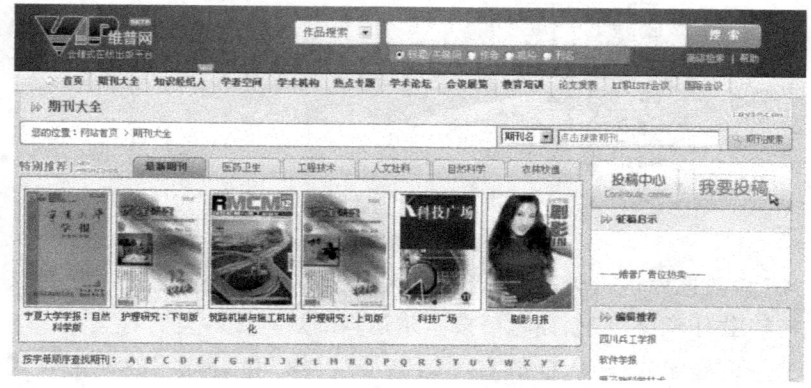

图 2-6 中文科技期刊数据库期刊导航检索

2.3 万方数据

2.3.1 简介

万方数据股份有限公司成立于2000年,是由中国科技信息研究所以万方数据(集团)公司为基础,联合山西漳泽电力股份有限公司、北京知金科技投资有限公司、四川省科技信息研究所和科技文献出版社发起组建的高新技术股份有限公司。

在为用户提供信息内容服务的同时,作为国内第一批开展互联网服务的企业之一,万方数据坚持以信息资源建设为核心,努力发展成为中国第一的信息服务提供商,开发独具特色的信息处理方案和信息增值产品,为用户提供从数据、信息到知识的全面解决方案,服务于国民经济信息化建设,推动中国全民信息素质的成长。

万方数据提供中国大陆科技期刊检索,是万方数据股份有限公司建立的专业学术知识服务网站,隶属于万方数据资源系统,对外服务数据由万方数据资源系统统一部署提供。

2.3.2 收录内容

万方数据资源系统主要有以下几种数据库。

1. 中国企业、公司及产品数据库(CECDB)

《中国企业、公司及产品数据库》始建于1988年,由万方数据联合国内近百家信息机构共同开发。20几年来,历经多次的更新和扩充,现已收录近20万家企业的详尽信息,是国内外工商界了解中国市场的一条捷径。目前,用户已经遍及北美、西欧、东南亚等50多个国家与地区。国际著名的美国DIALOG联机系统更将其定为中国首选的经济信息数据库,并收进其系统向全球数百万用户提供联机检索服务。

《中国企业、公司及产品数据库》的信息全年更新率达到100%,

提供多种形式的载体和版本,对企业进行全方位的立体描述。

2. 中国科技成果数据库(CSTAD)

《中国科技成果数据库》始建于 1986 年,是国家科技部指定的新技术、新成果查新数据库。数据主要来源于历年各省、市、部委鉴定后上报国家科技部的科技成果及星火科技成果。其收录成果范围有新技术、新产品、新工艺、新材料、新设计,涉及化工、生物、医药、机械、电子、农林、能源、轻纺、建筑、交通和矿冶等十几个专业领域。《中国科技成果数据库》数据的准确性、详实性,已使其成为国内最具权威性的技术成果数据库。

《中国科技成果数据库》不仅可以用于成果查新和技术转让,还可以为技术咨询、服务提供信息源,为技术改造、新产品开发以及革新工艺提供重要依据。

3. 中国科技论文统计与引文分析数据库(CSTPC)

《中国科技论文统计与引文分析数据库》是在中国科技信息研究所历年开展科技论文统计分析工作的基础上,由万方数据开发的一个具有特殊功能的数据库,分成论文统计与引文分析两部分。全部数据来源于国内 1200 多种科技类核心期刊,以及国家科技部年度发布的科技论文与引文的统计结果。

《中国科技论文统计与引文分析数据库》自 1989 年始建,集文献检索与论文统计分析于一体,有助于科技人员查找重要科技论文及有关参考文献,帮助各级科技管理部门和各科研机构、高等院校掌握全国和各单位及部门科技论文的发表情况,了解历年来我国科技论文统计分析与排序结果,开展科技论文的引文分析。

4. 中国学术会议论文数据库(CACP)

中国科技信息研究所自 1985 年开始收录由国家级学会、协会、研究会组织召开的全国性学术会议论文,由万方数据公司加工并制成数据库产品。至今仍保持着每年新增论文 3 万篇的更新速度。中国学术会议论文覆盖自然科学、工程技术、农林、医学等多个领域,每年涉及 600 余个重要的学术会议。《中国学术会议论文数据库》是目前国内收集学科最全、数量最多的会议论文数据库。

《中国学术会议论文数据库》采用受控语言进行主题标引，以《汉语主题词表》为叙词表，按照《中国图书资料分类法》分类，大部分记录附有论文摘要。

5. 中国学术会议论文集全文数据库（PACC）

《中国学术会议论文集全文数据库》是国内惟一的学术会议文献全文数据库。该库收录了 1998 年以来国家一级学会在国内组织召开的全国性学术会议约 1000 多个。数据范围覆盖自然科学、工程技术、农林、医学等所有领域。

《中国学术会议论文集全文数据库》依照《中国图书资料分类法》将所收会议论文分为 24 个大类。会议论文全文数据库既可以从会议信息，也可以从论文信息进行查找。它是了解国内学术会议动态必不可少的检索工具。

另外，万方数据资源系统还拥有中国学位论文数据库（CDDB）、中国科技文献数据库（CSTDB）、中国科技名人数据库（Who's Who）、中国科研机构数据库（CSI）、中国高新技术企业数据库（CHNTE）、国外科技调研报告全文数据库、中国百万商务通信数据库（CBML）、中国科技信息机构数据库（CSTII）、化工产品供需厂商数据库（CPEDB）、中国医院、药厂数据库（CHPFD）和二十一世纪双语科技大词库等数据库。

2.3.3 检索方法

1. 检索中心

键入 http://www.wanfangdata.com.cn/地址进入万方数据资源系统检索中心页面。如图 2-7 所示。

检索中心页面主要由以下几部分组成：资源选择区、检索功能区、数据库选择列表、分类选择列表和工具栏区。

（1）资源选择区。资源选择区列出了万方数据旗下所有的数据库资源和这些数据库的分类信息，该区域有两个视图——数据库视图和分类视图。

数据库视图显示的是以树状结构组织的所有数据库，整个资源

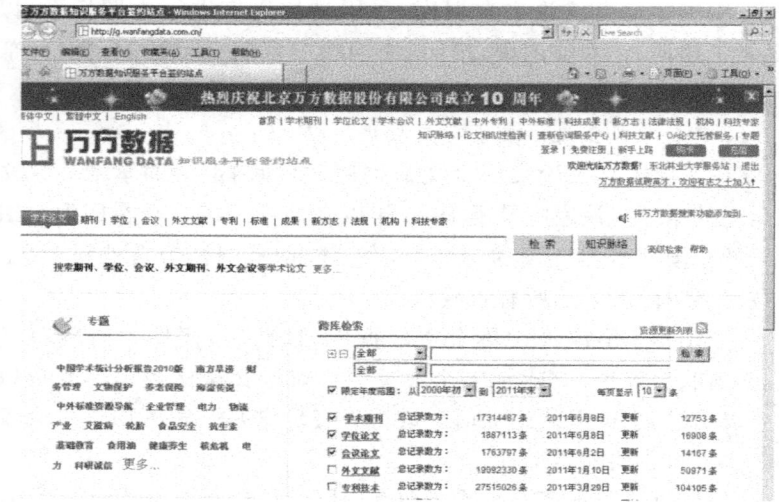

图 2-7 万方数据资源系统检索中心页面

系统被划分为三层,即子系统、数据库类和数据库。

分类视图用来显示某个数据库(或者某些具有相同分类的数据库)的分类信息。例如,"中国企业与产品"数据库的数据可以按照行业进行分类,那么当用户选择了"中国企业与产品"数据库并点击"分类"时,分类视图会显示行业分类。

用户可以在选择数据库基础上,进一步对该数据库进行分类,以缩小检索范围,提高检索的查准率。

(2)数据库选择列表和分类选择列表。数据库选择列表显示的是用户已经选择的数据库检索范围。分类选择列表显示的是用户已经选择的分类。

(3)检索功能区。检索输入区分为三个检索功能:简单检索、高级检索和命令检索。

简单检索提供了一个较为简单易用的检索界面。用户可以在此选择检索字段,并输入检索词,点击"执行"后,系统在用户指定的资源检索范围内进行检索,返回检索结果。

高级检索提供了功能较强的检索界面。用户可以指定更多的检索字段及检索词,系统在用户指定的资源检索范围内进行检索,返回检索结果。

命令检索允许用户自由填写符合 CCL 规范的检索表达式。用户可以在此直接输入检索命令,系统在用户指定的资源检索范围内进行检索,返回检索结果。

(4)工具栏区。工具栏区提供了访问系统常用功能的入口,由此用户可以访问"检索式历史"、"购物车"、"收藏夹"等功能。

2. 数据库检索

(1)检索步骤。一个典型的数据库检索操作由以下步骤组成。

第一步,选用户要检索的数据库。在资源选择区的数据库中,展开数据库树状视图,并在要选择的子系统、数据库类或者数据库的名称上点击鼠标左键,该数据库(或者子系统、数据库类)就会被加入数据库选择列表中。如果用户想选择该子系统或该数据库类下一级的数据资源,请点击子系统或数据库类前面的折叠图标。

第二步,系统中的某些数据库具有分类字段,可以对具有分类字段的数据库执行分类检索。在选择了要检索的数据库后,可以进一步通过单击"分类"为这些数据库进行分类。如果用户所选择的数据库具有共同的分类字段,在资源选择区的分类视图中会显示这些数据库的分类信息。点击要检索的分类名称,系统会把该分类加入"已选择分类列表"中。

第三步,选择检索方式并输入检索式。系统提供了简单检索、高级检索和命令检索三种检索方式,用户可以根据自己的使用习惯及检索要求选择不同的方式。选择的办法很简单,只需要在三种检索方式的名称上点击鼠标左键即可。选择了检索方式后,便可以输入检索词,根据选择的检索方式的不同,输入检索词时也会有一些差别。

第四步,指定检索结果排序方式。用户在此还可以指定检索结果输出顺序,可以指定的排序包括"更新时间、词频、数据库、标题",为保证检索结果的有效性,如果检索结果大于 500 条记录,检索系统不提供排序功能。

(2)二次检索。检索结果页面分为两个部分：结果显示区和二次检索区。结果显示区显示本次检索结果的描述信息（数据库、检索词、记录数等）和按页显示的结果列表。如果需要对检索结果实行进一步调整和限定，则可在二次检索区可以进行二次检索。

二次检索的操作可以按照下面的步骤进行。

第一步，指定二次检索方式。系统提供了四种二次检索方式，包括"重新检索"、"在本次结果中检索"、"合并到本次检索"和"从本次检索中排除"。

第二步，输入检索词并执行检索。选择检索字段，输入检索词，点击"执行"按钮。

(3)结果获取。检索结果以每页 10 条为标准分页显示。每条检索结果记录包括"标题"、"数据库名称"、"免费信息"、"付费信息"等。用户可以点击"免费信息"一列中的"直接查看"链接，浏览器便会在新的弹出窗口中显示该记录的免费信息。

用户要查看付费信息可以通过两种方式进行。

第一，直接点击"付费信息"的"直接查看链接"。如果是团体包时用户，或者用户在过去 24 小时内曾经成功购买过该记录，系统会直接显示该记录的付费信息。如果不是团体包时用户，并且在过去 24 小时内没有购买过该条记录，系统会发送到购买提示页面，在这里可以点击"加入购物车"按钮将其加入购物车，或者选择其他的付费方式直接付费。成功付费完成后，系统会显示该记录的付费信息。

第二，在检索结果列表中的复选框中勾选若干条记录，点击"加入购物车"，将其加入购物车并进行支付。

2.4 国家科技图书文献中心

2.4.1 简介

国家科技图书文献中心（NSTL，http://www.nstl.gov.cn）是

根据国务院领导的批示于 2000 年 6 月 12 日组建的一个虚拟的科技文献信息服务机构,成员单位包括中国科学院文献情报中心、工程技术图书馆(中国科学技术信息研究所、机械工业信息研究院、冶金工业信息标准研究院、中国化工信息中心)、中国农业科学院图书馆、中国医学科学院图书馆。网上共建单位包括中国标准化研究院和中国计量科学研究院。该中心统筹协调,较完整地收藏国内外科技文献信息资源,制定数据加工标准、规范,建立科技文献数据库,利用现代网络技术,提供多层次服务,推进科技文献信息资源的共建共享,组织科技文献信息资源的深度开发和数字化应用,开展国内外合作与交流。其主页界面如图 2-8 所示。

图 2-8　国家科技图书文献中心主页

2.4.2　主要数据库

1. 西文期刊数据库

该数据库主要收录了 1998 年以来世界各国出版的 7000 多种重要学术期刊,部分文献有少量回溯。学科范围涉及工程技术和自然科学各专业领域,并兼顾社会科学和人文科学。每年增加论文百万余篇，每周更新。

2. 俄文期刊数据库

该数据库主要收录了2000年以来俄罗斯及东欧国家出版的俄文重要学术期刊，部分文献有少量回溯。学科范围涉及工程技术和自然科学各专业领域。每年增加论文约5万篇，每周更新。

3. 日文期刊数据库

该数据库主要收录了2000年以来日本出版的日文重要学术期刊，部分文献有少量回溯。学科范围涉及工程技术和自然科学各专业领域。每年增加论文约8万篇，每周更新。

4. 中文期刊数据库

该数据库主要收录了1989年至今国内出版的4350余种期刊刊载的410余万篇文献。学科范围涉及自然科学各专业领域，并兼顾社会科学和人文科学。

5. 外文会议论文数据库

该数据库主要收录了1985年以来世界各主要学（协）会、出版机构出版的学术会议论文，部分文献有少量回溯。学科范围涉及工程技术和自然科学各专业领域。每年增加论文约20万篇，每周更新。

6. 中文会议论文数据库

该数据库主要收录了1985年以来我国国家级学会、协会、研究会以及各省、部委等组织召开的全国性学术会议论文。收藏重点为自然科学各专业领域，每年涉及600余个重要的学术会议，年增加论文4万余篇，每季或月更新。

7. 外文学位论文数据库

该数据库收录了美国ProQuest公司博硕士论文资料库中2001年以来的优秀博士论文。学科范围涉及自然科学各专业领域，并兼顾社会科学和人文科学。该数据库每年递增约2万篇最新博士论文，更新时间为每年年底。由于该数据库正在建设中，有极少原文暂不能提供。此数据库提供单位为中国科技信息研究所。

8. 中文学位论文数据库

该数据库主要收录了 1984 年至今我国高等院校、研究生院及研究院所发布的硕士、博士和博士后的论文。学科范围涉及自然科学各专业领域,并兼顾社会科学和人文科学,每年增加论文 6 万余篇。每季更新。

9. 国外科技报告数据库

该数据库主要收录 1978 年以来美国政府的研究报告,即 AD、PB、DE 和 NASA 报告,以及少量其他国家学术机构的研究报告、进展报告和年度报告等。学科范围涉及工程技术和自然科学各专业领域,每年增加报告 2 万余篇。此数据库主要提供单位为中国科技信息研究所。

10. 国外标准数据库

该数据库包含国际标准化组织数据库(标准代码为 ISO)、国际电工委员会标准数据库(标准代码为 IEC)、英国标准学会标准数据库(标准代码为 BS)、德国标准化学会标准数据库(标准代码为 DIN)、法国标准化协会数据库(标准代码为 NF)、日本工业标准数据库(标准代码为 JIS)。

11. 中国国家标准数据库

该数据库包含中国国家标准数据库(标准代码为 GB),内容涉及科学研究、社会管理以及工农业生产的各个领域。中国国家标准的颁布以国家质量监督检验检疫总局批准、标准化管理委员会发布为准,中国国家标准分为强制性标准和推荐性标准。

12. 计量检定规程数据库

该数据库以"规程名称"和"规程号"的形式报道我国从 1972—2003 年公开发行的近 2000 种计量检定规程、计量检定系统、技术规范及计量基准、副基准操作技术规范等,涵盖已出版的全部国家计量检定规程及一些部门的计量检定规程。学科范围涉及自然科学各专业领域。此数据库提供单位为中国计量科学研究院。

13. 中外专利数据库

该数据库包括美国专利、英国专利、法国专利、德国专利、瑞士专利、日本专利、欧洲专利、中国专利和世界知识产权组织专利。

2.4.3 文献服务

文献服务是 NSTL 的一个主要服务项目，具体内容包括文献检索、全文提供、网络版全文、目次浏览、目录查询等。要想得到 NSTL 服务，必须先注册，成为合法的会员，才可以向 NSTL 直接索取原文。已注册的用户可以随时向系统提出查询或阅览原文的请求。网站上报道的文献，各成员馆均有收藏。非注册用户可以免费获得除全文提供以外的各项服务。注册方法：登录网站，点击"新用户注册"，填写用户名、个人信息。

文献检索栏目向用户提供各类型科技文献题录或文摘的查询服务。文献类型涉及期刊、会议录、学位论文、科技报告、专利标准和图书等，文种涉及中、西、日、俄等，提供普通检索、高级检索、期刊检索、分类检索、自然语言检索等多种检索方式。

全文提供服务是在文献检索的基础上延伸的一项服务内容，根据用户的请求，以信函、电子邮件、传真等方式提供全文复印件。此项服务是收费服务项目，要求用户注册并支付预付款。网络版全文服务提供 NSTL 购买的网络版全文期刊的免费浏览、阅读和下载。电子版图书的借阅服务，是面向部分西部个人用户所提供的一个服务项目，需要申请授权，希望获得此项服务的用户需填写《中国西部地区方正 Apabi 网上数字图书馆系统个人帐户申请表》。

目次浏览提供外文科技期刊的目次页浏览服务（Current Contents），报道内容均为 NSTL 成员单位收藏的各文种期刊。可通过期刊目次页浏览期刊的内容，查询相关文摘，进而请求阅览全文。

目录查询提供西文期刊、西文会议、西文图书等文献类型的书目数据查询。报道内容均为 NSTL 成员单位馆藏文献。通过该栏目，用户可及时了解文献的到馆情况。

需要注意的是，每一个数据库都有各自的检索字段，用户在使用时可以根据自己的需要进行选择。检索外文数据库时，检索词注意使用外文的词语。同时，系统对英文大小写很敏感。

2.5 超星数字图书馆

2.5.1 简介

超星数字图书馆（http://book.chaoxing.com）是由北京超星公司建立和维护的大型电子图书全文数据库，目前包含图书资源120万种，其中2003年以后的新书近30万种，涵盖中图法22大类，包括文学、历史、法律、军事、经济、科学、医药、工程、建筑、交通、计算机、环保等。超星数字图书馆目前已制作完成200万种电子图书，可供用户使用120多万种，其中，2000年后新出版的图书近31万种，是全国乃至全球最大的中文图书网站。其主页如图2-9所示。

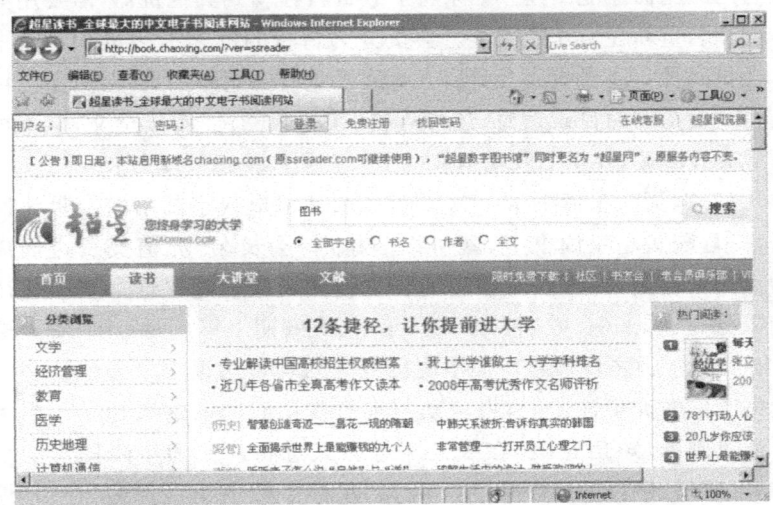

图 2-9 超星数字图书馆主页界面

2.5.2 使用方法

超星数字图书馆的使用方法目前有两种方式，一是个人直接购买超星读书卡，成为其注册用户后使用；二是通过集体设置的镜像站点利用。新用户使用的步骤如下。

(1) 下载安装阅读器。超星阅览器(SSReader)是超星公司拥有自主知识产权的图书阅览器,是专门针对数字图书的阅览、下载、打印、版权保护和下载计费而研究开发的。经过多年不断改进,SS-Reader 现已发展到 3.73 版本,下载量已经突破 1500 万次,是国内外用户数量最多的专用图书阅览器之一。

(2) 注册新用户。在使用超星资料之前,新用户必须经过主页或超星阅览器软件的主菜单"注册/新用户注册"申请注册,获得会员名和密码。一个会员名只属于一个读者,同一时间只能在一台机器上使用,并且一周内不能在超过 7 台不同的机器上注册(同一台机器多次注册仅视为一台机器,两台机器多次反复注册仅视为两台机器)。通过阅览器下载的图书资料是加密数据,与会员名相关,只有注册该会员名的阅览器才能阅读。如果将下载资料移动到其他机器,需要用同一用户名重新注册才能阅读。会员分为付费的读书卡会员和非读书卡会员两种。注册成为会员后方可阅读免费的超星图书,会员不但可获得免费图书的目录信息,还可点击"快速版阅览"阅读全文,但不可下载离线阅读,要想下载到本地机子上必须购买超星读书卡。

(3) 购买超星读书卡。超星读书卡是超星数字图书馆会员注册卡,一旦购买超星读书卡,就可以为您的"会员名"充值交费进而成为读书卡会员,并可获得相应的会员使用期限。超星读书卡按使用期限分为:季卡(有效期 3 个月)、年卡(有效期 1 年)、两年卡(有效期 2 年),从注册之日算起。期满之前或之后均可为读书卡充值。多张读书卡同时充值注册时,将自动累加有效期时间。购买超星读书卡可通过邮购、短信定购、在线购买等方式进行。作为集团用户的个体,可通过各自的局域网内建立的超星数字图书馆镜像站,在 IP 地址范围内或注册用户管理下使用超星数字图书馆资料,也可以通过镜像的方式进入超星数字图书馆。

以东北林业大学图书馆镜像为例,超星镜像资源利用的方法如下。

第一步,从东北林业大学图书馆主页点击"中文电子资源"中的"超星数字图书馆"即可进入。有三个访问入口,即读秀学术搜索、超星百万电子图书和超星电子图书,如图 2-10 所示。内容包括计算机、教育、文化理论科学、数学、物理、化学、生物科学、力学、文学类、航空、航天类、环境、财政、金融、法律类、建筑科学、工业技术、工程技术、建筑、年鉴等类别。

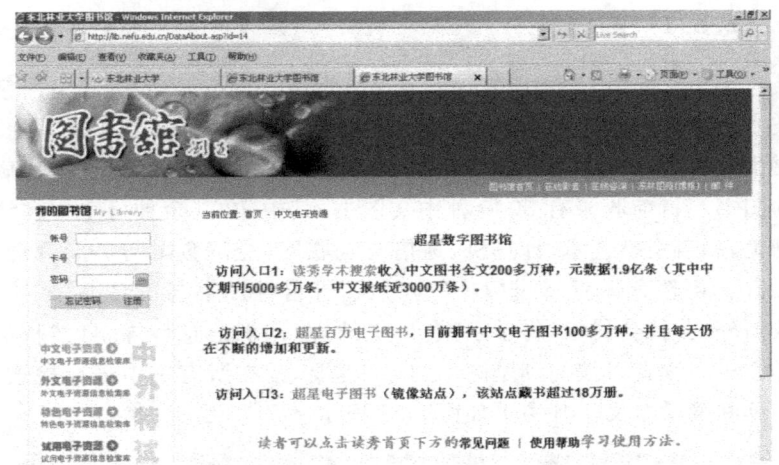

图 2-10 东北林业大学图书馆超星数字图书馆镜像点

　　第二步,首次阅读图书需要下载超星阅览器(SSReader),然后将它安装在您的计算机上。阅读图书时,只需直接点击网页上的书名,便可自动调用超星阅览器来阅读图书了。阅读过程中可以写读书笔记、做书签、下载以及可以转化成相应的 Word 文档。

　　超星的服务除提供图书全文的下载和阅读服务外,还提供由全国各大图书馆专家联合为您导航找书的网上参考咨询、最新的图书资讯和书评信息、图书专题以及数字化图书检索服务。

　　超星的检索功能包括:支持用通配符"?"表任意的一个字符串;用"%"表示一个或多个任意的字符串的截词检索;构造表达式中的"AND"、"OR"、"NOT"运算分别可以用逻辑关系符"＊"、"＋"、"—"代替实现;高级检索可以根据文献的题名、作者、目次、关键词、分类号,利用逻辑运算"AND"、"OR"、"NOT"进行组配检索,同时提供从分类途径进行检索,这时只需要点击各级类目名层层展开就可实现。

2.6 书生之家

2.6.1 简介

书生之家数字图书馆(www.21dmedia.com)由北京书生数字技术有限公司于 2000 年 4 月 7 日开始试运行,5 月 28 日正式开通。书生之家数字图书馆主要收录每年出版的新书,也有部分过去出版的图书。目前收录有 8000 种中文图书,其中 7000 余种可全文在线浏览,涵盖文学艺术,计算机、通信与互联网,经济金融与工商管理,语言文化教育体育,教材教参与考试,综合性图书与工具书,法律,政治外交,社会科学,哲学宗教,历史地理,知识信息传媒,自然科学等学科。读者可按类浏览图书目录、提要,或在所有书中进行检索、阅读和摘录全文。其主页如图 2-11 所示。

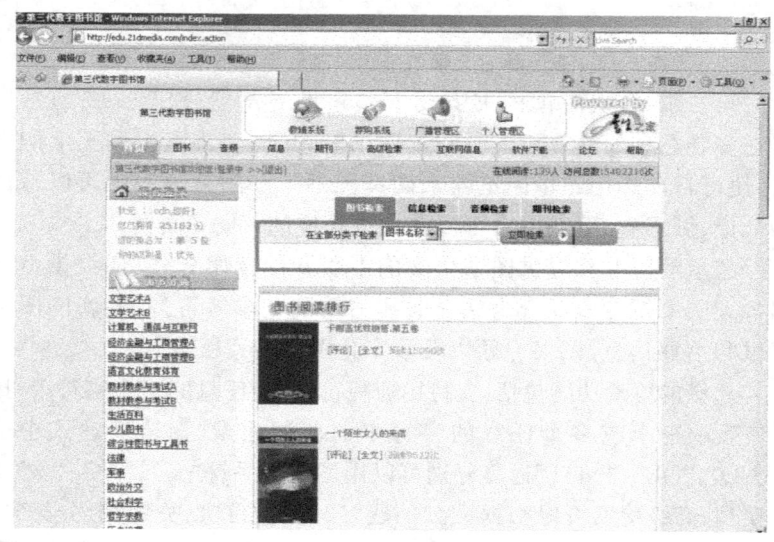

图 2-11 书生之家数字图书馆主页

2.6.2 检索功能

书生之家数字图书馆软件系统平台提供了分类检索、单项检索、书目检索、组合检索、全文检索、二次检索六大检索功能,其中单项检索包括书名检索、丛书检索、出版机构检索、作者检索、ISBN 检索、提要检索。

1. 分类检索

书生之家数字图书馆将全部电子图书按中图法分为 31 个大类,每一大类下又划分子类,子类下又有子类的子类,共四级类目,用户可逐级检索。如图 2-12 所示。

图 2-12　书生之家图书分类

2. 一般检索

用户可根据图书名称、作者、丛书名称、主题、提要等途径进行查询。如图 2-13 所示。

3. 高级检索

高级检索又可分为"一站式"检索和"全文检索"。如图 2-14 所示。

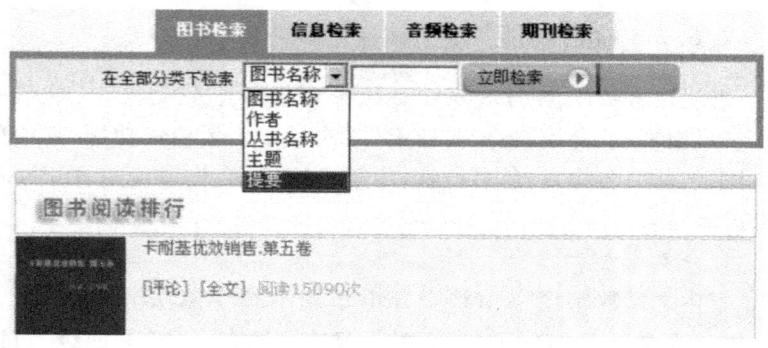

图 2-13　书生之家一般检索界面

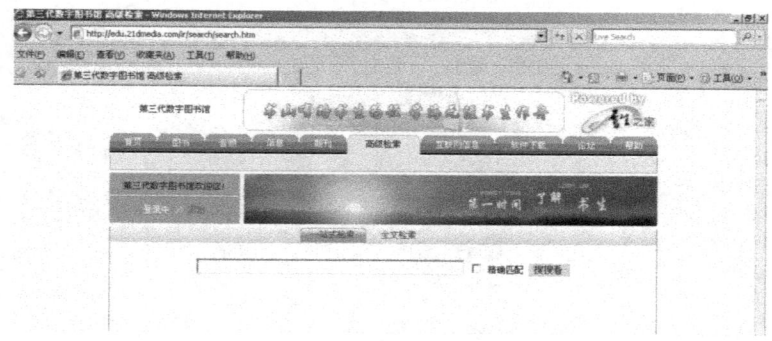

图 2-14　书生之家高级检索界面

2.6.3　借阅步骤

书生数字图书借阅系统在使用之前必须安装书生阅读器 4.10 以上版本(可以在书生之家数字图书馆主网站 www.21dmedia.com 或镜像站点上进行下载),目前已升级至书生阅读器 7.2build11287 版本。打开书生阅读器,点击文件—性能参数设置—网络设置,对用户服务器进行设置。互联网用户将其设置为(www.21dmedia.com),局域网用户设置为局域网服务器的地址。第一次使用者运行 Reader 文件夹中的 borrowbook.exe 申请用户名。申请页面有新用户申请、原有用户、移机用户三项。点击新用户申请,填写相关信息进行申请,等待管理员认证及分配权限。老用户点击原有用户填写用户名和密码。移机用户为管理员授权,省略申请程序。

打开书生阅读伴侣,点击远程检索,点击所需类目,弹出登录界面,填写在主网站或镜像站点上的用户名和密码,继续检索一直到检索到需要借阅的图书。此时可在线阅读、收藏到藏书阁或到本地下载。

下载完成后,点击借阅管理,单击鼠标右键选定要阅读的图书,双击左键,进入书生阅读器进行阅读。在书生之家数字图书馆主网站和镜像站点上登录用户名和密码后也可以借阅。书生镜像站点并不向所有 IP 开放,而是根据具体情况受限开放。

2.7 方正 Apabi

2.7.1 简介

Apabi 的意思就是通过互联网,将作者、出版社、中间商、读者联系起来提供一整套解决方案。即 A 代表作者,p 代表出版社,a 代表中间商,b 代表购买者即读者,i 代表 internet 即互联网。

方正 Apabi(www.apabi.cn)是方正集团 IT 软件业务的重要组成部分,在继承并发展方正传统出版技术优势的基础上,以全球领先的 DRM(数字版权保护)技术、CEB(版式文件)处理技术,为信息传播中涉及的资源数字化、网络出版、数字图书馆、电子公文传输等领域提供全面的解决方案。

北京方正阿帕比技术有限公司(方正阿帕比公司)成立于 2006 年 4 月,其前身是成立于 2001 年的北京方正电子有限公司数字内容事业部。在继承并发展方正传统出版印刷技术优势的基础上,方正阿帕比公司自主研发了网络出版技术(CEB 及 DRM)及整体解决方案,已发展成为全球领先的网络出版技术提供商和网络出版物传播平台,并将继续致力于为用户提供易用、个性化网络出版技术。其主页如图 2-15 所示。

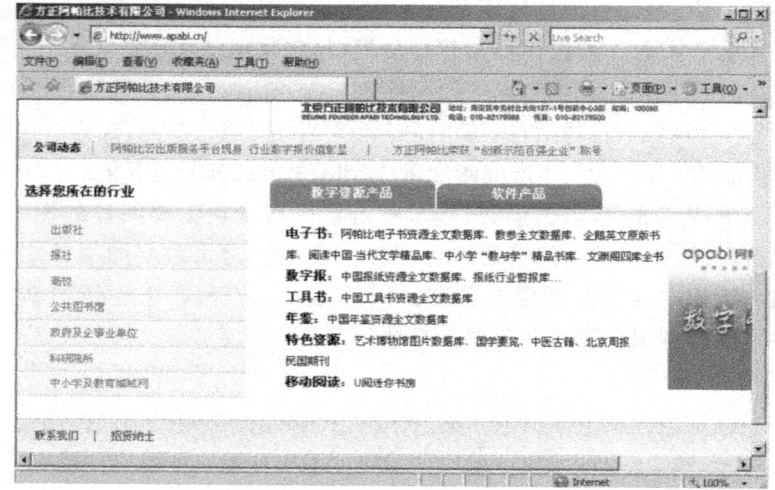

图 2-15　方正 apabi 公司主页

2.7.2　数字资源

1. 电子书

（1）电子图书资源库。这是方正阿帕比数字内容资源的核心部分。截止到 2010 年初，资源库在销电子图书达 50 万种，其中，2006 年后出版的新书占到了 70%，涵盖了社科、人文、经管、文学、科技等分类，已经形成最大的文本电子图书资源库。

应用领域包括：

教育及科研单位——包括各类学校图书馆及各类科研院所，电子图书是教育科研单位的必备资源；

公共单位——作为搜集、整理、收藏图书资料供人阅览、参考的专门机构，电子图书是各级公共图书馆及资料档案部门的必备资源；

政府机构——包含各级党政军、公检法机关等政府部门，电子图书能够丰富公务员的文化生活，提升公务员队伍素质；

信息传播机构——包括咨询机构、各类情报院所以及新闻媒体

行业,电子图书能够满足该类机构对信息的需求;

企事业单位——作为创建学习型组织、增强文化建设、丰富员工文化生活的需求,电子图书是经济高效的资源形式。

(2) 方正 Apabi 教参全文数据库。这是学科导向型教参全文数据库,所有教参书均由专家进行权威书目审定和学科划分,并定期更新;按照高校的学科设置归类成库,学校可按库采购。截止到 2006 年 2 月底,已经建设 Calis 教参 65000 种,计划每年增长 15000 种。

(3) 企鹅英文原版书库。如果你希望和世界人民一起阅读,这里有与英美同步发行的图书;如果你希望了解国外的人文历史,这里有历史、地理、文化、商业、哲学、教育等方方面面的图书;如果你正在学习英文,或者希望提高英文水平,这里有来自英语国家作者和世界最富盛名的出版社的 3000 多种纯正英文图书。

(4) 阅读中国——当代文学精品库。"阅读中国——当代文学作品(数字)推荐工程"是由文化部中国国家图书馆、教育部中国高等教育文献保障系统管理中心、中国作家协会中国作家出版集团三方发起单位,联合《长篇小说选刊》杂志社共同提名组成专家团队进行作品遴选,由方正集团北京方正阿帕比技术有限公司负责技术承建的一项文化工程。这是一项为广大读者推荐优秀长篇小说的文化项目,精选了新中国成立以来长篇小说的优秀之作,包含了茅盾文学奖、鲁迅文学奖等奖项得主的经典名作。这些作品,都是新中国各个历史时期在社会上产生深远影响的重要作品,具有广泛的代表性和标志性。

(5) 中小学"学与教"精品电子书库。为配合教学改革和现代教育的发展,为中小学师生提供更为科学的知识资源服务,北京方正阿帕比技术有限公司与教育专家共同推出了《中小学"学与教"精品电子书库》,其具有资源丰富、贴近教学的特点,还提供知识分享、成长记录等独特功能。

(6) 文渊阁四库全书。收录经、史、子、集四部,版本齐全,保持竖版的原版风貌,显示质量高,经过专业校对并通过专家审核。

2. 数字报

(1) 中国报纸资源全文数据库。这是方正阿帕比技术有限公司联合全国各大报社开发的以中国报纸资源为主体的全文数据库系统，是国内首个整报完整收录的报纸全文数据库，也是国内首个集文章内容全文检索和在线报纸原版翻阅为一体的报纸全文数据库。目前，中国报纸资源全文数据库已经与 300 多家报社合作，覆盖了所有的报业集团，在线运营报纸 500 多种。

(2) 方正数字剪报。这是中国最大的数字剪报服务平台，它主要依托中国报纸资源全文数据库庞大的数据资源和智能数据挖掘技术，为用户提供个性化的定制数字剪报服务。该方案可以让用户通过自定义的方式，第一时间获得全国 500 多种报纸刊登的与用户相关的媒体报道和行业资讯，帮助公关公司、政府、企业、个人等实现基于中文报纸资源的低成本、高效率的平面媒体监测、舆论情报分析及个性化老报纸历史数据剪报服务。

3. 工具书

中国工具书资源全文数据库是一个以条目型数据为主体、检索为主要功能的数据库产品，由北京大学图书馆、复旦大学图书馆、芝加哥大学图书馆、哈佛大学燕京图书馆、普林斯顿大学图书馆指导设计，中国大百科全书出版社、上海世纪出版集团、中华书局、中州古籍出版社、天津古籍出版社等出版社全力参与建设，以中国国内专业、权威工具书资源为主体的全文检索型数据库产品。该数据库不仅适用于各类专业人员对专业知识的检索与引证，同时也适用于普通用户的学习与参考，已累计发布了 2000 余种工具书。

4. 年鉴

中国年鉴资源全文数据库是由北京方正阿帕比技术有限公司与中国出版工作者协会年鉴工作委员会共同发起、得到全国年鉴界公认并积极参与的中国主流专业的年鉴全文数据库。它以条目数据＋全文数据＋原版方式展示，依法依约取得文献著作权的使用许可，收录经新闻出版总署批准正式出版的各种年鉴 1500 种，共计 8000 多卷年鉴资源。其中包括各类统计年鉴 600 余种，约 4000 卷；

每年新增入库年卷超过 150 卷。覆盖了我国国民经济及社会发展的各个领域和地区,以国民经济和社会统计类、国情地情综合类为主,已形成较权威的综合反映我国国情地情的信息资源体系。

5. 特色资源

艺术博物馆图片数据库由数百位学者、专家精心遴选了数十万件最能代表世界艺术成就的艺术精品,建立起全球最大的艺术图片库。其资料提供单位包括中国美术馆、中国书法馆、中国民间美术馆、中国红色艺术馆、世界美术馆、中国出土器精品馆、中国古代设计馆、中国老照片馆、中国近现代平面设计馆、中国珍贵古籍插图馆、国学要览、中医古籍、北京周报、民国期刊。

2.7.3 Apabi 电子书下载

Apabi 数字资源平台(http://ebook.lib.apabi.com)收集有教材教辅、工业技术、自动化技术、计算机技术、文化、科学、教育、体育、数理科学和化学、综合性图书、外语等 20 多种类别共计上万册电子图书。如图 2-16 所示。用户可以根据分类、书名和作者等途径查找图书。该平台提供电子书城、出版社电子书专卖店和免费下载等服务,其中免费电子书下载方法如下。

(1)登录方正中文电子图书网主页,点击"免费电子书下载",进入到 Apabi 图书馆,提供分类、快速查询和高级检索三种方式。

(2)快速查询提供书名、责任者、出版社、年份、全面检索和全文检索的字段选择查询。

(3)点击"显示分类"按钮,页面左边出现按中图法分类的多级目录,逐级点击进入子目录。右侧将显示属此分类目录下的电子书外表特征项,可选择在线浏览、借阅或下载。

(4)点击"高级检索"进入高级检索页面。高级检索可利用"并且"、"或者"进行书名、责任者、出版社、出版地、版次、价格、中图法分类号、语种等 33 个字段内和字段间的组配检索。经快速、分类检索或高级检索后,若检索结果很多,可使用"结果中查"在检索结果中反复多次进行二次检索。

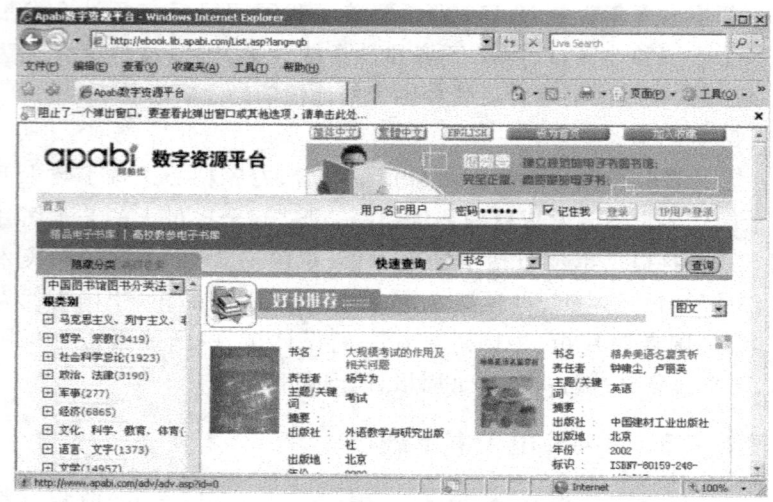

图 2-16　Apabi 数字资源平台

　　Apabi 是由北大方正公司研制推出的用于阅读电子书(eBook)、电子公文等各式电子文档的浏览阅读工具,支持 CEB、XEB、PDF、HTML、TXT 多种文件格式。Apabi Reader 电子书阅读器界面友好,是一个为中文电子图书环境设计的阅览软件,可阅读 CEB 格式的书籍或文件,在阅读电子图书的同时,能方便地在电子图书书上作圈注、批注、划线、插入书签,还具备书架管理功能。

第 3 章 常用英文信息资源

3.1 Elsevier ScienceDirect

荷兰爱思唯尔(Elsevier)出版集团是全球最大的科技与医学文献出版发行商之一,已有180多年的历史。ScienceDirect系统是爱思唯尔公司的核心产品,自1999年开始向读者提供电子出版物全文的在线服务,包括爱思唯尔出版集团所属的2200多种同行评议期刊和2000多种系列丛书、手册及参考书等,涉及生命科学、社会科学与人文科学、物理学与工程技术、健康科学四大学科领域,数据库收录全文文章总数已超过856万篇。

3.1.1 ScienceDriect OnSite(SDOS)介绍

荷兰 Elsevier Science 公司的 ScienceDirect OnSite(SDOS)全文数据库,内容覆盖了自然科学和社会科学的诸多分支学科,包括生物学与工程、生命科学、医药卫生和社会学与人文科学。该集团出版的期刊是世界上公认的高质量学术期刊,大多为核心期刊,并被世界上许多著名的二次文献数据库收录。目前,该全文数据库收录了爱思唯尔出版的2000余种世界范围的科技期刊,在SCI中收录了1375种,EI收录了522种,获取超过700万篇学术全文及6000万条摘要,包括在编文章。ScienceDirect得到了70多个国家的认可,中国高校每月下载量高达250万篇,目前回溯到1995年的数据,回溯至创刊号。最早的期刊Lancet(1823年),回溯年限为1823—1994年。

该数据库数据更新频繁（几乎每周更新一次以上），时效性极强。检索、阅览 SDOS 数据库的全文（PDF 格式）需要使用 Acrobat Reader 软件。如果用户的计算机上尚未安装，可从网上免费下载。

3.1.2 检索规则

1. 布尔逻辑检索

布尔逻辑运算符（AND、OR、NOT）和位置算符（ADJ、NEAR）不分大小写。ADJ 算符表示算符两侧的检索词必须紧密相邻，中间不可以插入任何字符，除空格外，相当于词组检索；NEAR 算符表示算符两侧的检索词邻近，中间可以插入其他词，前后顺序可以交换，系统默认词间间隔距离至多为 10 个单词。

2. 截词运算

在词干后可加 3，半角全角不区分，表示无限截词。如"micro3"可以检索"microscope"或"microcomputer"等。

3. 改变运算顺序

优先算符"( )"，半角全角不区分。系统不承认默认的运算顺序，如：输入 CAD OR computer ADJ aided ADJ design，理论上它会先查找 computer ADJ aided ADJ design，后查找 CAD，最后用 OR 组配起来，但结果只出现 computer aided design 词组形式。要想查全称和缩写，必须表示为 CAD OR (computer ADJ aided ADJ design)。

4. 词组检索

用"检索词"形式表示，双引号的半角全角不区分。如"multimedia mail"，检索结果只包含这个词组；如果键入的是没有使用引号的 multimedia mail，则相当于 multimedia AND mail。

5. 名词的单复数

具有自动单复数检索功能。如无论输入 computer 或 computers 的任何一种形式，检索结果中会自动包含单复数。

6. 文本输入

自然语言输入，不区分大小写，并且词序不限。a, an, about, either 等冠词、介词和连词等虚词属于禁用词范围不可输入。

3.1.2 检索方法

Elsevier Science 的电子期刊有浏览(Browse)和检索(Search)两种功能,检索又分基本检索(Basic Search)和高级检索(Advanced Search)两种。点击导航条中的 Browse 和 Search 可以进行期刊浏览和检索界面的切换。

1. 浏览

进入 Elsevier Science 主页(如图 3-1),该页面提供了电子期刊的两种浏览途径。

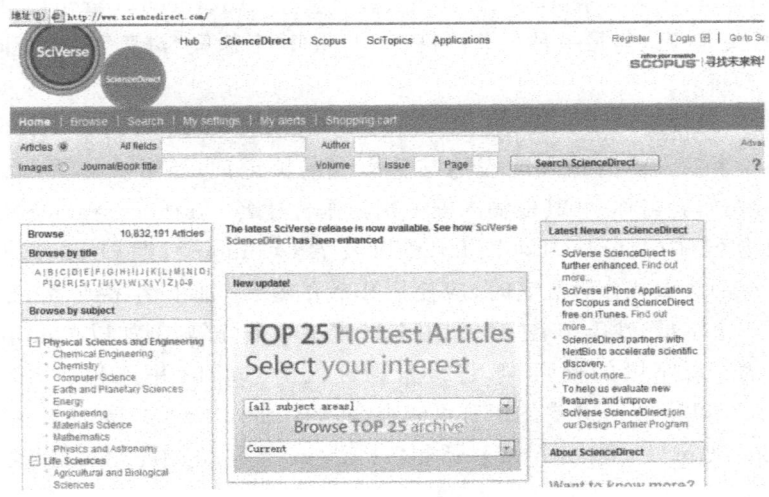

图 3-1　Elsevier Science 检索界面

(1)Browse by title 按刊名字母排序的期刊浏览。页面左边框的上方是按字母排序的期刊一览表。如果单击某一字母,则显示以该字母开头的相关期刊的链接形式。例如,浏览期刊《Cancer Cell》,则点击字母 C 开头的期刊一览。

(2)Browse by subject 按期刊类目浏览。位于页面左边框的下方是按主题排列的类目表。所列类目共分四类:物理科学与工程(Physical Sciences and Engineering)、生命科学(Life Sciences)、医药卫生（Health Sciences）、社会科学与人文科学（Social Sciences and Humanities）。单击某一类目，就可链接到这个特定类别的刊名一览表（在每一类目中，各种期刊也是按字母排序的）。

例如在医药卫生（Health Sciences）类目下的医学与牙科学（Medicine and Dentistry）一览表中，选择刊名《急性疼痛》（Acute Pain），单击即可链接到该刊。进一步浏览的操作方式与通过"按字母排序的期刊一览表"浏览（从某刊到某卷、期至全文）相同。

2. 检索

Elsevier Science 提供了多种检索途径：快速检索（Quick Search）、基本检索（Basic Search）、高级检索（Advanced Search）。其中，快速检索与另一种并非严格意义上的检索途径"浏览"集成于同一界面。

（1）快速检索。快速检索步骤：①Quick Search 右边第 1 行的第 1 个输入框内输入能表达某些概念的关键词（不分大小写和词序）及作者名称；②其他输入框分别为作者姓名（Authors Name）、出版物名称（Journal/Book Title）以及卷（Volume）、期（Issue）、页（Page）。查找作者姓名时，应使用作者的姓氏，加上名字或名字的第一个字母，姓氏与名字之间用空格或逗号来分隔，例如以 Smithm 作为作者字段的检索词，将检索到姓氏为 Smith，并且名字（first name）以字母 m 开头的所有可能组合，如："Smith m"、"Smith m a"、"Smith m d"、"smith m j a"和"smith m l"等；③单击 Go（呈交）按钮。

（2）基本检索。单击 Search，可进入基本检索界面。界面提供了各种类型的检索格式（包括所有类型、期刊、图书和文摘等）。以所有文献类型为例，基本检索步骤为：①在 term 输入框内输入检索词（关键词）；②其他选项：其中 Sources（包括期刊、多卷书、工具书、文摘数据）、Subject（指数据库包括的各个学科）、Dates（年限在 1823 年至现在）；③点击 Search 执行检索。

（3）高级检索。高级检索步骤：①在 Term(s)输入框内输入检索词或按照检索规则输入短语；②选择资源类型：期刊（Journals）、

第3章 常用英文信息资源

多卷书(Book Series)、工具书(Handbooks)、摘要数据(Abstract Databases);③选择学科主题类目 Subject,在滚动框内单选或多选;④选择并限定出版时间 Dates;⑤点击 Search,执行检索。

Elsevier Science 数据库的检索系统中体现出了对内容进行整合的特点,设置了对所有文献类型的统一检索;同时可检索所有学科的网站信息。

3.1.3 检索结果的处理

保存检索结果(Search Results)可选中题名前的"复选框"(即在小方框内打"√"),再单击位于检索结果(Search Results)页面上方的"Display Checked Docs"(显示查看的文献)按钮,即可生成一个 Selected Search Results(选定的检索结果)页面;输出检索结果可点击 Export Citation 按钮,在输出保存页面中选择文献类型(Content Format)和输出形式(Export Format);全文的打印,单击 PDF 格式的文章全文(Article Full Text PDF)链接,打开文章全文,单击 Acrobat Reader 的命令菜单上的打印机图标,即可直接打印。

3.2 SpringerLink

3.2.1 简介

德国施普林格(Springer-Verlag)是世界上著名的科技出版集团,通过 SpringerLink 系统提供其学术期刊及电子图书的在线服务,这些期刊是科研人员的重要信息源。

新版 SpringerLink 数据库提供包括原施普林格(Springer)和原克鲁维尔(Kluwer)出版的全文期刊、图阵、丛阵、参考工具书以及回溯文档的在线服务。截止 2008 年 4 月,Springer Link 的数字资源有全文电子期刊2000余种、图书25000余种、丛书900余种、参考工具100余种,还有超过200万条期刊文章的回溯记录,及最新期刊论文出版印刷前的在线优先(Online First)。内容涉及 13 个学科：建筑和设计、行为科学、生物医学和生命科学、商业和经济、化学和材料科学、计算机科学、地球和环境科学、工程学、人文社科和法律、数学和统计学、医学、物理和天文学、专业电脑、万维网应用与设计。Springer Link 主页如图 3-2 所示。

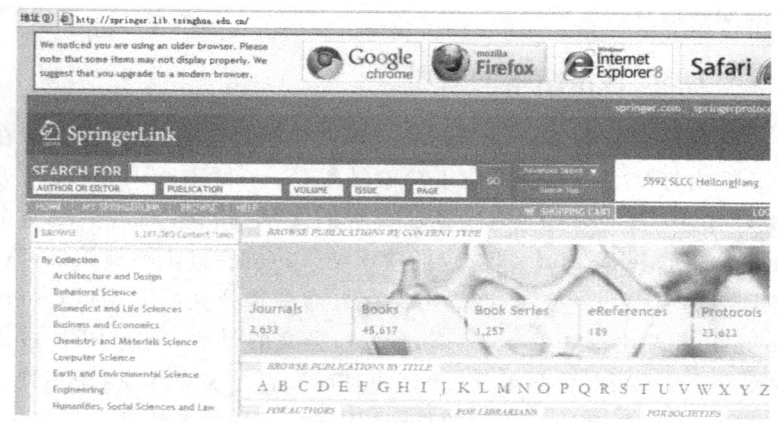

图 3-2　Springer Link 主页

3.2.2　数据库检索与利用

Springer Link 数据库提供了浏览方式、简单检索、高级检索和结果内检索等丰富多样的检索方式。

1. 浏览

Springer Link 数据库提供内容类型和学科收藏(Subject collection)两种浏览方式。

(1) 按内容类型浏览。选择所有内容类型或某一内容类型点击后，其结果按所有内容类型出版物或某种出版物名称首字母顺序排列，用户可以直接点击出版物名称，在相继出现的页面中再选择具体卷、期浏览。

(2) 按收录学科浏览。提供了按所属学科、所属专业分类检索的途径，从科学分类的角度较好地满足了用户族性检索的要求。用户点

第 3 章 常用英文信息资源

击其收录的 13 个学科的某一学科链接后,结果按所有内容出版物具体条目首字母顺序排列,用户可再根据需求做进一步的选择。

2. 检索

(1)简单检索。Springer Link 数据库首页界面,在"按关键词全文检索"输入框中输入需要的关键词或词组,点击提交按钮,即可得出查找结果。用户点击简单检索输入框右边的省略号"…"按钮,即弹出系统的检索字段和检索运算符表,检索过程中,可使用检索字段和检索运算符,构建检索式。

Springer Link 的检索算符包括布尔逻辑运算符、字段限定符、优先检索符和系统专用的检索算符。系统专用的检索算符包括词组检索算符和截词符等。词组检索运算可精确检索范围,系统中使用英文双引号""作为词组检索算符,在检索时将英文双引号内的若干词当作一个精确词组来看待。截词符可扩展检索范围,系统中以通配符"*"作为截词符,代表零个或若干个字符,可以检索到一个词根的所有形式。如果检索短语中包含标点符号或连词符等特殊符号,系统会将此特殊符号识别为空格,检索出包含标点符号、连词符和不包含标点符号、连词符的记录。另外,系统还具备检索词自动纠错功能,当用户在输入检索词出现拼写错误时,系统会自动纠错,而不会出现没有检索结果等类似的情况。

(2)高级检索。在 Springer Link 平台上,用户点击简单检索输入框上面的"高级检索"按钮,即进入高级检索界面,检索界面有全文、标题、摘要、作者、编辑、ISSN、ISBN、DOI(Digital Object Identifier)、数字对象唯一标识(即每一篇电子文献的识别号)、出版时间(全部、某个时间段)等多个检索字段输入框,各字段之间为逻辑"与"关系,见图 3-3。检索结果排列顺序可按相关度排序或按出版时间倒序排序(最近者优先)。用户可在一个或多个检索框中键入检索词对检索范围进行限定,以达到精确检索的目的。

(3)结果内检索。Springer Link 数据库在通过浏览、简单检索与高级检索获取相关文献信息的基础上,还提供检索结果内检索功能。用户可在检索结果中用检索词、文献起始字母、内容发行状态(开始在

 信息检索

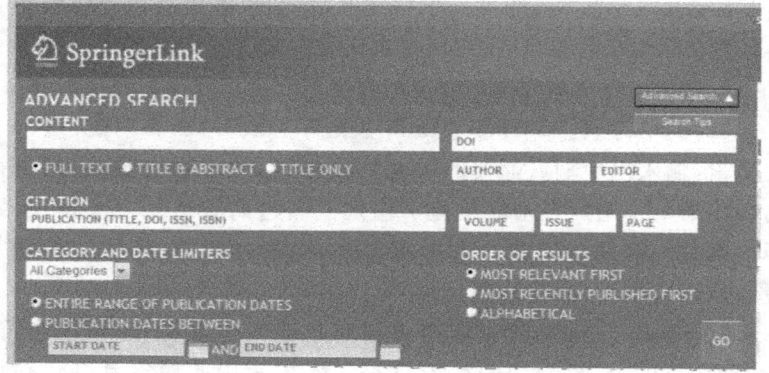

图 3-3　Springer Link 高级检索界面

线发行或已出版发行)、出版时间、内容类型、语种等进行再次检索,给用户提供了多种缩小检索范围的方式,以得到更加准确的文献。

3.2.3　检索结果的处理

Springer Link 的检索结果列表中,在每条检索结果前面有一个小方块标识,实心小方块表示"可访问所有内容";半实心小方块表示"可访问部分内容";空心小方块表示"不可访问任何内容"。用户还可以在检索结果列表页中选择浏览记录的详细列表或简单列表,详细列表显示论文的文献类型、标题、DOI 信息、出处、作者、简要文摘以及所能提供的全文文献格式和链接等详细信息;简单列表只显示论文标题、作者、全文文献格式等信息。对"可访问所有内容"的文献,可直接点击以 PDF 全文格式打开,也可点击文献题名,了解包括文摘在内的更多信息,再决定是直接输出该文献,还是打开全文浏览。另外,还有 HTML 格式的全文下载,这也给用户提供了更大的便利。

3.2.4　检索结果的输出

对于符合预期的检索结果,用户可以点击每篇文章右上方的"添加入标记条目中"按钮,即表示标记该记录。标记条数即在"My

第 3 章　常用英文信息资源  067

Menu"栏目下的"标记条目"旁显示。标记过的记录可以暂时保存在系统中,也可以通过个性化服务功能进行永久保存。点击"标记条目"按钮显示标记过的记录,页面左边显示有空白复选框,在方框中勾选需要的已标记过的记录,然后检索结果就可以通过多种方式输出:保存在磁盘上、通过 E-mail 发送到邮箱中或直接打印出来。

3.3　Scopus

3.3.1　简介

Scopus 是爱思唯尔公司于 2004 年推出的多学科文摘索引型数据库,收录了来自于全球 5000 余家出版社的近 19000 种来源文献,内容涵盖数学、物理、化学、工程学、生物学、生命科学及医学、农业及环境科学、社会科学、心理学、经济学等 27 个学科领域。Scopus 是目前全球最大的文摘和引文数据库,是为科研人员提供一站式获取科技文献的平台。

Scopus 数据库检索 16500 种同行评审期刊(包括 1200 种开放存取期刊)、750 余种会议录、600 余种的商业出版物以及超过 350 余种的丛书或系列图书,提供自 1847 年以来的超过 3300 万篇文摘以及自 1996 年以后的所有文后参考文献信息。此外,Scopus 的检索结果全面集成了科研网络信息,包括超过 4 亿 3 千万个学术网页,来自 5 个专利组织的 2100 万条专利信息。Scopus 完整地收录了爱思唯尔,施普林格(Springer/Kluwer),自然(Nature),Science,美国化学学会(American Chemical Society),物理研究所(Institute of Physics),美国物理学会(American Physical Society),美国物理联合会(AmericanInstitute of Physics),英国皇家化学学会(Royal Society of Chemistry)等出版商出版的所有期刊自第一卷第一期的文章和国际汽车工程师学会的全部文献,并收录了爱思唯尔,施普林格(Springer/Kluwer),Science,自然,IEEE,剑桥大学出版社(Cambridge University Press)、Karger Medical 的在编文章(Articles in Press)。中国约有 350 种中英文期刊被 Scopus 收录。Scopus 每日更新,这使科研人员能及时全面地了解当今世界最新的科研成果。读者可以从网站 www.info.scopus.com 或 china.elsevier.com 了解相关新闻,通过 www.scopus.com 检索文献信息,查询被 Scopus 收录的论文及其被引用情况。

3.3.2 检索方法

1. 基本检索

Scopus 的基本检索界面(见图 3-4)非常简单。首先,输入框中的检索词可以在 17 个字段中进行检索,包括所有字段、著者、题名、文摘及关键词(主题)、来源出版物名称、篇名、文摘、关键词、机构、语种、ISSN 号码、CODEN 号码、DOI 号码、参考文献、会议名称、题名、文摘、关键词及著者、化学物质名称、化学物质登记号。

我们不仅能够通过普通的字段来查找相关的文献信息,也可以通过参考文献字段查找参考文献中出现的相关内容的文献;还可以

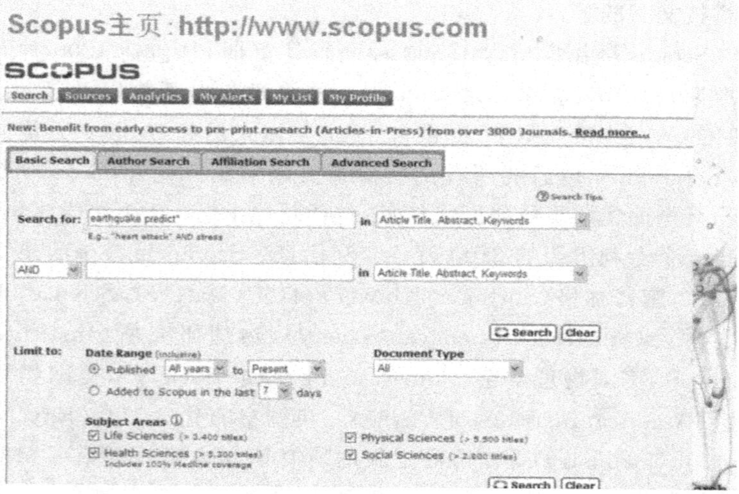

图 3-4 Scopus 基本检索界面

通过化学物质名称和化学物质登记号来查找某种特定化学物质的文献信息。

Scopus 提供按照年代检索文献的功能，同时，将最近 7、14、30 天收录的文献单独列出，以便于读者了解最新增加的内容。

另外，Scopus 还将所有文献分为四个大的主题类别，即生命科学、健康科学、物理科学、社会科学，为进一步按照学科范围检索文献提供了方便。

2. 高级检索

高级检索给需要精确检索的用户提供了方便。用户通过自己定义字段和字段间的关系，构建一个非常复杂、精确的检索式。基本检索和高级检索的检索结果都是具体文献。

Scopus 不同于其他文摘索引数据库的一个显著特点就是，首先，将在 Scopus、Web、专利中查找到的文献检索结果分别列表显示，用户可以直接了解到检索结果中有多少是在 Scopus 中找到的，有多少是在 Web(Scirus)中找到的，有多少是专利文献。其次，Scopus 将检索结果按照来源出版物名称、著者姓名、年代、文献类型、主题领域等分别列示。通过这种列示，用户可以了解检索结果中列出的文献按照来源出版物名称、著者姓名、年代、文献类型、主题领域等分布的情况，即显示了结果中所包含的所有的来源出版物名称、著者姓名、年代、文献类型、主题领域等。然后用户可以利用 Scopus 提供的"Limit to"和"Exclude"按钮，将检索结果限制在("Limit to")或排除("Exclude")其中的某一部分。另外，Scopus 还将每篇文献的具体发表日期、篇名、著者、来源出版物名称、被引次数分别列出并提供按照字段名称排序的功能，用户可以通过点击字段名称，对检索结果重新排序（比如点击"著者"，可以按照著者排序；点击"被引次数"，可以按照被引次数排序）。最后，Scopus 还将著者和被引次数作为链接点，用户可以通过点击具体的著者了解相同著者的文献情况；通过点击被引次数的具体数字了解该文献被哪些文献所引用。

 信息检索

3. 著者检索

Scopus 将著者索引单独列出,使用户可以根据著者姓或名检索到一系列可能的著者列表,然后从著者列表中选择用户需要的著者的文献信息。根据著者索引,用户不仅可以获得已知著者发表的文献信息,而且可以获得每篇文献的被引信息。

4. 来源检索

来源检索对用户提供刊名(书名)检索的功能。通过来源检索,用户不仅可以按照刊名(书名)字顺浏览 Scopus 收录的期刊(图书),而且可以按照期刊(图书)的主题领域、类型、出版商、ISSN 号码及是否本单位订购等信息来检索具体的期刊(图书)。来源检索的结果是具体的期刊或图书等,而不是具体的文献篇名。用户想获得具体的文献,需要进入具体的期刊或图书中查看。

3.3.3 其他功能

1. 引文分析功能

Scopus 收录了 1960 年以来的 2770 多万篇文献的摘要和题录信息,同时将 1996 年以来所引用的约 24500 万条参考文献记录建立了引文链接。因此,Scopus 向用户提供了引文分析的功能,如图 3-5 所示。Scopus 的引文分析功能主要表现在其检索结果的显示页面上。

在基本检索和高级检索的检索结果显示页面上,每篇具体的文献信息包含了发表日期、篇名、著者、来源出版物名称、被引次数。其中的被引次数反映了文献在 Scopus 中被他人引用的次数。点击被引次数的具体数字,可以看到该篇文献都被哪些文献所引用。同时,还可以按照被引次数多少的排序,了解某种期刊、某个著者、某个单位、某个主题领域的文献中哪些文献的被引次数最高,从而确定哪些文献的权威性较高。

在著者检索的检索结果显示页面上,Scopus 提供了一个引文分析按钮"Citation Overviewed"。读者选择了具体的著者姓名后,点击该按钮,系统将该著者的文献分别列出,并将该著者所有文献

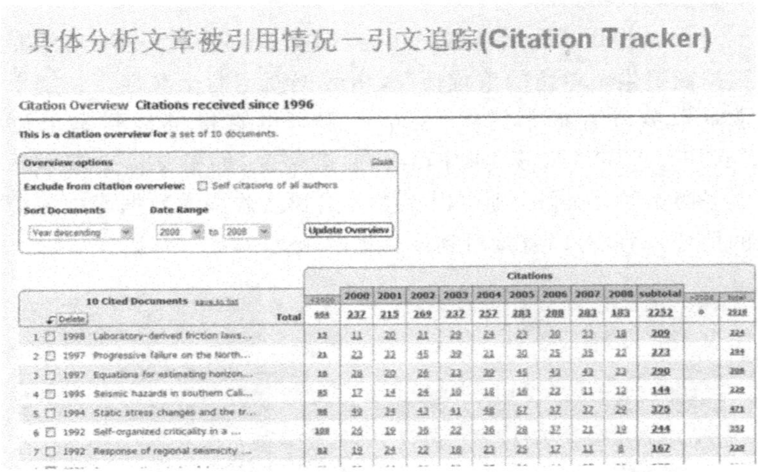

第 3 章 常用英文信息资源

图 3-5 引文追踪分析

1996 年以来的被引情况分别统计列出。

在来源检索的检索结果显示页面上，Scopus 仍然通过"Citation Overviewed"按钮将刊物中所有被 Scopus 收录的文献的被引情况按照年代分别列出。用户通过这个功能，可以了解某种刊物的所有文献在 1996 年以来的被引情况，从而了解某种刊物的总被引情况及具体某篇文献的被引情况，确定某种刊物或某篇文献的权威性。

2. 整合搜索引擎功能

Scopus 整合了搜索引擎 Scirus 的功能。Scirus 是爱思唯尔公司开发的科技文献搜索引擎。目前，Scirus 已经包含了 20000 万多个网页资源。Scirus 滤除非科学性网站，同时特别链接了专家评审文献，诸如 PDF 以及 PostScript 文件，而这些文件常常被其他检索引擎所忽略。另外，Scirus 能够检索全球最大的科学、技术以及医学数据库，它通常进入网站两层链接以上，查找比普通检索引擎更为深入。

Scopus 在收录的 15000 多种期刊之外，还整合了 Scirus 的内容，从而扩大了用户的检索范围。用户不仅可以从正式的 Scopus 数据库中检索文献，还可以同时通过 Scirus 检索相关的科技类网络资源。

3. 全文链接功能

Scopus 提供了全文链接的功能，如图 3-6 所示。这项功能需要向数据商提供本单位的馆藏情况，由数据商定制全文链接。如果某篇文献本单位有纸本馆藏，Scopus 则可以直接链接到本单位的 OPAC 上，进而显示该文献的具体收藏情况；如果某篇文献本单位有电子版馆藏，Scopus 则可以直接链接到已购全文数据库中该篇文献的位置，用户可以直接看到该文献的全文。

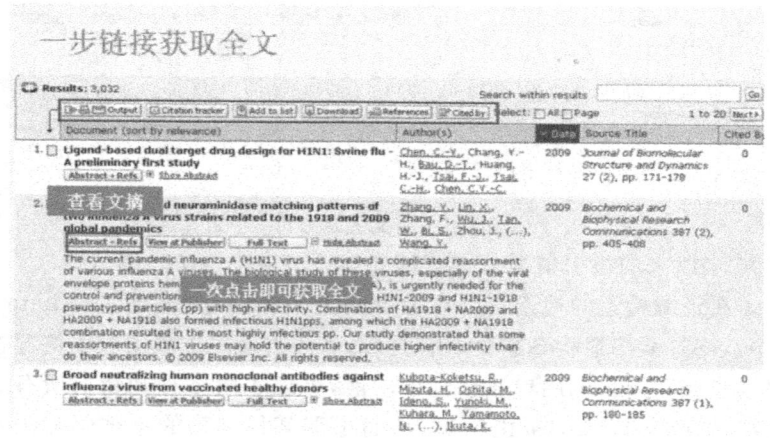

图 3-6　全文链接功能

4. 个性化服务功能

Scopus 还提供了许多个性化服务，这些个性化服务需要用户首先注册用户名，提供有效的邮箱地址和密码，然后以用户名和密码登录。这些个性化服务主要包括以下几个方面。

（1）保存检索式。用户通过用户名和密码进入 Scopus，然后进行检索。检索后可以点击显示结果页面的"Save"按钮，将检索式保存在"Saved Searches"，以便下一次检索时直接调用，而不需要再重新输入。

（2）保存检索结果。用户可以将检索结果中所需要的文献选中，然后通过点击显示结果页面的"Add to List"按钮，将选中的文献保存到"My List"，以便以后按某种格式统一输出。

第3章 常用英文信息资源

（3）定题通告。Scopus提供了两种定题通告服务：一种是检索的定题通告(Search Alerts)，系统每次更新后会将符合定制检索式的新的检索结果发送到用户注册的有效邮箱，以便用户可以了解某方面文献最近的研究情况；另一种是引文定题通告(Document Citation Alerts)，系统将用户定制的某篇文献的新的被引情况发送到用户注册的有效邮箱，让用户可以了解某篇文献最近是否有新的被引信息，特别是可以帮助科研人员了解自己的某篇文献最近是否又被别人引用过。

3.4 WILEY InterScience

3.4.1 简介

约翰·威利父子公司(John Wiley & Sons Inc.)是有200年历史的国际知名专业出版机构，是世界范围内科学、技术和医学(STM)类的领先出版商，分布在美国、英国、德国、加拿大、亚洲和澳大利亚，在化学、生命科学、医学以及工程技术等领域学术文献的出版方面颇具权威性。1997年10月，约翰·威利父子公司设计出在线出版平台，提供基于网络访问的Wiley的出版内容，包括期刊(Journal)、在线图书(OulineBooks)、参考书(RefereneeBooks)、数据库(Databases)、实验室指南(Currentprotoeols)、回溯文档(Collections)以及商务期刊及相关资讯。

2007年2月，Wiley InterScience平台和Blackwell合并，平台上共有1468种电子期刊可供访问。具体学科涉及生命科学与医学、数学统计学、物理、化学、地球科学、计算机科学、工程学、商业管理金融学、教育学、法律、心理学等。该出版社期刊的学术质量很高，是相关学科的核心资料，数据可访问年限为1997年至今。Wiley InterScience主页如图3-7所示。

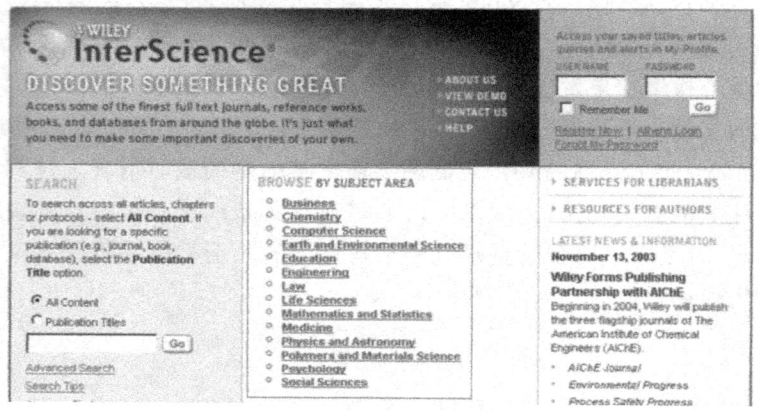

图 3-7　WILEY 平台主页

3.4.2　检索功能

Wiley InterScience 在任何页面都设有检索入口,用户可按照内容检索,也可按照题名检索。系统默认检索所有类型的出版物。

1. 基本检索(Basic Journal Search)

Wiley InterScience 基本检索界面分为两种检索入口,分别为按内容检索(All Content)和按标题检索(Publication Titles),系统默认的检索字段有篇名、文摘、作者、作者机构、关键词等。同时在基本检索输入中,可以使用简单的逻辑算符(AND,OR,NOT)以及圆括号、"＊"等。

2. 高级检索(Advanced Search)

高级检索为需要精确检索的用户提供了方便,用户通过自己定义字段和字段间的关系,可以构建一个非常复杂、精确的检索式。高级检索具有文献信息的列表,且检索框之间有布尔算符可供选择,下拉式菜单显示那些可供目标检索的字段:出版物名称、文章名称、作者、全文/摘要、作者单位、关键词、出资机构、ISBN、ISSN、文章的 DOI 号、参考书目等。也可以将用户检索锁定在 Wiley InterScience 上的某一类产品,可访问在线图书或者期刊/过刊。如果用户已经保存了喜爱的期刊、图书或参考工具书的名字到"my profile",也可以锁定到已保存的内容中。高级检索界面有高级学科领域可供选择,用户可以根据自己的检索需要侧重某一特殊领域的相关词,例如工程中的"cellular systems"与"life science"的对比。用户几乎可以选择任何日期范围内的出版物,因为最早的过刊回溯到1979年。检索结果可按匹配程度/出版日期/出版物名称排序。高级检索界面如图3-8。

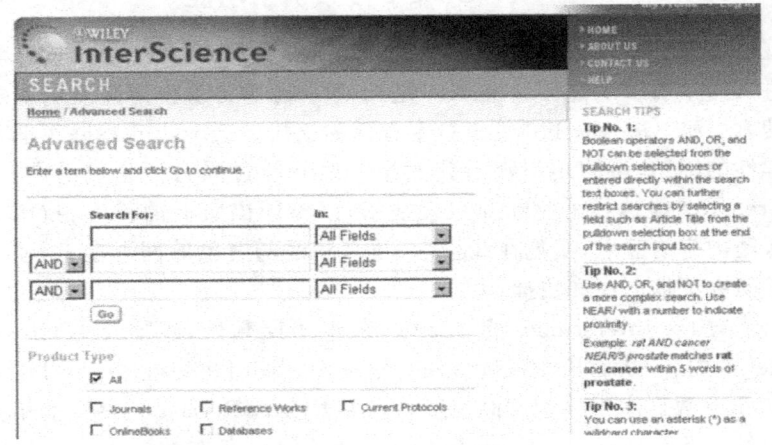

图 3-8　高级检索界面

高级检索中比较特殊的地方是,如果希望同一个字段中包含两个检索词,一定要使用（Article title)gene therapy AND(Article title)cancer(癌症的基因治疗)的检索式,那么检索结果的篇名中就包含 gene therapy 和 cancer 两个词。如果使用(Article title)gene therapy AND cancer,则检索结果的篇名中只包含其中一个检索词,另一个词含在其他字段中。这种用法并不符合用户的习惯,因此可以说是系统的缺陷。

3. 浏览检索(Browse Search)

如果已知刊名,或希望通过期刊来查找论文,可选择"按刊名字顺浏览"或"按学科浏览",进入期刊访问页面,进行刊名、卷期、目次、内容的树状浏览。此外,该数据库还专门将关于商业、财会、金融、管理学、环境管理的 40 多种期刊做成一个专门收藏,称为"Bold-

Ideas Collection",点击后可以查看全部这类期刊的最新一期内容。选择"Issues"可进入该刊所有卷期列表。

4. 缩写词检索(Aconym Finder)

"AconymFinder"提供了查寻首字母缩写词搜寻的工具,点击会弹出一个新的窗口,如输入"TN",会获得 TalkNumble、Technical-Note、Terminal Node。

3.4.3 CrossRef/Google 搜索引擎功能

在 Wiley InterScience 检索栏上点击 CrossRef/Google 链接,将进入搜索引擎功能。CrossRef 是约翰·威利父子公司开发的科技搜索引擎,Google TM 提供技术方面的支持。CrossRef 滤除了非科学性的网站,帮助用户链接到大量在线并经过同行评论过的内容。CrossRef 能达到工业标准检索技术,以不同出版商的科学、技术和医药内容为起点,实现在线科学、技术和医药文献的网上搜索,使学术研究更加方便和快捷。

Wiley Interscience 除了 1468 种电子期刊外,还整合了 Cross-Ref 的内容,从而扩大了读者的检索范围。读者可以在 Wiley Inter-science 数据库中检索文献,还可以通过 CrossRef/Google 检索相关的科技类网络资源。CrossRef 的特别功能是所有数学学术信息的引文主干。CrossRef 是一家协作参考链接服务,就像数字总机一样,它没有全文内容,而只是通过数字目标标示(DOI)建立有效的链接,DOI 标贴在由参与出版商提供的文章元数据中。最终结果是建立一个有效的、可升级的链接系统,使得研究人员能够点击。

3.5 ISI Web of Knowledge

3.5.1 简介

ISI Web of Knowledge 是一个基于 Web 而构建的动态的数字研究环境,通过强大的检索技术和基于内容的连接能力,将高质量

第3章 常用英文信息资源

的信息资源、独特的信息分析工具和专业的信息管理软件无缝地整合在一起,兼具知识的检索、提取、分析、评价、管理与发表等多项功能,从而加速科学发现与创新的进程。

在内容上,ISI Web of Knowledge 以 Web of Science 为核心,凭借独特的引文检索机制和强大的交叉检索功能,有效地整合了学术期刊(ISI Web of Science)、技术专利(Derwent Innovations Index)、会议录(ISI Proceedings)、化学反应(ISI Chemistry)、研究基金(ISI eSearch)、Internet 资源、学术分析与评价工具(ISI Essential Science Indicators)、学术社区(ISIHighlyCited.com)及其他重要的学术信息资源,提供了自然科学、工程技术、生物医学、社会科学、艺术与人文等多个领域中高质量、可信赖的学术信息,从而大大扩展和加深了单个信息资源所能提供的学术研究信息。

在功能上,ISI Web of Knowledge 为不同来源的学术信息资源的整合提供了一个统一、开放而强大的平台,实现了不同时间、不同类型、不同来源信息资源之间的整合与沟通,最大限度地保持了知识体系的完整性,提供了科学研究的全方位信息,从而构成了一个以知识为基础的既集中又开放的信息体系。

3.5.2 核心资源

1. Web of Science

ISI 著名的三大引文索引即 Science Citation Index Expanded、Social Sciences Citation Index、Arts & Humanities Citation Index,收录了全球自然科学、工程技术、生物医学、社会科学、艺术与人文等诸多领域 230 多个学科与专业内近 8500 多种高质量的学术期刊。其中,Science Citation Index Expanded 是全球覆盖学科最广泛的科学技术信息数据库,收录全球自然科学、工程技术等领域内 6000 多种核心期刊的内容。其独特的引文索引有效地揭示了科学研究之间的内在联系,协助研究人员深入了解科学研究课题的过去、现在与将来,同时也揭示了各种不同学科、不同研究领域的交叉与互动,从而为科学研究的立项、规划、发展与深入提供了最有价值的信息资源。目前,全球越来越多的大学、机构、公司和政府都已经将 ISI Web of Science 作为一项非常重要的战略性信息资源进行投资。

2. ISI Proceedings

ISI Proceedings 包括 ISTP 和 ISSHP 两大会议录数据库,收录全球范围内科学技术、社会科学、人文领域内的会议录资料,包括专著、丛书、预印本以及来源于期刊的会议论文。同时还提供了会议录论文的摘要、参考文献及相关会议文献等信息。

3. Derwent Innovations Index

Derwent Innovations Index 将科学研究转化成生产力最直接的途径就是将科学研究成果及其应用转化为技术专利,而专利文献信息是科学研究中必不可少的重要信息资源。Derwent Innovations Index 是由 ISI 与其兄弟公司德温特(Derwent,全球最权威的专利文献信息出版机构)共同推出的面向学术界的专利信息数据库。这一数据库将德温特世界专利索引(Derwent World Patents Index,简称 WPI)与专利引文索引(Patents Citation Index)加以整合,以每周更新的速度,提供全球专利信息。Derwent Innovations Index 收录来自全球 40 多个专利机构(涵盖 100 多个国家)的 1000 多万条基本发明专利,资料回溯至 1963 年。Derwent Innovations Index 通过 Derwent 专业的专利情报加工技术,协助研究人员简捷有效地检索和利用专利情报,鸟瞰全球市场,全面掌握工程技术领域创新科技的动向与发展。

3.5.3 合作资源

ISI 不仅自己开发数据库,还通过同其他信息提供者的合作,以其资源补充 ISI 科学体系核心内容的不足,从而保证了研究文献的覆盖深度、整合广度和各学科学术文献来源的多样化。同时,也使得这些资源可以利用 ISI Web of Knowledge 体系检索平台的优势,如跨库检索功能、链接能力、个性化和定题快讯选择等。

1. 美国生物科学数据库

美国生物科学数据库(BIOSIS Previews)是世界著名的生命科

学和生物药学研究索引,结合了 Biological Abstract 和 Biological Abstracts/RRM(Reports,Reviews and Meetings)的内容,提供全球生命科学和生物药学领域内最新的纵深文献,收录 1969 年至今 90 多个国家出版的 5500 种期刊和非期刊文献中的 1300 万条记录,每年增加 56 万条记录,每周更新。

2. 农业与生物文摘数据库

农业与生物文摘数据库(CAB Abstracts)覆盖国际应用生命科学研究领域,收录 1973 年以来 140 多个国家、50 种语言出版的 400 万条记录,来源于 9000 多种连续出版物和 2500 多种图书和会议录。

3. 科学文摘数据库

科学文摘数据库(Information Service in Physics, Electro-Technology, Computer and Control,简称 INSPEC)提供 1969 年至今来源于 3500 种科技期刊、2000 种会议录的 700 万书目记录,每年增加 35 万条记录,内容涵盖物理、电子/电气工程、计算控制工程和信息技术领域。

4. 心理学文献资料库

心理学文献资料库(PsycINFO)涵盖 50 多个国家出版的 1800 种期刊中的 190 万条记录,提供对行为科学与社会科学领域主导书目数据库的存取。

5. 食品科学专业数据库

食品科学专业数据库(Food Science & Technology Abstracts,简称 FSTA)全面覆盖国际食品科学、食品技术和人类营养信息,由国际食品信息服务社出版。出自期刊、图书、会议录、报告、专利、标准和立法措施等与食品相关的文献。收录 1969 年至今 90 多个国家、40 多种语言出版的 1800 多种期刊和 104 个国家的专利文献,总记录数达到 60 万条。

3.5.4 分析资源

基于 ISI 引文索引提供的绩效数据,帮助用户分析和评价学术成果的影响。

1. 网路期刊引文报告

网路期刊引文报告(Journal Citation Report on the Web)是基于 Web 的期刊引用报告,允许对 200 多个学科的 7500 多种自然科学与社会科学期刊进行学术评价。网路期刊引文报告分为自然科学版(JCRScience Edition)和社会科学版(JCR Social Sciences Edition)。自然科学版提供 1997 年以来 ISI 数据库收录的 5700 多种引文率最高的、经过评审的国际性科技刊物的引文统计数据;社会科学版提供 1997 年以来 ISI 数据库收录的 1700 种社科、人文科学期刊的引文统计数据。

2. Essential Sciences Indicators

覆盖全球 8500 种学术期刊,是 ISI 独有的研究数据和统计资料,帮助衡量绩效和追踪过去 10 年来自然科学和社会科学的发展趋势,提供国家、研究机构、科学家和期刊的排名数据的纵深分析工具。

3. 高引文率网站

高引文率网站(HighlyCited.com)列出了全球引文率最高的研究人员及其学术成就。

3.5.5 其他资源

1. 高质量的免费电子资源的检索

具体包括下列数据库:AGRICOLA;PubMed;The Cochrane Library(Abstracts of CochraneReviews);AIAA Meeting Papers(American Institute of Aeronauticsand Astronautics);NASA Astrophysics Data System;ArXiv. org e-Print Archives(Computer Science,Mathematics,Nonlinear Sciences,Physics);ASCE Civil Engineering Database;National TechnicalInformation Service Product Search(NTIS);AskEnc;Popline。

2. Web 内容检索

出自经过 ISI 专家严格评估的 4400 个 Web 网站上的 45 万篇文献,内容涉及预印本、基金信息和研究活动。

3.5.6　Web of Science 使用方法

Web of Science 检索的数据库包括：Science Citation Index Expanded（SCI-EXPANDED）；Social Sciences Citation Index（SSCI）；Arts & Humanities Citation Index（A&HCI）；Conference Proceedings Citation Index-Science（CPCI-S）；Conference Proceedings Citation Index-Social Science & Humanities（CPCI-SSH）。其提供普通检索、被引参考文献检索和高级检索三种检索方式。

1. 普通检索

普通检索是系统默认的检索方式，提供多个检索框，可根据需要增加检索框（Add Another Field），如图 3-9 所示。

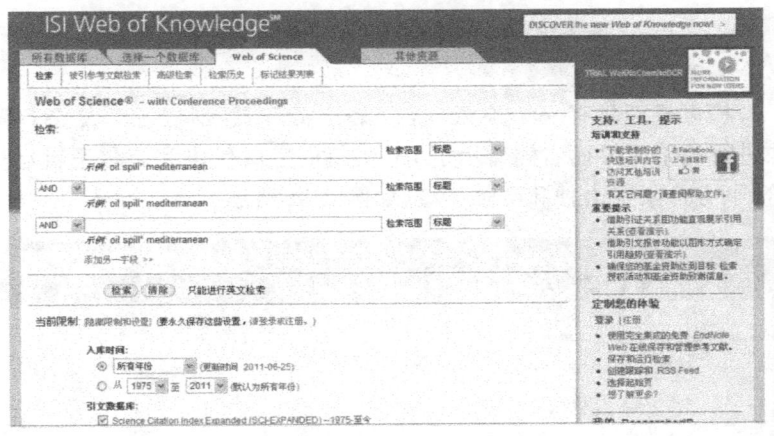

图 3-9　Web of Science 普通检索

2. 被引参考文献检索

引文检索将文章中的参考文献作为标引词或标引条目，利用作者自己建立起来的文献之间存在的关系链查找文献，是 SCI 特有的检索功能。Web of Science 的引文索引提供了被引作者、被引著者和被引年份三个检索字段，每个字段均可使用截词符"＊"、逻辑运算符"OR"进行组合，如图 3-10 所示。

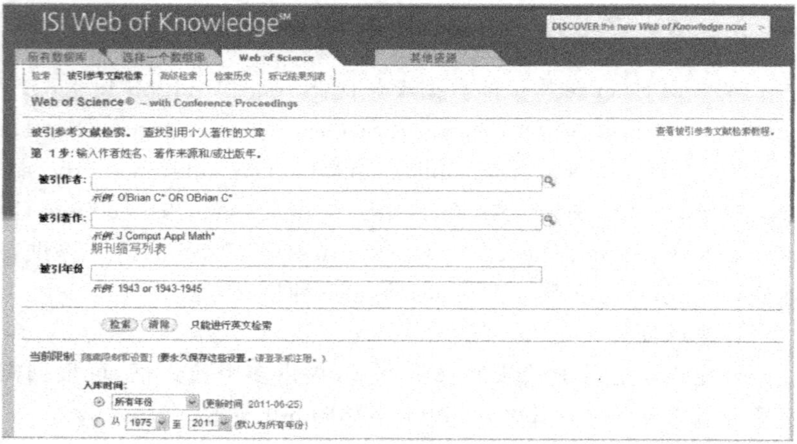

图 3-10　Web of Science 被引参考文献检索

3. 高级检索

检索界面只有一个检索框,根据检索需要,创建一个复杂检索式进行检索。界面右侧显示了 ISI 支持的字段代码和布尔逻辑运算符,下方可限定语种和文献类型,如图 3-11 所示。

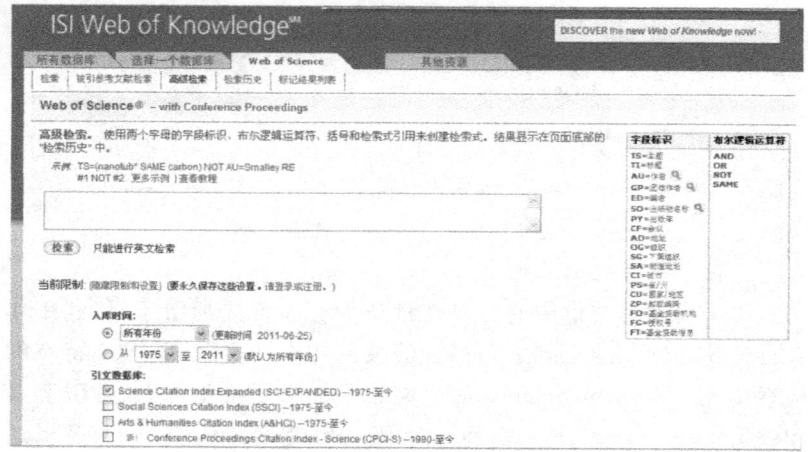

图 3-11　Web of Science 高级检索

4. 检索历史

点击检索历史,可以看到当前所做过的检索过程,包括检索序号(Set)、命中记录数(Results)及检索式等。在检索历史界面,可完成以下操作。

(1) 保存检索式:点击"保存历史/创建跟踪"将检索历史界面上当前显示的各步检索统一保存在服务器上。

(2) 运行已保存的检索式:点击"打开保存的检索历史"按钮,可重新执行已保存的检索式。

(3) 组配检索式:点选要组配的某检索集合,选择逻辑运算符(AND、OR),然后点击"组配"按钮,对多个检索式进行逻辑组配检索。

(4) 删除检索式:点选要删除的某检索集合,然后点击"删除"按钮完成删除。

5. 检索结果浏览和处理

(1) 记录显示格式。检索结果以题录格式显示,包括标题、作者、来源出版物和被引次数。点击篇名链接,可显示全记录(Full Record)格式。全记录格式除了包含题录信息外,还提供文献摘要、参考文献、引证关系图、文献类型、语言、作者关键词、通讯作者地址、电子邮件地址、出版商、学科类别、IDS 号、ISSN、DOI。

(2) 检索结果排序。系统提供了七种排序方式:更新日期(系统默认)、被引频次、相关性、第一作者、来源出版物、出版年、会议标题。

(3) 检索结果标记。在题录显示状态下,勾选记录前的复选框逐条标记记录,也可使用界面下方批处理的方式进行标记。对标记过的记录可以进行输出处理。

(4) 精炼检索。在题录显示界面的左栏精炼检索,可获取检索结果分布统计,包括学科类别、文献类型、作者、来源出版物、出版年、会议标题、机构、基金资助机构、语种、国家/地区。通过该功能,用户可了解有哪些科研人员、哪些科研单位、哪些国家在从事相关专题的研究,相关的研究课题属于哪些学科分类等。勾选统计项前的复选框,点击"精炼"按钮,系统将限定结果范围,也可在该结果的基础上进行二次检索。

(5)标记结果输出。在题录显示状态下,对需要输出的记录做好标记后,点击"标记结果列表",进入结果输出界面,此时标记过的记录将单独显示出来。

标记结果输出的具体步骤为:

①选择需要输出的字段;

②选择输出的方式。系统提供了四种输出方式:打印,发送电子邮件,保存到文件,保存到 EndNote、RefMan、ProCite。

6. 分析检索结果

在题录显示状态下,点击"分析检索结果"按钮,可对检索结果进行分析。

(1)根据字段排列记录。系统提供十个分析项目:会议标题、国家/地区、文献类型、基金资助机构、授权号、机构名称、语种、出版年、来源出版物、学科类别。

(2)分析。通过下拉菜单设定分析数量的上限。系统可分析的最大结果数为 10 万条记录,即当检索结果数超过 10 万条时,系统仅取前 10 万条记录进行分析。

(3)设置显示选项。第一项设定显示分析结果的个数,显示前 n 项(n=10、25、50、100、250、500);第二项为显示记录数的下限,当记录数小于某个数后,分析数据不显示。

(4)排序方式。按记录数多少排序显示,或按已选字段显示。

3.6 Ei Village

3.6.1 简介

Ei Village 是美国工程信息公司(Engineering Information Inc.)推出的大型 Internet 网上服务,它将世界范围内的工程信息资

第 3 章 常用英文信息资源

源组织、筛选、集成在一起,向用户提供一步到位的便捷服务。美国工程信息公司《EI》(Engineering Index,1884—)是世界上最大的工程信息提供者之一,所集成的信息资源包括我们已熟知的著名的《工程索引》和类似的其他 40 个数据库,包括专利和标准。其中包含 16000 个对工程技术人员极有价值的网上地址和资源(含若干我国工程站点)、多种期刊与会议论文的文摘、最新科技进展通报等,还提供许多虚拟社区及其他服务。此外,Ei Village 还提供多种期刊与会议论文的全文数据,其全文可以借助 Internet Fax 直接传递给用户。

工程索引数据库(Ei CompendexWeb)是 Ei Village 的核心数据库,可检索到 1969 年至今的文献。Ei Compendex 数据库每年收录 2600 余各种工程期刊、会议录及科技报告,年增约 22 万条文献的文摘索引信息。Ei PageOne 数据库在 Ei Compendex 的基础上扩大了收录范围,每年收录 5400 余种工程期刊、会议录及科技报告,年增约 42 万条文献的题录信息。

Ei CompendexWeb 是 Ei Compendex 和 Ei Page One 的集合,该数据库每年新增 500000 条工程类文献,其中化工和工艺类的期刊文献最多,约占 15%;计算机和数据处理类占 12%;应用物理类占 11%;电子和通讯类占 12%;另外还有土木工程类(占 6%)和机械工程类(占 6%)等。其中,90% 的文献是英文文献;会议论文约占 30%。需说明的是,Ei CompendexWeb 中并未包含 Ei Village 的全部内容。目前,随着国内购买与使用单位的不断增加,Ei CompendexWeb 也被越来越多的人所熟悉和利用。

Ei 公司从 1992 年开始收录中国期刊,并于 1998 年在清华大学图书馆建立了 Ei 中国镜像站,2002 年又开通了 Ei China 网站 http://www.ei.org.cn/。

访问网址:(1)http://www.engineeringvillage2.com.cn/(清华大学图书馆镜像);

(2)http://www.engineeringviltage2.org/。

3.6.2 Ei Compendex 检索方式

Ei Compendex 提供三种检索方式:简单检索、快速检索和专家检索。单击界面上的页面转换导航条,即可在三种检索方式之间进行切换。

1. 简单检索(Easy Search)

在单个检索框中输入检索式(包含检索词及 AND/OR/NOT 等布尔逻辑运算符),检索范围为数据库中所有内容,如图 3-12 所示。

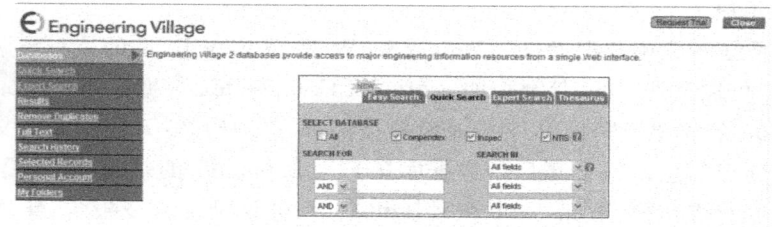

图 3-12　简单检索

2. 快速检索(Quick Search)

快速检索是系统默认的检索方式,如图 3-13 所示。

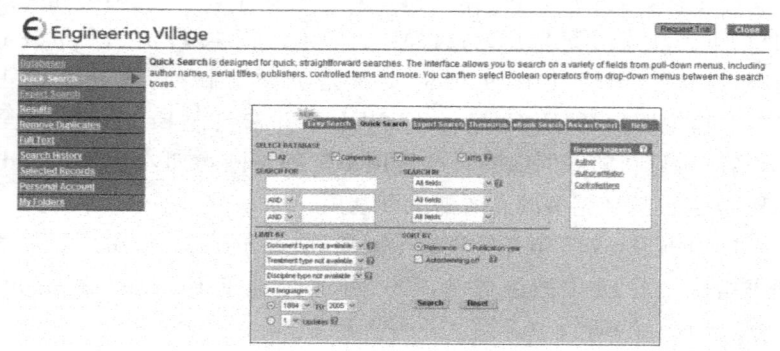

图 3-13　快速检索

(1)检索框。快速检索界面有三个检索框,从【SEARCH IN】下拉式菜单中选定字段,在【SEARCH FOR】文本框中输入检索式,检索框之间可用布尔逻辑运算符 AND、OR 或 NOT 连接,进行组配检索。

【SEARCH IN】下拉式菜单用于对【SEARCH FOR】文本框中的检索式的检索字段范围进行限制。提供的检索字段有:所有字段(All Fields)、主题/题名/文摘(Subject/Title/Abstract)、文摘(Abstract)、作者(Author)、作者单位(Author Affiliation)、题名(Title)、Ei 分类号(Ei Classification Code)、期刊代码(CODEN)、会议信息(Conference Information)、会议论文编号(Conference Code)、国际标准刊号(1SSN)、Ei 主标题词(Ei Main Heading)、出版者(Publisher)、刊名(Serial Title)、Ei 受控词(Ei Controlled Term)、原出版国(Country of Origin)。

(2)检索限定(Limit by)。系统提供四种检索限定选项:文献类型、处理类型、语种和时间。使用检索限定,可得到更为精确的检索结果。

①文献类型。文献类型指的是所检索的文献源自出版物的类型。可选择的文献类型有:全部文献类型(All document types,系统默认选项)、核心期刊(CORE)、期刊论文(Journal article)、会议论文(Conference article)、会议论文集(Conference proceeding)、专题论文(Monograph chapter)、专题综述(Monograph review)、专题报告(Report chapter)、综述报告(Report review)、学位论文(Dissertation)和专利(Patents)。

②处理类型。处理类型用于说明文献的主要特征、研究方法及所探讨主题的类型。可选择的处理类型有:全部处理类型(All treatment types,系统默认选项)、应用(Applications)、传记(Biographical)、经济(Economic)、实验(Experimental)、一般性综述(General review)、历史(Historical)、文献综述(Literature review)、管理方面(Management aspects)、数值(Numerical)和理论(Theoretical)。一个记录可能有一个或几个处理类型,然而,并不是每个记录都有处理类型。

③语种。快速检索界面可选择的语种有:全部语种(All Languages，系统默认选项)、英语(English)、汉语(Chinese)、法语(French)、德语(German)、意大利语(Italian)、日语(Japanese)、俄语(Russian)和西班牙语(Spanish)。

④时间。检索时间既可以按年选择，也可以将检索时间限定在最近四次所更新(Updates)的内容中。这两种方法只能选择其一。

(3)检索结果排序(Sort by)。

①按相关度(Relevance)排序。相关度是指与检索词的接近程度和检索词在文献中的频率，相关度高的文献排在前面。

②按出版年(Publication year)排序。按记录的出版时间，最新的文献排在最前面。

(4)自动取词根。在快速检索中，系统将自动检索以所输入词的词根为基础的所有派生词(作者栏中的检索词除外)。例如，输入management，结果为 managing、managed、manager、manage、managers 等。除非勾选关闭自动取词根(Autostemming off)。

(5)复位(Reset)。当需要在检索过程中开始一次新的检索时，单击【Reset】按钮，可清除前面的输入，并将所有选项复位到默认值。

(6)浏览索引(Browse Indexes)。浏览索引可帮助用户选择合适的检索词。快速检索界面提供了作者(Author)、作者单位(Author Affiliation)、受控词(Controlled Term)、刊名(Serial Title)和出版者(Publisher)五个字段的索引词表。点击字段名可以到相应的索引词表中查看。在索引词表中，选择检索词的第一个字母或者在【Search for】栏中输入检索词的前几个字母，点击【Find】按钮进行浏览，也可通过点击每页的【Previous page】(上页)或【Next page】(下页)链接浏览索引。选定的检索词将自动被粘贴到检索框中进行检索。

(7)结束检索(End Session)。单击位于界面右上方的【End Session】按钮结束检索。如果一个检索处于非激活状态超过 20 分钟，则检索将自动结束。

3.专家检索(Expert Search)

专家检索界面只有一个检索框，需要自行构建检索式，如图3-14

所示。在检索框内输入的检索表达式需要合理使用检索运算符,各字段的代码可参见检索框下面的【Seafch Codes】栏。专家检索包含更多的检索选项,可使用更复杂的检索运算符,进行更灵活、更准确的检索。

专家检索界面提供的浏览索引,还包括语言(Language)、文献类型(Document Type)和处理类型(Treatment Type)字段。

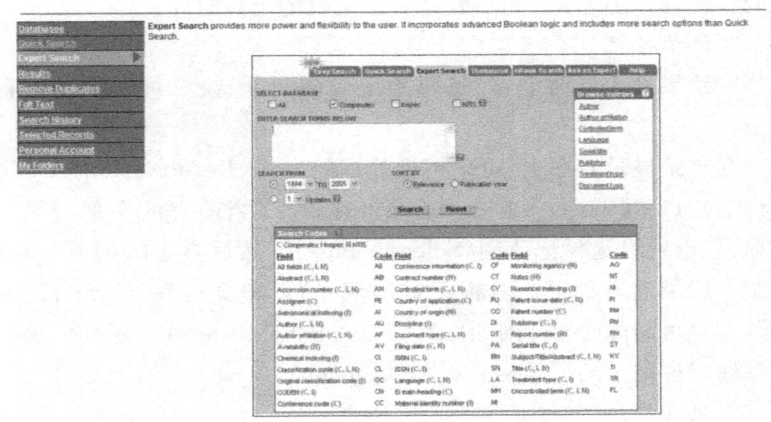

图 3-14　专家检索

3.6.3　检索结果浏览和处理

在简单检索、快速检索和专家检索界面中单击【Search】按钮,均会进入检索结果界面。

1. 记录显示格式

检索结果的显示格式有三种:题录格式、文摘格式和详细记录格式。

(1)题录格式(Citation)。检索结果最初以题录格式显示,默认每页显示 25 条记录,界面上方还提供该检索策略的命中数、年代范围和检索式。题录格式包括题名、作者及第一作者单位、原文出处,点击某条题录下的【Abstract】或【Detailed】链接,即可显示文摘格式或详细记录格式。点击全文链接【FULLTEXT】,可以看到用户有权限访问的电子版全文。

(2)文摘格式(Abstract)。文摘格式除了包含题录信息外,还提供文摘、Ei 受控词及分类号等。点击 Ei 受控词链接,可查看该主题词下的相关文献。

(3)详细记录格式(Detailedrecord)。详细记录显示全部书目信息。Ei 存取号(Accession number)的前两位数字表示文献被 Ei 收录的年代,Ei 的收录时间一般滞后于文献的出版时间。

2. 记录标记

在结果显示界面上,勾选每条记录前的复选框,可对记录进行标记。

在题录显示界面上,可采用批处理的方式(Results Manager)进行标记。点击【Select all on Page】链接,可对当前页的全部记录进行标记;也可设定标记范围(Select Range)。然后点击【go】,即可对相应的记录进行标记。对标记过的记录,可整页清除(Clear all on Page),也可清除全部选定记录(Clear all Selections)。还可一次选择对标记过记录的显示格式(Chooseformat)。

3. 记录排序(Sort by)

系统提供五种排序方式:相关度排序(Relevance)、出版年代排序(Date)、作者字顺排序(Author)、刊名字顺排序(Source)和出版者字顺排序(Publisher)。

4. 精炼检索(Refine Results)

在题录显示界面的右栏【Refine Results】可获取检索结果分布统计,包括作者(Author)、作者单位(Author Affiliation)、受控词(Control Led Vocabulary)、分类号(Classi Fication Code)、国家(Country)、文献类型(Document Type)、语言(Language)、出版年(Year)、刊名(Serial Title)、出版者(Publisher)等。勾选项目前的复选框,点击上方的【Include】或【Exclude】按钮,系统将限定或排除结果范围。

5. 标记结果输出

对标记过的记录可以进行浏览(View Selections)、发送电子邮

第3章 常用英文信息资源

件(E-mail)、打印(Print)、下载(Download)存盘或输入到个人书目文献管理系统,还可保存在系统服务器上(Save to Folder)。

6. 检索历史(Search History)

点击任何界面右上方的【Search History】链接,即可进入检索历史界面。检索历史显示当前所做过的检索过程,包括检索方式(Type)、检索式(Search)、命中记录数(Results)等。同时,在此界面上还可以保存检索式(Save Search)、设置电子邮件通报服务(E-mail Alert)、对多个检索式进行逻辑组配检索(Combine Previous Searches),此时可用检索序号代替检索式进行检索。点击【My Profile】,可以查看自己账号中所存入的检索结果及检索过程,并可点击以往的检索策略重新进行检索。

3.6.4 个性化功能

保存检索式、保存检索结果和设置电子邮件通报,需要预先注册账号并登录。此时,按系统提示输入个人电子邮件地址和密码即可。此外,Ei Compendex还提供RSS服务。

1. 电子邮件通报服务

电子邮件通报服务是当数据更新时,系统将按用户设定的检索需求自动检索,并将检索到的最新数据包括文献题名、作者、文摘等,发送至用户的电子邮箱中。如保存作者检索并设定Alert服务,可获得该作者的文章被Ei Compendex收录的最新信息通报;保存刊名检索并设定Alert服务,可获得该刊的最新期目次页。

2. 真正简易聚合服务

真正简易聚合(Really Simple Syndication,简称RSS)是一种以可扩充标记语言(Extensible Markup Language,简称XML)为格式的内容传送系统,是某一站点用来和其他站点之间共享内容的一种简易方式,也叫聚合内容。网络用户可以在客户端借助于支持RSS的新闻聚合工具软件(如Feed Demon、RSSReader),在不打开网站页面的情况下阅读支持RSS输出的网站内容,包括标题、链接和全文。

第4章 图书馆资源与利用

4.1 图书馆概述

4.1.1 发展沿革

图书馆是搜集、整理、收藏图书资料供人阅览、参考的机构。

早在公元前3000年时,巴比伦的神庙中就收藏有刻在胶泥板上的各类记载。最早的图书馆是希腊神庙的藏书之所和附属于希腊哲学书院(公元前4世纪)的藏书之所。根据考古学家的发掘成果,亚述巴尼拔图书馆是现今已发掘的古文明遗址中保存最完整、规模最宏大、书籍最齐全的图书馆,在时间上要比埃及著名的亚历山大图书馆早400年,而且由于泥版图书的特殊性,也没有像亚历山大图书馆一样毁于战火,大部分都保存了下来。

我国图书馆的历史悠久,只是起初并不是称做"图书馆",而是被称为"府"、"阁"、"观"、"台"、"殿"、"院"、"堂"、"斋"、"楼"等,如西周的盟府,两汉的石渠阁、东观和兰台,隋朝的观文殿,宋朝的崇文院,明代的澹生堂,清朝的四库全书七阁,等等。"图书馆"是一个外来语,于19世纪末从日本传到我国。

4.1.2 图书馆的职能

1. 保存人类文化遗产

自从人类社会产生了文字,用来记录这些文字的载体——文献也就应运而生。它记载了从古至今人类历史的发展和演变。图书馆的功能之一就是收集、加工、整理、科学管理这些珍贵的文献资源,以便广大的读者借阅使用。图书馆是作为保存各民族文化财富的机构而存在的,它担负着保存人类文化典籍的任务,这是图书馆最古老的职能。它是以文献为物质基础而开展业务活动的。但近年来由于计算机网络化的实现以及科学技术的突飞猛进,图书馆不但保存手写和印刷的文献,还保存其他载体形式的资源,而且保存的目的是为了更好地使用。

2. 开发信息资源

图书馆收藏着大量的文献信息资源,积极地开发、广泛地利用这些文献资源是图书馆的重要职能之一,它也是图书馆承担各种职能的基础。由于当今社会文献的生产数量大、增长快,社会文献的类型复杂、形式多样,文献的时效性强、传播速度加快,文献的内容交叉重复、质量下降等特点,这使人们普遍感到利用困难。图书馆通过对文献信息资源进行加工整理、科学分析综合、指引,形成有秩序、有规律、源源不断的信息流,进行更加广泛的交流与传递,使读者更好地利用它们。图书馆的文献资源开发包括下面几项内容:第一,对到馆的文献进行验收、登记、分类、编目、加工,最后调配到各借阅室,以便科学排架,合理的流通;第二,对馆外文献信息资源进行搜索、过滤,成为虚拟馆藏,形成更加宽广、快捷的信息通道;第三,通过最现代化的技术手段使馆藏文献走向数字化。

3. 参与社会教育

图书馆进行社会教育,主要表现在可以为社会、为读者提供最完备的学习条件:资源、场地、设备。受教育者可以长期、自由地利用图书馆进行自学。它还是学校教育的重要组成部分。在学校里,图书馆是基本的教育设施,它被誉为"知识的宝库、知识的殿堂"、"大学的心脏"、"学校的第二课堂",直接承担着培养人才的重任。图书馆向社会所有成员敞开大门,教育他们如何才能获取文献资源的过程和方法,掌握进行终身学习所必须的技能。

4. 丰富文化生活

健康的文化娱乐是人类社会生活中不可缺少的组成部分。图书馆是社会文化生活中心之一,在传播文化、活跃群众业余文化生活方面具有很重要的地位和作用。人们可以在图书馆里借自己喜爱的图书,回家细细品味;也可以到阅览室里随便翻翻报纸、看看画报,欣赏一下美术作品,享受读书之乐;也可以到计算机网络中心上网进入聊天室聊天,给亲朋好友发一份电子邮件;等等。

4.1.3 图书馆的类型

图书馆的类型通常是指某些具有共同特征、共同功能或性质相同的图书馆群体。图书馆类型的划分,就是选取某种标准,将性质相同、或功能相同、或服务对象相同、或收藏内容大致相同、或同一领导关系的图书馆划分为同一群体。

1974年,国际标准化组织颁布的ISO2784—1974(E)"国际图书馆统计标准"中"图书馆的分类"一章将图书馆划分为:国家图书馆、高等院校图书馆、其他主要的非专门图书馆、学校图书馆、专门图书馆和公共图书馆六大类。在我国,主要是以主管隶属关系结合图书馆的性质、职能和读者对象等标准来划分。目前,我国图书馆的类型主要有:国家图书馆、公共图书馆、高等学校图书馆、科学和专业图书馆、其他专门图书馆,如中、小学校图书馆、工会图书馆、军事图书馆等。

1. 国家图书馆

根据国际标准化组织1974年颁布的ISO2789—1974(E)《国际图书馆统计标准》,国家图书馆是指凡是按法律规定或其他安排,负责搜集和保管国内出版的所有重要出版物的副本,并起贮藏图书馆的作用,不管其名称如何,都是国家图书馆。它们通常也执行下述某些职能:编制国家总书目;收藏并更新大量有代表性的外国出版物,包括有关该国的书籍;担负国家文献目录情报中心的任务;编制联合目录;出版回溯性书目。国家图书馆是由国家举办的面向全国的中心图书馆,它担负着国家总书库的职能,是一个国家图书馆事业发展的推动者,是一个国家各类型图书馆的指导者。

2. 公共图书馆

公共图书馆是图书馆系统中的一种重要类型,它规模大,数量

第4章 图书馆资源与利用

多,分布广泛,服务面最广,读者最为复杂。

关于公共图书馆的含义,目前世界上许多国家的理解是不一致的。根据国际标准化组织颁布的 IS02789—1974(E)《国际图书馆统计标准》的规定,公共图书馆是指那些免费或只收取轻微费用的为一个团体或区域的公众服务的图书馆,它们可以为一般群众服务或为专门类别的用户如儿童、工人等服务,它全部或大部分接受政府资助,经费主要来自纳税人。

在我国,公共图书馆是指由国家或群众创办、面向社会公众开放的图书馆,是为社会各阶层读者服务的图书馆。它基本是按行政区划建立的,受当地政府各级文化部门的领导。国家图书馆,省、市、自治区图书馆,地(市)、州、盟、行政区图书馆,县、市图书馆,乡镇图书馆,街道图书馆(室),儿童图书馆,农村基层图书馆(室),都属于公共性质的图书馆。由于我国经济还不很发达,除县以上公共图书馆属国家创办以外,城市街道和农村乡镇的基层图书馆(室),也称社区图书馆,基本上仍由城市居民或农民集体所办,有些地方(多在城市)由国家从文化事业经费中适当给予补助。

3. 高等院校图书馆

高等学校图书馆是为教学和科研服务的重要机构,与教学和科研关系极为密切。许多国家都把现代化的图书馆视为现代化大学的三大支柱(师资、教学设备、图书资料)之一。

由于高等学校有综合性大学、多科性文科或理工科大学、专科性大学之分,高等学校图书馆也可区别为综合性、专科性、文科、理科各种类型。世界其他一些国家,如美国的高等学校图书馆还有大学图书馆与学院图书馆,或研究图书馆与大学本科图书馆之分。大学图书馆或研究图书馆主要为教师和研究生服务,学院图书馆或大学本科图书馆则主要为大学本科生服务。我国大学图书馆一般由总馆、分馆及院、系、所图书馆或资料室、信息中心组成。总馆为全校师生服务,院、系、所图书馆主要为院、系、所教师、研究人员、学生服务。

4. 科学和专业图书馆

专业图书馆,又称专门图书馆,在我国习惯称科学和专业图书馆,通常是指政府部门、议会、协会、科学研究机构(大学研究所除外)、学术性学会、专业性协会、事业单位、社会群众组织、博物馆、商业公司、工业企业等或其他有组织的集团所属的图书馆。其收藏大部分是某一特殊领域或课题的文献资料,提供适合个别需要的服务是专门图书馆赖以存在的理由。

专业图书馆是科学研究和专业活动的组成部分,它根据所在专业机构的性质、任务、发展方向、研究计划、课题、专业活动等,采集有关专业的文献,通过专门化的方法,提供给专业人员使用,以促进社会科学和自然科学及其专业的发展。

5. 其他专门图书馆

图书馆的类型除以上所述之外,在我国还可以根据领导关系、服务对象划分为其他几种类型,如学校图书馆、儿童图书馆、工会图书馆、军事图书馆、街道和农村图书馆等。

4.1.4 世界著名的图书馆

1. 美国国会图书馆

美国国会图书馆建于 1800 年,是美国的四个官方国家图书馆之一,也是全球最重要的图书馆之一。美国国会图书馆是在美国国会的支持下,通过公众基金、美国国会的适当资助、私营企业的捐助及致力于图书馆工作的全体职员共同努力建成的,它是美国历史最悠久的联邦文化机构,已经成为世界上最大的知识宝库,是美国知识与民主的重要象征,在美国文化中占有重要地位。

目前,该图书馆以 1 亿 2800 万册的馆藏量成为图书馆历史上的巨无霸,图书馆书架的总长超过 800 公里。据美国国会图书馆网站最新介绍,目前藏品总数 1.3 亿,其中 0.29 亿书籍、0.12 亿照片、0.58 亿件手稿,包括很多稀有图书、特色收藏、世界上最大的地图、电影胶片和电视片等。读者只有使用借阅证才能进入读者阅览室进行读书借阅。图书馆提供美国国会的史料、会议记录、宪法等重要资料供读者查阅。

2. 俄罗斯国立图书馆

俄罗斯国立图书馆始建于 19 世纪 60 年代。1992 年,根据俄联

第4章 图书馆资源与利用

邦总统1月22日第38号"关于建立俄罗斯国立图书馆"的命令,俄罗斯国立图书馆在苏联国立列宁图书馆的基础上建立,并成为法定缴送本保存馆。它是欧洲第一大图书馆,藏书总量仅次于美国国会图书馆,居世界第二位。

俄罗斯国立图书馆是俄罗斯联邦国家图书馆、国家书库、国家级科学研究和信息机构及文化中心,也是俄罗斯联邦最大的图书馆学与书目学研究和科学方法中心之一。收藏国内外文献,藏书丰富,内容全面,是俄罗斯联邦各民族珍贵文化遗产保存地。图书馆的主要宗旨及使命是创造条件发展科学、教育和文化,传播知识和信息,收集、保存和向社会提供使用综合性的、反映着人类知识的首先与俄罗斯及其国家利益有关的文献馆藏。

3. 中国国家图书馆

中国国家图书馆位于北京市海淀区白石桥南长河畔、紫竹院公园旁,坐落在中关村南大街33号。国家图书馆1987年落成,总馆占地7.24公顷,建筑面积14万平方米。国家图书馆的主楼为双塔形高楼,通体以蓝色为基调,取其用水慎火之意。

中国国家图书馆馆藏宏富,品类齐全,古今中外,集精撷萃。从藏书量和图书馆员的数量看,中国国家图书馆是亚洲规模最大的图书馆,也是世界上最大的国家图书馆之一。目前,中国国家图书馆的藏书容量达3000多万册。国家图书馆的藏书可上溯到700多年前的南宋皇家缉熙殿藏书,最早的典藏可以远溯到3000多年前的殷墟甲骨。其珍品特藏包括善本古籍、金石拓片、古代舆图、敦煌遗书、少数民族图籍、名人手稿、革命历史文献、家谱、地方志和普通古籍等260多万册(件),其中尤以"四大专藏"即"敦煌遗书"、"赵城金藏"、"永乐大典"和"文津阁四库全书"最受瞩目。外文善本中最早的版本为1473—1477年间印刷的欧洲"摇篮本",这部分藏品极为珍贵,闻名遐迩。

4. 俄罗斯国家图书馆

俄罗斯国家图书馆原名为萨尔蒂科夫—谢德林国立公共图书馆,系前苏联俄罗斯联邦共和国的国家馆,苏联解体后于1992年3

月更名为俄罗斯国家图书馆。

作为俄罗斯两个国家图书馆之一,隶属于文化部由政府拨款的俄罗斯国家图书馆负责保存全部俄罗斯的印刷品,手稿和其他文献如科学会议录等,以确保公民利用文化科学遗产和免费使用信息。俄罗斯国家图书馆享有接受一册俄罗斯联邦每种印刷品的权利,同时它从国外购买各式各样资料,再加上外界的捐献和馈赠,俄罗斯国家图书馆藏书日益丰富。俄罗斯国家图书馆是俄罗斯图书馆学、目录学以及图书学研究领域的中心。

5. 大英图书馆

大英图书馆(亦译作不列颠图书馆、英国国家图书馆)根据1972年颁布的《英国图书馆法》于1973年7月1日建立,是世界上最大的学术图书馆之一。图书馆位于伦敦和西约克郡,它由前大英博物馆图书馆、国立中央图书馆、国立外借科技图书馆以及英国全国书目出版社等单位所组成。

英国图书馆是一座创造性、资源性、高效率的图书馆,它立足于英国,服务于全世界。它拥有独一无二的精美馆藏,并已有250年的历史,堪称世界上学术、研究和创新的主要源泉之一。除了是全球信息的储藏库之外,英国图书馆还是全国图书馆网络之枢纽。图书馆鼓励更多的公众了解国家有记载的遗产;图书馆的计划、产品和服务对国家经济、科研、教育和创新均有重大贡献,并丰富了国民的文化生活。

图书馆拥有英国出版的每一册书,每一份报纸;期刊以及乐谱也都必须拷贝一份存放在该图书馆。

4.2 馆藏资源利用

4.2.1 馆藏

馆藏是图书馆所收藏的各种类型文献的总和,既包括传统的印刷型文献，也包括新型载体的视听资料、电子出版物等。馆藏是图书馆赖以存在和开展工作的物质基础，是根据图书馆的性质、任务和读者对象，有目的、系统地收集起来的，它经过科学的加工整理、合理的排列组织，成为有重点的、有层次的图书馆文献收藏书体系。这个文献收藏体系面向社会开放，适应广大读者的需要。但随着社会的发展与新兴技术在图书馆领域的应用，图书馆文献收藏体系呈现出多元化、特色化、数字化的新趋势。

1. 馆藏多元化

由于现代缩微技术、电脑、通讯网络技术的发展及多媒体存贮技术的应用，各种信息载体如雨后春笋般不断涌现，图书馆馆藏已从传统的馆藏转向多元化，音碟、影碟、录相带等视听型资料和光盘、磁盘等多种文献形式并存，形成传统文献资源与电子文献资源、网络信息资源共存的局面。同时，各种文献资源相互补充，提高了图书馆信息资源的利用率，也形成了复合图书馆信息资源的多元化，满足了读者需求。

2. 馆藏特色化

特色馆藏是图书馆根据工作实际，确定服务重点和达到某种服务目的，在收藏文献资料中形成的具有特点的馆藏体系。主要表现在所收藏的学科内容和载体形式上，其特点是：完整性、系统性、适用性、针对性较强。特色馆藏是开展特色服务的基础，是特色服务强有力的文献资源保证。没有高质量和充足的特色馆藏，就谈不上高质量和高水平的特色服务。

3. 馆藏数字化

馆藏数字化是指将传统图书馆的馆藏转化为数字化信息存贮在计算机存贮设备里，提供快速检索和利用，通过网络能够传输各种各样的信息，使异地信息传输和利用成为可能。文献信息数字化后，利用计算机来检索速度很快，不仅可以检索书目信息，也可以全文检索。数字化的信息资源还不受复本的限制，可以同时供多个读者使用，大大提高了文献的利用率。

4.2.2 图书馆联机目录

图书馆联机目录(Online Public Access Catalogue,简称OPAC)在图书馆学上被称作"联机公共目录查询系统"。OPAC既可以实现单个图书馆馆藏资源的检索,也可以实现区域性图书馆联盟间馆藏资源的检索。读者借助OPAC方便快捷地查询馆藏资源及其流通利用情况,大大提高了资源利用率。

OPAC提供的检索途径非常全面,包括题名检索、作者检索、ISBN检索、年份检索、出版社检索、分类检索、丛书检索等。

使用中国国家图书馆的OPAC检索系统可以选择ID登录和匿名登录两种方式。ID登录需要输入读者ID号或国图读者证卡号,初始口令由读者首次来馆外借时获取,并自己设定新的口令。匿名登录由系统默认,可以直接使用检索查询界面,但仅限于使用检索功能。

系统提供包括简单检索、多库检索、组合检索和通用命令语言(CCL)检索等多种检索方式,提供正题名、其他题名、著者、主题词、中图分类号、论文专业、论文研究方向、论文学位授予单位、论文学位授予时间、出版地、出版者、丛编、索取号、ISSN、ISBN、ISRC、条码号、系统号十八种检索途径,读者可以根据个人的爱好和检索策略选择不同的检索手段。检索界面如图4-1—4-5所示。

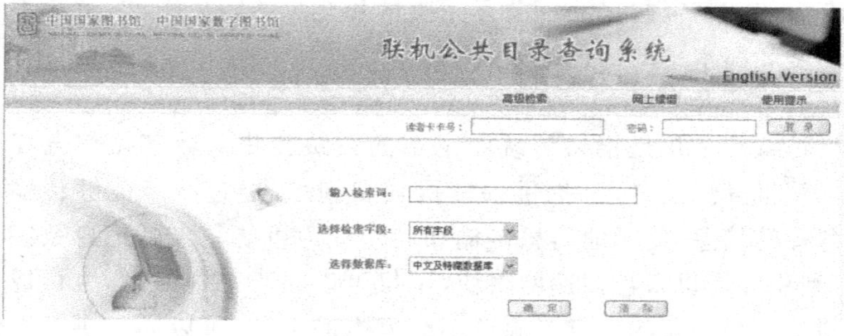

图 4-1 简单检索

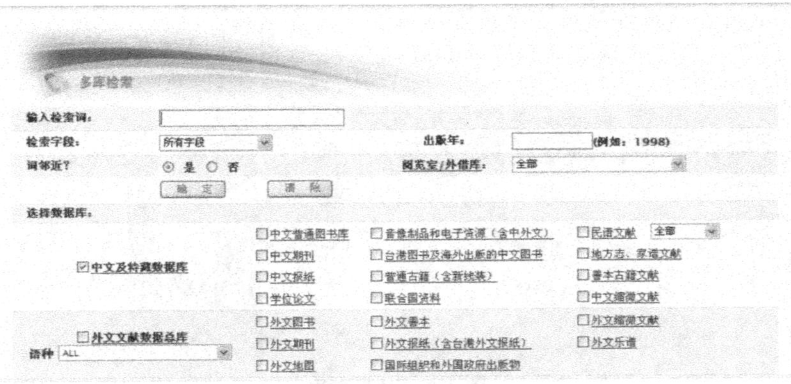

图 4-2　多库检索

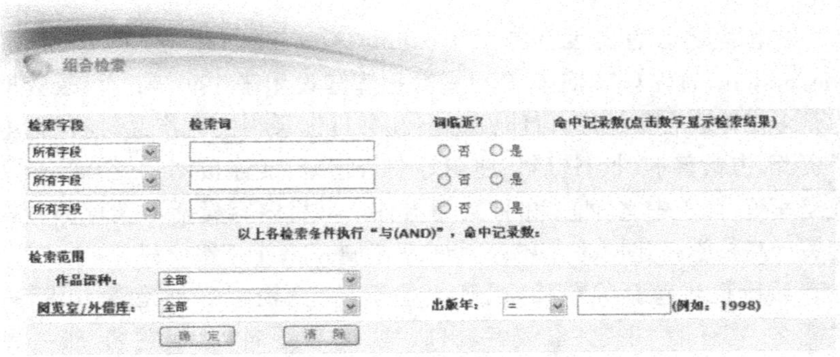

图 4-3　组合检索

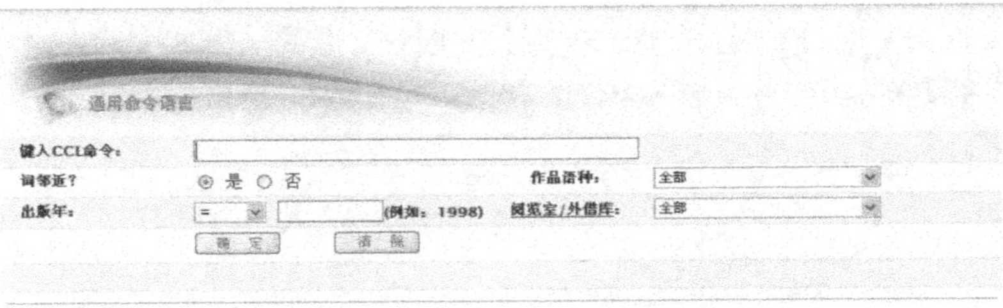

图 4-4　通用命令语言检索

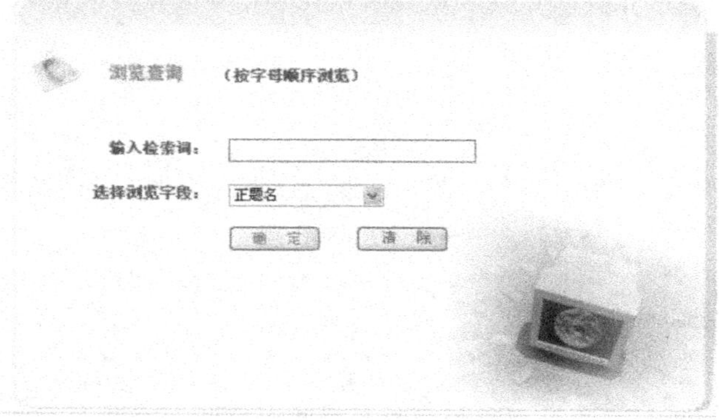

图 4-5　浏览查询

4.2.3　中国高等教育文献保障系统联合目录

中国高等教育文献保障系统(China Academic Library & Information System,简称CALIS)联合目录数据库建设始于1997年。目录数据库是多媒体联合数据库,以印刷型书刊书目记录为主流产品,还包括电子资源、古籍善本、非书资料、地图等书目记录,能连接图片、影像、全文数据库等,覆盖中文、西文和日文等语种。书目内容囊括了教育部颁发的关于高校学科建设的全部71个二级学科、226个三级学科。

系统提供包括简单检索、高级检索、浏览检索三种检索方式,提供题名、责任者、主题、出版者、出版地、期刊题名、丛编题名、统一题名、个人责任者、团体责任者、会议名称、分类号、所有标准号码、ISBN、ISSN、ISRC 16种检索途径。检索界面如图4-6,4-7和4-8。

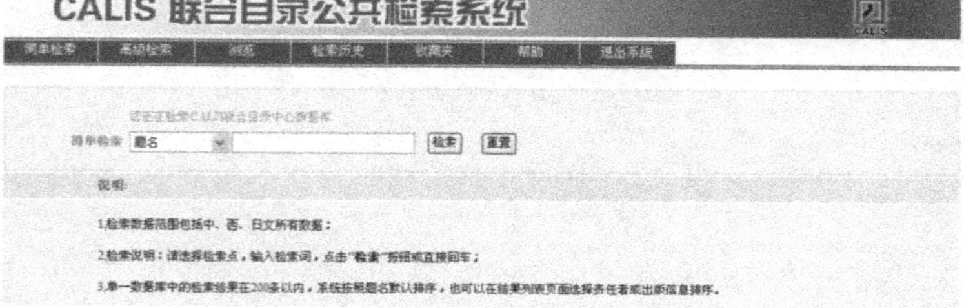

图 4-6　简单检索

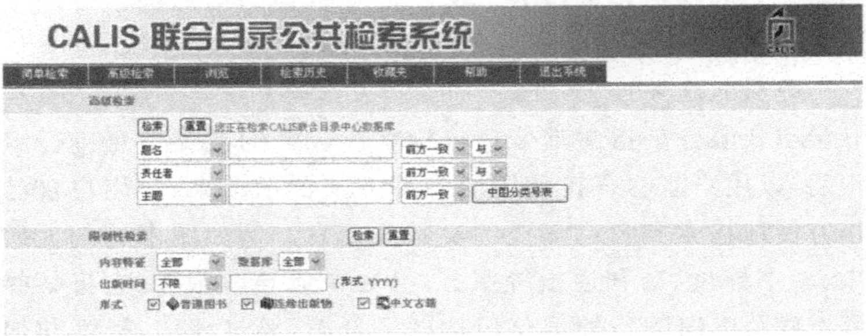

第 4 章 图书馆资源与利用

图 4-7 高级检索

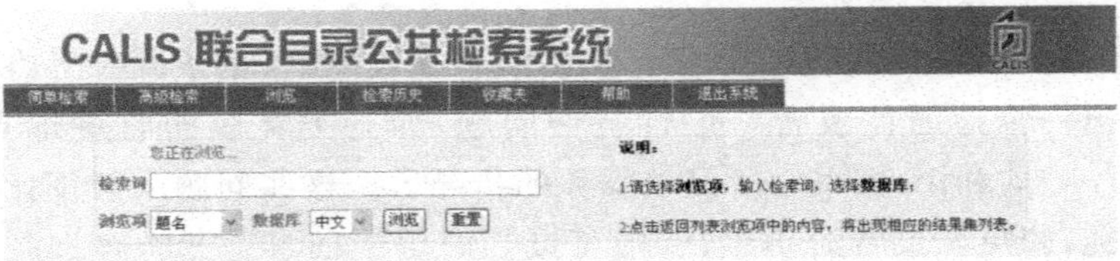

图 4-8 浏览检索

4.3 图书馆信息服务

4.3.1 信息咨询与检索

信息网络的发展为用户提供了获取网络化信息资源的可能性，用户坐在计算机前可以非常方便且经济地通过网络获取相关信息资源以满足自己的信息需求。一般情况下，人们是倾向于在家中或办公室通过网络进行信息搜索与自我服务，但这种个人查询的检索能力和所能达到的效果是有限的。在进行广泛性、学术性、行业性信息检索时，用户必须借助专业信息服务机构的信息检索服务才能使检索更科学、有效地进行。

文献信息机构对信息进行的收集、组织、揭示等一系列工作的最终目的就是为用户提供信息服务，而信息服务的主要方式就是提

供信息检索和参考咨询服务。文献信息机构的信息检索咨询服务方式有很多,大体上可以分为下列几种方式。

1. 导引式服务

导引式服务是指文献信息机构将所收藏的各类信息进行组织加工后,以用户能够直接使用的各种方式揭示出来,让用户自己能够很方便地检索到自己需要的文献和信息。例如图书馆的 OPAC 检索、新书导读、新刊通报等服务;又如专业导航服务,它将某些学科或专题范围内的各种信息包括网络资源,经过评估、提炼和加工组织,建成数据库,以 Web 页等方式提供给用户检索利用。

2. 一般性咨询

用户到图书馆等文献信息机构或者通过电话、电子邮件等方式提出一些指向性或者一般性咨询问题,如某类文献的收藏地点、OPAC 的利用、图书馆所提供服务的指导等。这些问题一般都比较单纯,解决起来费时不多,一般可以当时给予回答。此类咨询较分散,文献信息机构的各服务部门可以随时随地进行解答。

3. 专题检索

专题检索是根据用户需要,通过检索工具、数据库及网络检索系统为用户查检所需要的文献信息。如为用户检索事实性、数据性资料,获取与某主题相关的信息及线索等。这种服务费时稍多,提供服务者需要制定检索策略,利用各种检索手段和检索系统来解决。此类咨询需要较专业的咨询人员来解答完成,要求咨询人员不仅熟悉各类数据库的特点及使用方法,还要熟练掌握各类检索手段和方式。

4. 定题服务

该服务一般会跟踪用户的课题或项目研究,定时获取相关的信息资料并且加以整理、组织,以书目、综述、数据库等形式提供给用户,并根据用户需求随时调整检索策略和提供方式。这种服务一般时间较长,要求提供服务的咨询人员在具备检索能力和综合能力的同时,还要具有一定的专业知识背景。

5. 虚拟参考咨询

该服务又称数字化参考咨询,是指用户通过电子方式,如 Email、电子论坛、聊天软件等形式提出问题,图书馆员以电子方式给予解答。近年来,虚拟参考服务发展迅速,并成为图书馆参考咨询服务的一个重要发展方向,是传统参考咨询服务的延伸。目前,许多图书馆在其网站上设立了虚拟参考咨询台(Virtual Reference Desk)、虚拟参考服务(Virtual Reference Services)、在线参考服务(Online Reference Services)、电子参考服务(e-reference service),这些系统都能够利用网络实现用户与专业文献信息服务人员之间的互动式服务、实时同步或异步参考服务。

4.3.2 文献传递

1. 馆际互借与文献传递

馆际互借是同一系统或者不同系统的图书馆之间根据互签的协议,相互出借馆藏文献,是一种返还式的文献提供服务。文献传递是将用户所需文献的替代品以快速的方式与合理的价格,直接或者间接传递给用户的一种非返还式的文献提供服务。

馆际互借是图书、期刊等文献载体的直接外借服务,而文献传递则不提供原件,只提供复制件的文献外借服务,它是馆际互借的延伸,具有返还式馆际互借难以比拟的优点,是资源占有量较少的信息机构获得文献的重要途径之一。文献传递满足了用户的个性化文献信息需求,提高了文献资源利用效率,是促进资源共享的重要服务方式。

20世纪70年代以后,由于文献资源的剧增、文献价格的大幅上涨,图书馆意识到仅仅依赖于自身的能力难以构筑一个完备、系统的文献保障体系,必须要依靠图书馆之间的资源共享、相互协作来满足用户不断变化发展的文献需求,即图书馆以及文献服务机构的功能从如何购置更多的资源发展到如何利用更多的资源。文献传递服务通过利用更为广泛的文献信息资源平衡了馆藏文献资源发展和用户文献需求之间的矛盾,是最直接、有效的资源共享手段。

随着计算机技术及网络技术的发展,基于网络的电子文献传递服务方便快捷,成为文献传递的主要形式。

文献传递的目的是提供原始文献,因此,能否得到原文是文献传递服务是否成功的关键。获取原文的基本方法有两种:一是文献需求者通过自己查询获得原文文献,称直接获取法;二是文献需求者借助于文献信息机构获得原文,称间接获取法。

文献传递是网络环境下情报机构为满足用户的特殊需求和提高服务效率而采取的服务手段,是传统馆际互借服务在网络环境下的另一种表现形式。图书馆的文献传递服务一般流程如下:首先,用户在查询本地数据但未能获得所需文献的情况下,向图书馆提出原文传递请求,并提供所需文献的名称、作者等详细信息;文献传递管理员接到申请后,查询远程的文献保障中心申请文献传递;最后,管理员将文献提供给用户。传递的文献类型一般包括期刊论文、学位论文、会议论文、科技报告、专利、标准等。原文一般以电子版形式提供。原文传递工作流程如图 4-9。

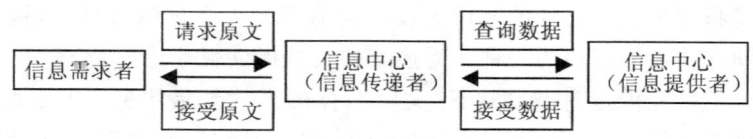

图 4-9　原文传递工作流程

2.国内外主要原文文献提供机构

(1)中国高等教育文献保障系统(CALIS)。CALIS 馆际互借与文献传递系统是 CALIS 公共服务软件系统的重要组成部分,它依照馆际互借国际标准来设计,通过协议机制完成馆际互借事务的处理、跟踪以及结算。目前,该系统已经实现了与 OPAC 系统、CCC 西文期刊篇名目次数据库综合服务系统、CALIS 统一检索系统、CALIS 资源调度系统的集成。它提供部分外文图书、期刊论文、学位论文、会议论文、科技报告、专利文献、电子全文数据库等原文的文献传递服务,方式有复印后邮寄、直接下载、电子邮件传递等;接受成员馆委托服务请求,帮助查询国内外文献信息机构的文献和代索取一次文献。检索界面如图 4-10 和 4-11。

  CALIS 的文献传递是以馆对馆方式提供服务，安装有文献传递系统的成员馆可以通过 CALIS 中心在全国高校范围内申请文献传递。集团用户身份的图书馆，可以向地区中心成员馆申请，并由地区中心代其在全国高校范围内申请文献传递。所有的文献申请均可通过文献传递系统网关提交，服务馆和用户馆的文献传递管理员可随时查看所提交申请的处理情况及费用状况，用户只需与本校图书馆文献传递管理员进行联系并清算费用。

图 4-10 简单检索

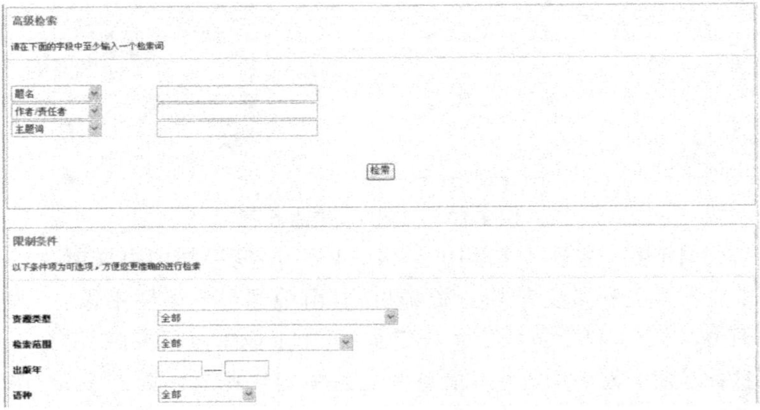

图 4-11 高级检索

  (2) 中国高校人文社会科学文献中心(CASHL)。中国高校人文社会科学文献中心是唯一的全国性人文社会科学外文期刊保障体系，是人文社会科学文献收藏和服务中心，为全国高校、哲学社会科学研究机构和工作者提供综合文献信息服务。CASHL 与国家科技图书文献中心和中国高等教育文献保障系统互为优势、互为补充。2004 年 3 月 15 日,CASHL 正式开展文献传递服务,服务模式和 CALIS 的文献传递相似。其收录了 11796 种人文社会科学外文期刊,涉及地理、法律、教育、经济/商业/管理、军事、历史、区域学、人物/传记、社会科学、社会学、体育、统计学、图书馆学/信息科学、文化、文学、心理学、艺术、语言/文字、哲学/宗教、政治等学科。可提供目次的分类浏览和检索查询,以及基于目次的文献原文传递服务。网址:http://www.cashl.edu.cn。如图 4-12。

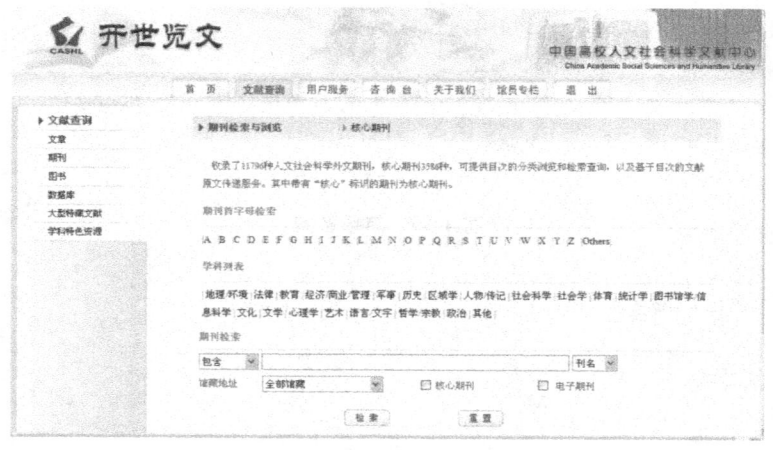

图 4-12　CASHL 检索界面

(3)国家科技图书文献中心(NSTL)。国家科技图书文献中心是一个虚拟式的科技文献信息资源机构,由中国科学院图书馆、工程技术图书馆(中国科学技术信息研究所、机械工业信息研究院、冶金工业信息标准研究院、中国化工信息中心)、中国农业科学院图书馆、中国医学科学院图书馆等文献机构于 2000 年 6 月组建的一个虚拟的科技文献信息服务机构。NSTL 资源包括中外文期刊、学位论文、会议论文、科技报告、中外专利、标准等,遵守统一采购、规范加工、联合上网、资源共享的原则,主要服务为免费检索及浏览文摘、网上订购全文、E-mail24 小时之内原文传递。网址:http://www.nstl.gov.cn。

(4)国家图书馆文献提供中心。国家图书馆文献提供中心成立于 1997 年,该中心将传统的咨询服务与网络信息技术相结合,为社会提供多层次、全方位的有偿服务,其中包括文献传递、馆际互借、国际互借。该中心目前已与 63 个国家 500 多家图书馆建立了业务联系,凡国内缺藏的文献,均可申请办理国际互借、原文影印等服务。网址:http://www.nlc.gov.cn。

(5)美国联机计算机图书馆中心(OCLC)。美国联机计算机图书馆中心是世界上最大的图书馆自动化联机网络中心,也是世界上较大的提供文献信息服务的机构。OCLC 自 1979 年开展馆际互借服务以来,其会员范围已拓展到 80 多个国家和地区的 4 万多家图书馆和教育科研机构,是一家具有全球意义的文献传递中心。

CALIS 全国工程文献信息中心和 OCLC 达成了 CALIS 联合目录成员馆使用 OCLC 书目资源的协议,网址为 http://firstsearch.oclc.org/FSIP。用户也可以与本单位的馆际互借业务部门联系,由该部门向清华大学图书馆的馆际互借处提出文献传递请求。

(6)美国克罗拉多研究图书馆联盟会(Colorado Alliance of Research Libraries,简称 CARL)的 UnCover 系统。UnCover 是 CARL 公司的一个主要产品,主要提供关于期刊文献的各种信息产品和服务,包括原文传递。CALIS 全国文理中心引进了 UnCover 数据库,其成员馆可免费检索。UnCover 以优惠价格向 CALIS 的用户提供原文传递服务,并能够在 24 小时内通过传真将全文传递给用户。网址:http://www.gateway.ingentacom/calispku。

(7)英国不列颠图书馆文献提供中心(BLDSC)。英国不列颠图书馆文献提供中心(The British Library Document Supply Center)是目前世界上最大的文献提供中心,是集中式电子文献传递的典范。英国不列颠图书馆收藏的 1.5 亿条、400 种文字的文献资源,为其开展文献传递提供了强有力的保障。英国不列颠图书馆每年收到 400 多万次的文献提供请求,其中国际请求近 30%,提供文献的满意度为 85% 左右。网址:http://www.bl.uk/services/document/dsc.html。

英国图书馆文献提供中心的文献传递范围十分广泛,包括期刊、图书、会议文献、缩微资料、报纸、政府出版物、专利文献、科技报告、学位论文、乐谱、影像资料以及未通过正常渠道出版的灰色文献等,主要服务方式有标准拷贝服务、支付版权费拷贝服务、租借服务、英国学位论文提供服务等。

4.3.3 文献收录与引用

查收查引,又名代检代查或论文收录及被引用检索,指根据用户需求,在国内外权威数据库中检索其论文的被收录和被引用情况,以证明其科研能力和水平而开展的信息咨询服务。具体地说,就是通过作者姓名、作者单位、期刊名称及卷期、会议名称、会议时间、会议地点、文献篇名、发表时间等途径,查找论文被 SCI、Ei、ISTP、ISSHP、CSCD、CSSCI 等国内外权威检索工具收录及被引用情况,并依据检索结果出具检索证明。随着我国科学技术评价体系与国际标准的接轨,学术论文在这些检索系统的收录情况愈来愈被我国科教界所重视和接受。

1. 中国科学引文数据库

中国科学引文数据库(Chinese Science Citation Database,简称 CSCD)创建于 1989 年,收录我国数学、物理、化学、天文学、地学、生物学、农林科学、医药卫生、工程技术、环境科学和管理科学等领域出版的中英文科技核心期刊和优秀期刊千余种。中国科学引文数据库内容丰富、结构科学、数据准确。系统除具备一般的检索功能外,还提供新型的索引关系——引文索引,使用该功能,用户可迅速从数百万条引文中查询到某篇科技文献被引用的详细情况,还可以从一篇早期的重要文献或著者姓名入手,检索到一批近期发表的相关文献,这对交叉学科和新学科的发展研究具有十分重要的参考价值。中国科学引文数据库还提供了数据链接机制,支持用户获取全文。

中国科学引文数据库是我国第一个引文数据库。CSCD1995 年出版了我国的第一本印刷本《中国科学引文索引》;1998 年出版了我国第一张中国科学引文数据库检索光盘;1999 年出版了基于 CSCD

和 SCI 数据,利用文献计量学原理制作的《中国科学计量指标:论文与引文统计》;2003 年 CSCD 上网服务,推出了网络版;2005 年 CSCD 出版了《中国科学计量指标:期刊引证报告》。2007 年,中国科学引文数据库与美国 Thomson—Reuters Scientific 合作,中国科学引文数据库将以 ISI Web of Knowledge 为平台,实现了与 Web of Science 的跨库检索。中国科学引文数据库是 ISI Web of Knowledge 平台上第一个非英文语种的数据库。

2. 中文社会科学引文索引

中文社会科学引文索引(Chinese Social Sciences Citation Index,简称 CSSCI)是由南京大学中国社会科学研究评价中心开发研制的引文数据库,用来检索中文人文社会科学领域的论文收录和被引用情况。

CSSCI 遵循文献计量学规律,采取定量与定性相结合的方法,从全国 2700 余种中文人文社会科学学术性期刊中精选出学术性强、编辑规范的期刊作为来源期刊。目前收录了包括法学、管理学、经济学、历史学、政治学等在内的 25 大类的 500 多种学术期刊(http://cssci.nju.edu.cn/cssci_qk.htm),现已开发 CSSCI(1998—2009 年)12 年度数据,来源文献近 100 余万篇,引文文献 600 余万篇。

目前,利用 CSSCI 可以检索到所有 CSSCI 来源刊的收录(来源文献)和被引情况。来源文献检索提供多个检索入口,包括篇名、作者、作者所在地区机构、刊名、关键词、文献分类号、学科类别、学位类别、基金类别及项目、期刊年代卷期等。被引文献的检索提供的检索入口包括被引文献、作者、篇名、刊名、出版年代、被引文献细节等。其中,多个检索口可以按需进行精确检索、模糊检索、逻辑检索、二次检索等优化检索。检索结果按不同检索途径进行发文信息或被引信息分析统计,并支持文本信息下载。

CSSCI 数据库面向高校开展网上包库服务,主要提供账号和 IP 两种方式控制访问权限,其中,账号用户在网页上直接填写账号密码即可登陆进入。包库用户采用 IP 地址控制访问权限,可直接点击网页右侧的"包库用户入口"进入。

4.3.4 科技查新

1. 科技查新的含义

"查新"一词来源于专利审查,其本义是指新颖性检索(Novelty Search)。把新颖性检索(即查新)引入科研立项和成果管理领域是我国科技界的一大创举。根据《国家科委关于科技查新咨询工作管理办法(试行)》中的定义,科技查新工作是指通过手工检索和计算机检索等手段,运用综合分析和对比等方法,为评价科研立题、成果、专利、发明等的新颖性、先进性和实用性提供文献依据的一种信息咨询服务形式。

2000年,国家科学技术部发布了《科技查新机构管理办法》和《科技查新规范》(国科发计字[2000]544号),自2001年1月1日起实施。其中,将科技查新定义为:"查新机构根据查新委托人提供的需要查证其新颖性的科学技术内容,按本规范操作,并做出结论。"科技查新工作的实质是为管理部门和科研人员提供决策依据的情报服务。

查新机构一般是具有查新业务资质、能够按照科技查新规范操作、有偿提供科技查新服务的信息咨询机构。为充分发挥高校图书情报职能,发挥高校的科技信息咨询服务优势,为科学研究提供优质的情报服务,2003年11月,教育部首批批准在29所高校设立教育部部级科技查新工作站。新设的查新工作站由教育部科技发展中心归口管理。截至2009年底,教育部先后四批共在67所高校设立教育部科技查新工作站,其中综合类查新站13所、理工类查新站43所、农学类查新站8所、医学类查新站3所。

2. 科技查新的作用

(1)为科研立项提供客观依据。通过立项查新,可以使科研管理部门和科技人员充分了解国内外是否有相同或相关研究,了解其研究领域的国内外动态、研究热点和空白点,对科研人员选题、确定研究方向起指导作用,提供客观依据。

(2)为科技成果鉴定、评估、验收、奖励等提供客观依据。科技查新能为科技成果鉴定、评估、验收、奖励等的新颖性、先进性、科学性和可靠性提供文献分析的客观依据,保证科技人员辛勤研究的成果得到正确评价和肯定,并为专家评议提供客观、准确的文献依据。

(3)为科研人员进行研究开发提供可靠而丰富的信息。查新机构一般具有丰富的信息资源和完善的计算机检索系统,能提供从一次文献到二次文献的全面服务。也可通过国际联机情报检索系统提供世界著名的科技、经济、商业数据库,内容涉及各种学术会议和期刊的论文、技术报告、学位论文、政府出版物、科技图书、专利、标准和规范、报纸、通告等。这些信息内容丰富,涵盖面广,基本能满足科研工作的信息需求。

(4)促进科研管理的科学化、规范。1994年10月26日颁布的《科学技术成果鉴定办法》中明确规定,申请鉴定的科技成果应经国家科委或有关部门认定的科技信息机构出具查新报告,从而将查新工作纳入了科研管理体系,成为整个科研管理中不可缺少的重要环节和科学决策的保障措施之一,有利于促进科研管理的科学化、规范化。

3. 科技查新的范围

科技查新的范围包括科技立项、成果鉴定、科技奖励、专利查新、新产品开发、引进技术项目论证等。

(1)科技立项查新是为确定某一研究项目是否有开展的必要性、可行性、新颖性而提供的一种客观评价依据。科技立项查新包括国家级攻关项目,高新技术计划研究项目,国家自然科学基金资助项目,国家标准项目和国家其他计划项目及各省、市、各部委计划项目的研究或引进的立题查新。

(2)成果鉴定查新是为评价某一科研成果的新颖性、先进性、实用性而向评审专家提供的一种事实依据。科研人员的研究成果是否新颖、先进,是否有理论意义或实用价值,是否重复,甚至是否弄虚作假等,这都需要通过查新工作进行科学鉴定。成果鉴定查新包括星火科技项目成果、国家级重大科技成果及一般性的科技成果鉴定所需的查新。

(3)科技奖励查新能为申报科技奖励项目的新颖性、先进性、科学性和可靠性提供客观依据。科技奖励查新包括国家发明奖、国家科技进步奖的查新和国家自然科学基金奖所需的查新。

(4)专利查新。据统计,全世界有 90%～95% 的发明成果及新技术以专利形式公开。查新是申请专利的必要前提,主要是对新颖性的查新。根据"世界知识产权组织"的规定,申请专利时应对美、俄、英、德、法、日、瑞士七国的专利文献及"国际专利合作条约"、"欧洲专利公约"两个组织公布的专利文献及 190 种文献期刊进行检索。此外,还要检索本国专利文献,以确定其新颖性。

(5)新产品开发、引进技术项目论证。新产品开发主要是考查产品是否为新产品,填补了哪一级(国家、省市级)空白。查新不仅要对其新颖性进行评审,更要对其实用性、先进性进行评审,为引进技术提供可行性依据,以保证新产品投放市场的前景。

4. 科技查新的步骤与方法

科技查新的性质以及国家赋予它的重要使命决定了这项工作的严肃性和权威性。它要求查新人员要对国内外情报进行逐项分析和综合对比分析,并出示查新报告,因此,遵循规范化的工作流程是保证查新咨询工作质量的重要前提。其流程如图 4-13 所示。

查新报告是查新咨询结果的书面表现形式,一经形成,将成为衡量课题"含金量"的重要标尺,以及专家论证、评审和鉴定成果的依据。它包括以下几部分内容。

(1)封页:包括封页名称、查新项目的类别及名称、委托查新单位或个人名称、委托日期、查新单位名称、报告日期、编号等一般项目内容。

(2)查新要求:检索范围、年限、检索工具名称、检索策略表达式。

(3)检索结果:明确回答在国内外是否查到了与查新课题或立题项目相同、相关文献,说明其分布情况及相关程度,从中找出较密切相关文献加以分析、说明。

(4)查新结论:查新人员通过对密切相关文献与查新项目在研

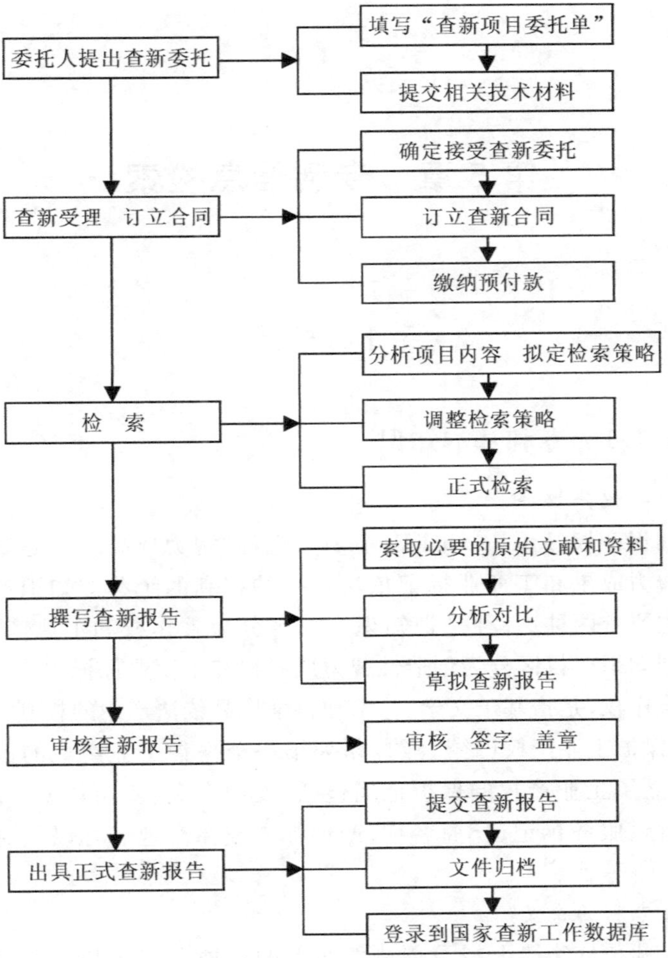

第 4 章　图书馆资源与利用

```
委托人提出查新委托 ──┬─ 填写"查新项目委托单"
                    └─ 提交相关技术材料

查新受理　订立合同 ──┬─ 确定接受查新委托
                    ├─ 订立查新合同
                    └─ 缴纳预付款

检　索 ──┬─ 分析项目内容　拟定检索策略
         ├─ 调整检索策略
         └─ 正式检索

撰写查新报告 ──┬─ 索取必要的原始文献和资料
               ├─ 分析对比
               └─ 草拟查新报告

审核查新报告 ──── 审核　签字　盖章

出具正式查新报告 ──┬─ 提交查新报告
                   ├─ 文件归档
                   └─ 登录到国家查新工作数据库
```

图 4-13　科技查新流程

究对象、研究深度、研究广度、技术内容、技术指标、技术方法、结果等方面的异同点做多侧面的详细比较分析，如实提出查新结论。

（5）附录：提供与查新课题有关的有价值的密切相关文献的摘要或原文。

（6）查新人员及查新单位签字盖章，表明生效。

第 5 章 专利信息检索

5.1 概述

5.1.1 专利基本知识

1. 知识产权

知识产权(Intellectual Property)也称"智力成果权",是基于创造性智力成果和工商业标记依法产生的权利的统称。知识产权的分类主要有两种:一种是把知识产权区分为著作权和工业产权;另一种把知识产权区分为创造性智力成果权和工商业标记权。

著作权,是指基于文学、艺术和科学作品依法产生的权利。

《保护工业产权巴黎公约》作为第一个保护工业产权的国际公约,确立了工业产权的保护范围包括:发明专利、实用新型、外观设计、商标、服务标记、厂商名称、产地标志或原产地名称以及制止不正当竞争等。

2. 专利的含义

专利是从法律上授予创造发明者的一种专有权利。专利具有三方面的含义:专利权、获得专利权的发明创造以及专利文献。

专利文献是专利制度的产物,具有新颖性、创造性、可靠性、实用性等特点,是一种重要的科技文献。专利文献既是技术文献又是法律文献,无论在内容上还是形式上都不同于其他科技文献,其主要特点是内容新颖、报道迅速;内容详尽、连续系统;叙述准确、质量可靠;分类及格式统一;重复报道量大。

第 5 章 专利信息检索

所谓专利权,是指国家专利主管机关授予申请人在一定时间内享有的不准他人任意制造、使用或销售其专利产品或者使用其专利方法的权利。

同族专利:指同一内容的发明由同一申请人在不同国家申请的专利。

基本专利:指在某一同族专利中,凡由德温特最先报道的那件专利。

相同专利:在某一同族专利中除基本专利外的其他专利统称为相同专利。

公开专利:指经申请人申请由专门机构审查批准后发表的专利说明书。

正式专利:公开专利在有效期内再次提出申请,经技术实质检查,专利局审查通过,即为正式专利。

3. 专利的特性

时限性指专利权人享有的专利权不能无限期的延续,即专利权人只能在一段有限的时期内享有排他性的专利权,一旦期满,任何人都可免费使用该发明创造。专利权的期限各国的规定不尽相同:美国自批准日起 17 年;英、法、德自申请日起 20 年;日本自公开日起 15 年,但不得超过自申请日起 20 年;我国规定发明专利自申请日起 20 年,其中实用新型和外观设计为 10 年。

地域性指专利权人只能在批准授予其专利权的国家的管辖范围内受到保护。

专有性首先是指排他性,也就是说专利权被授予后,任何单位和个人未经专利权人许可,都不得实施其专利,即不得以生产经营为目的制造、销售其专利产品或使用其专利方法,这是专利权人最基本的权利。其次,是指同一项发明,专利权只能授予一次。

4. 专利的类型

专利因保护对象的不同而分为发明专利、实用新型专利、外观设计专利。

发明专利指对产品或方法或其改进所提出的新的技术方案。

发明不同于发现,发明是发明人创造了前所未有的东西,而发现是人们对自然界中已存在的物质、规律和现象的认识。发明包括产品发明和方法发明。

实用新型专利指对产品(包括机器、设备、仪器、装置、用具等有形物)的形状、构造或其结合的革新创造,也称小发明或小专利。

外观设计专利指对产品的外形、图案、色彩或其组合做出的既富美感而又适用的新设计,它要求设计应用的对象必须是能大批生产的工业产品,并能从外部用肉眼看见。

此外还有植物专利,它保护的对象是人工培育的植物新品种。目前只有美国设有此项专利。

5. 专利授予条件

专利权的授予是有一定条件的,一项发明必须同时具备新颖性、创造性和实用性才能授予专利权,即专利的"三性"。

新颖性指一项发明在提出申请以前,世界上没有相同的发明,即前所未有。判断标准大致有三种:国际新颖性、国家新颖性、相对国际新颖性。

创造性(或先进性)指发明在提出申请之时比现有技术先进,能产生更好的技术经济或社会效果。

实用性指专利要有实施价值,在工业上能够成批生产。

世界各国对授予专利权的领域均有不同的限制。不是所有的新产品、新技术都适合申请专利。我国专利法规定,下列 7 项内容不得授予专利权:

(1) 科学发现;

(2) 智力活动的规则和方法;

(3) 疾病的诊断和治疗方法;

(4) 食品、饮料和调味品;

(5) 药品和用化学方法获得的物质;

(6) 动物和植物的品种;

(7) 原子核变换方法获得的物质。

5.1.2 专利文献

专利制度发源于欧洲。1624年,英国实行第一部专利法《垄断法规》。之后,美、德、法、荷兰和日本等国先后颁布了本国的专利法。我国于1985年4月1日开始实施《中华人民共和国专利法》,这标志着我国专利制度的正式建立。实行专利制度对我国科学技术的发展起到了极大的推动作用。中国专利不仅申请量逐年增加,而且国内申请数量的比例也在不断提高,这表明我国的自主创新能力在不断增强,专利制度和专利文献在激励发明创造、推动技术创新方面的作用日益突出。

专利文献是实行专利制度的国家及国际性专利组织在专利管理过程中产生的文件及各类出版物的总称。专利文献是重要的信息资源,是记载和传递科技成果的重要知识载体,它集技术信息、经济信息、法律信息为一体,以内容新颖、文体严谨、实用可靠、出版迅速、信息量大等特点日益受到广大科技工作者的重视。根据联合国世界知识产权组织(WIPO)统计,每年世界上诞生的新技术中有90%~95%记载于专利文献中,其中70%的信息不可能从其他技术文献中获得。世界上有170多个国家和地区建立并实行了专利制度,约90个国家和地区及组织用30种文字出版专利文献;全球专利文献累计总量近4000万件,并且以每年100多万件的速度不断增长。这些数量巨大的专利文献有着极为重要的作用和价值。

专利文献按内容可分为两大类:专利文件和专利检索工具。专利文件是指按专利制度在专利申办过程中形成的文件资料,包括专利申请书、专利文摘、专利说明书以及与专利有关的法律文件。其中,专利说明书记录了发明创造的目的、内容、用途、实施方案和手段、所属技术领域的发展水平和专利权范围等,是专利申请人与使用者关注的核心,也是专利检索的主要对象。专利检索工具指专利公报、专利分类表、专利文摘以及各种查阅专利的目录和索引。

1. 专利说明书

专利说明书记载了发明成果的详细内容,是专利文献的核心部

分。专利说明书通常包含三部分内容:扉页部分、说明书正文、附图。

扉页部分是一组有关该发明技术及其法律情报的著录项目,通常包括发明名称、发明人姓名、申请人名称、地址、申请日期、申请号、分类号、专利号、文摘等项目。在每一个著录项目前面都要注明统一的著录资料识别码(ICIREPAT Number for the Identification of Data,简称 INID)代码(即专利局间情报检索国际合作委员会用于标记专利著录项目的号码)以分辨某一著录项目的内容。

著录中常见的著录项目及 INID 代码有:

[11]文献号(如专利号、公开号、公告号);

[19]专利国别(用 ISO 规定的统一国别代码表示,由 2 个字母组成);

[21]专利申请号;

[22]专利申请日期;

[30]国际专利分类号;

[51]国专利分类号;

[54]发明名称;

[71]申请人;

[72]发明人;

[73]受让人(专利权人)。

说明书正文是关于发明内容的详细介绍,一般包括序言、发明细节叙述及权利要求三部分。序言通常是关于发明技术水平及产生背景的报告;其后是对发明的详细描述,并结合实施进行说明;权项一般放在正文的最后一部分,这部分是专利法保护的范围。

附图一般用于解释或说明发明的内容或原理,一般放在说明书的最后。

2. 专利公报

专利公报是各国专利局的常规出版物,用以报道专利管理、审批等专利事务信息。

第 5 章 专利信息检索

3. 专利分类表

专利分类表是从分类角度管理和检索专利文献的重要工具。目前,国际上广泛采用的专利分类表是国际专利分类表(International Patent Classification,IPC),许多专利发达国家还有自己在国内的专利分类表。

4. 专利文摘索引

专利文摘索引是以文摘或题录的方式报道专利文献,提供广泛、快速的检索。

5. 年度索引和多年累计索引

这两类索引可提供回溯检索。

5.1.3 网络专利信息源

20世纪90年代末,随着网络技术的飞速发展和因特网用户的迅猛普及,越来越多的专利机构和专利组织通过网络将专利信息免费提供给公众使用,这使得专利信息传播方式发生了根本性转变。它的承载形式由原来的纸件载体、胶片、CD-ROM或DVD光盘等形式,增加了没有时间、空间限制的网络传播方式。

目前,通过因特网获取专利信息源主要有两个渠道,一是通过各国工业产权局网站免费获取;二是通过商业数据库网站获取。

1. 免费专利信息源

因特网上的免费专利信息资源多数是各个国家工业产权局或国际知识产权组织提供的。一般来说,可查询的信息包括相关国家专利制度历史、专利法以及法律法规、专利机构的重要活动;获取专利保护的程序、专利咨询、机构代理信息、专利出版物及电子化产品订购信息;与专利内容相关的培训、集会、专题研讨会等信息;专利、商标等专业检索数据库等。

2. 商业专利数据库

目前,国际上已经建设完成并交付用户使用的商业专利数据库和专利检索系统,包括美国的 Dialog 国际联机检索系统、美德日联合建立的 STN 国际联机检索系统、法国的 Ques-tel-Orbit 国际联机检索系统、汤姆森科技信息集团（Thomson Scientific Ltd.）的 Delphion 专利数据库和 Derwent 世界专利索引检索、汤姆森集团的药物专利与商情数据库，以及欧洲专利涂料数据库等。这些商业专利数据库在因特网上借助强有力的建设系统，为用户提供最新的专利信息检索和专利信息分析服务。

5.1.4 专利检索途径及技巧

1. 选择数据库

目前，国内外可提供专利信息检索的数据库比较多，但每个数据库数据收录范围、更新频率不同，专利检索功能各具特点，因此，在进行专利检索时不能盲目选择，而应认真分析检索任务的特点和数据库的满足程度，有针对性地进行选择，有时需要通过多个专利数据库的配合使用才能取得满意的检索效果。

2. 选择检索方式

大多数专利数据库均提供多种检索方式，在这些检索方式中，使用最多的是布尔逻辑检索、高级检索。布尔逻辑检索（也称为表单式检索）提供给检索者通过下拉列表选项来选择检索字段和检索词之间的逻辑运算关系（与、或、非，也即 AND、OR、NOT），基本能满足一般用户的检索需求，而且简便直观，不易出错，是大多数检索者通常选用的检索方式。高级检索方式则可以使用数据库所规定的各种检索算符来组配检索词，形成一个完整的检索表达式，能更灵活、准确地表达较为复杂的检索需求，但需要检索者熟悉数据库的各种检索算符，且所形成的检索表达式容易出错，因此适合于有经验的专业检索人员。

3. 选择检索字段

无论是商业数据库还是免费数据库，均提供多个检索字段，用户可选择恰当的检索字段，以提高检索效率和查准率。常用的检索字段包括关键词检索、专利分类号检索、号码检索和专利权人检索等。

（1）关键词检索。关键词检索是一种最常用也是最容易出现问题的检索途径。面对一个检索任务，检索人员通常是确定几个能够描述检索任务的关键词，通过它在专利名称、文摘、权利要求书或说明书中进行查找。使用关键词检索时，最好先选择"题名"字段，如果命中文献较少，再考虑选择"文摘"等字段。也可以将检索的核心词限定在"题名"字段，将描述该核心词的其他检索词限定在"文摘"字段。

（2）专利分类号检索。专利文献分类体系有多种，如国际专利分类（IPC）、欧洲专利分类（ECIA）、美国专利分类（CCL）、日本专利分类法（F1/F-term）等，但国际专利分类是世界各国必须执行的分类体系，即每件专利都有一个或多个国际专利分类号，通过它可以方便地检索到各技术领域的专利文献，避免因关键词选择不当造成检索结果不全面或不准确。

国际专利分类表（International Patent Classification，简称 IPC）自 1968 年 9 月 1 日起生效以来，由世界知识产权组织每 5 年修订一次。IPC 将专利分成八个部，如表 5-1 所示。

表 5-1　IPC 部类

部	类目名称	分部类目名称
A 部	人类生活必需（农、轻、医）	农业；食品、烟草；个人或家用物品、保健、娱乐；
B 部	作业；运输	分离、混合；成型；印刷；交通运输
C 部	化学；冶金	化学；冶金
D 部	纺织；造纸	纺织或未列入其他类的柔性材料；造纸
E 部	固定建筑物（建筑、掘进、采矿）	
F 部	机械工程；照明；采暖；武器；爆破	发动机或泵；一般工程；照明、加热；武器、爆破
G 部	物理	
H 部	电学	仪器；核子学

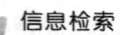

IPC 分类由部、大类、小类、主组、分组组成。一个完整的专利分类号的表达方式有两种,发明专利和实用新型专利如:A43L9/02(绘图用的圆规)。

发明专利和实用新型专利采用上面的分类方法,而外观设计专利用《外观设计专利分类表》。外观设计专利分类号例如:14-99(光盘盒)。

在实际应用中,利用 IPC 分类号进行检索,检索的结果是很全面的,因为专利的名称往往采用概括性的词语,在检索中容易漏掉。如果用 IPC 检索是全面的,但是给一个发明找出 IPC 分类号是不容易的,检索技巧有两种:利用《IPC official Catchword Index》IPC 指导词索引检索出大类号;利用专利网上已经有的同类的专利先检索出大类号,再进一步利用《国际专利分类表》工具书找出主组号和分组号。

(3)号码检索。根据专利审查制度,一件专利从提出申请到批准授权会产生多个号码,比如申请号、优先申请号、公开号、专利号等,各专利数据库通常都能提供相应的检索入口。利用号码检索途径必须要了解各类号码的编排规则及其在不同数据库中的输入方式。

申请号:在专利申请人向国家知识产权局提出专利申请,国家知识产权局给予专利申请受理通知书,并给予专利的申请号。如 CN200410014086.X 是一个中国专利申请号,其中"CN"为国别代码,代表中国;"2004"为年度代码;"1"为专利类型代码,表示发明专利("2"表示实用新型,"3"表示外观设计,"8"为 PCT 发明专利申请,"9"PCT 实用新型专利申请);"0014086"为当年该类申请的序号数;"X"为计算机校验码。

公开号:在专利申请过程中,在尚未取得专利授权之前国家专利局公开专利时的编号,表示该专利已经在受理过程中。专利公开号亦称专利文献号,组成方式为"国别号+分类号+流水号+标识代码",如 CN1340998A,表示中国的第 340998 号发明专利。

专利号:专利号是在授予专利权时给出的编号。我国专利申请人获得专利权后,国家知识产权局颁发的专利证书上的专利号为:ZL(专利的首字母)+申请号。2004 年之前的专利号,如 ZL97101765.4;自 2004 年起专利号有了基本格式,如 ZL200210000001.1。

(4)申请人/专利权人检索。专利申请人是就一项发明创造向专利局申请专利的人。专利权人是专利权的所有人及持有人的统称,即专利申请被批准时,被授予专利权的专利申请人。专利权人既可以是单位也可以是个人。一般情况下,发明人、设计人与专利申请人为同一人。但在以下几种情况下,专利申请人则为发明人、设计人以外的其他人。

①他人通过合同从发明人、设计人那取得了发明创造的专利申请权,并申请专利的。应当注意,发明人、设计人在提出专利申请后转让其专利申请权的,应当将转让合同交专利局备案,且经专利局登记合同后生效。

②发明创造的继承人通过继承权取得发明创造的专利申请权。对于正在申请专利权的专利权继承问题,必须向专利局提出变更申请人的请求。

③法律直接将专利申请权赋予发明人、设计人以外的其他人,如职务发明创造的申请人为发明人、设计人所在的单位。

通过申请人/专利权人检索可以快速获得某专利权人的全部专利清单,经过深入分析进而获知其技术发展趋势、专利战略布局等。

(5)优先权。专利优先权是指专利申请人就其发明创造第一次在某国提出专利申请后,在法定期限内,又就相同主题的发明创造提出专利申请的,根据有关法律规定,其在后申请以第一次专利申请的日期作为其申请日,专利申请人依法享有的这种权利,就是优先权。

专利优先权可分为国内优先权和国际优先权。

国内优先权,又称为"**本国优先权**",是指专利申请人就相同主题的发明或者实用新型在中国第一次提出专利申请之日起 12 个月内,又向我国国家知识产权局专利局提出专利申请的,可以享有优先权。在我国的优先权制度中不包括外观设计专利。

国际优先权,又称"**外国优先权**",其内容是:专利申请人就同一发明或者实用新型在外国第一次提出专利申请之日起 12 个月内,或者就同一外观设计在外国第一次提出专利申请之日起 6 个月内,又在中国提出专利申请的,中国应当以其在外国第一次提出专利申请之日为申请日,该申请日即为优先权日。

通过优先权项可以检索一件专利在不同国家的申请情况及保护范围。

5.2 国内专利信息检索

5.2.1 中华人民共和国国家知识产权局(http://www.sipo.gov.cn)

国家知识产权局是我国专利行业的最权威的政府部门,其网站收录1985年9月10日以来公布的全部中国专利信息,包括发明、实用新型和外观设计专利,面向公众提供免费的专利检索服务,用户还可浏览到各种说明书全文及外观设计图形。高级检索字段包括申请(专利)号、名称、摘要、申请日、公开(公告)日、公开(公告)号、分类号、主分类号、申请(专利权)人、发明(设计)人、地址、国际公布、颁证日、专利代理机构、代理人和优先权。检索界面见图5-1。

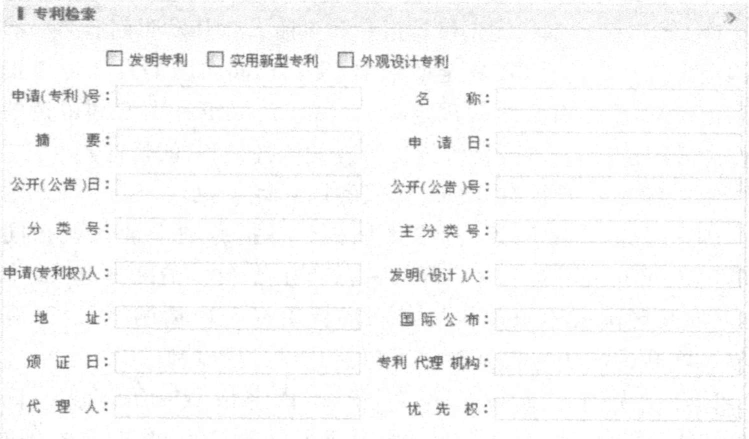

图 5-1 高级检索

5.2.2 中国专利信息中心(http://search.cnpat.com.cn)

中国专利信息中心(简称信息中心)成立于1993年,是国家知识产权局直属的事业单位、国家级专利信息服务机构,主营业务包括信息化系统运行维护、信息化系统研究开发、专利信息加工和专利信息服务等。该中心的中国专利数据库检索系统提供表格检索和高级检索两种检索方式。检索界面见图5-2和5-3。

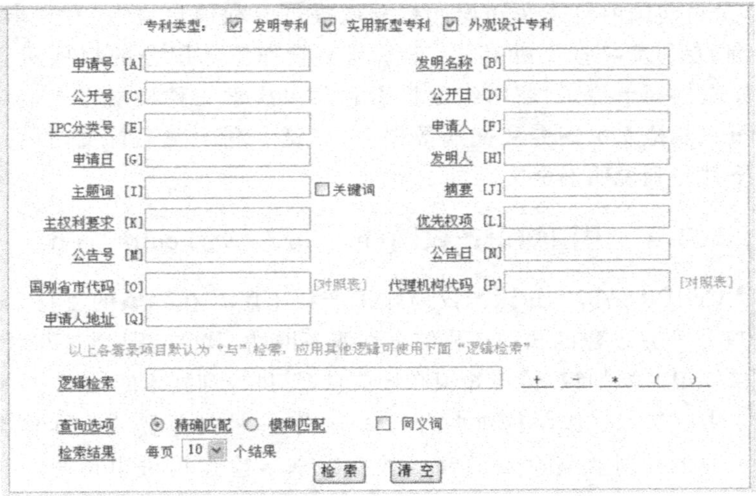

图 5-2　表格检索

图 5-3　高级检索

5.2.3 中国专利信息网(http://www.patent.com.cn)

中国专利信息网建于1997年10月,是国内较早提供专利信息服务的网站,是国家知识产权局专利检索咨询中心提供专利信息服务的综合性网络平台。国家知识产权局专利检索咨询中心建于1993年,其前身是中国专利局专利检索咨询中心,2001年5月更名为国家知识产权局专利检索咨询中心,是国家知识产权局直属单位,是目前国内科技及知识产权领域提供专利信息检索、专利事务咨询、专利及科技文献翻译、非专利文献加工等服务的权威机构。网站提供简单检索、逻辑组配检索和菜单检索三种检索方式,免费会员只能检索中国专利文摘数据库,浏览专利说明书首页,付费则可下载专利说明书全文。

5.2.4 中国知识产权网(http://www.cnipr.com)

CNIPR是国家知识产权局知识产权出版社在国家的支持下于1999年6月创建的知识产权综合性服务网站,其宗旨是通过互联网宣传知识产权知识,传播知识产权信息,促进专利技术的推广。

中国知识产权网提供两种检索方式:一种是免费的基本检索,另一种是针对收费会员的高级检索。基本检索提供申请号/专利号、申请人/专利权人、公开日/公告日、公开号/公告号、IPC分类号、摘要、申请人/专利权人地址、专利名称八个检索字段。高级检索提供了包括基本检索八个检索字段在内的18个检索字段,检索结果更丰富,并可下载专利说明书和外观设计专利。

5.2.5 CNKI:专利数据库(http://www.cnki.net)

《中国专利全文数据库》收录了1985年9月以来的所有专利,包含发明专利、实用新型专利、外观设计专利三个子库。专利的内容来源于国家知识产权局知识产权出版社,相关的文献、成果等信息来源于CNKI各大数据库。用户可以通过申请号、申请日、公开号、公开日、专利名称、摘要、分类号、申请人、发明人、地址、专利代理机

第 5 章 专利信息检索

构、代理人、优先权等检索字段进行检索,下载专利文献全文需先注册、充值、付费,然后才能下载全文。

《国外专利数据库》包含美国、日本、英国、德国、法国、瑞士、世界知识产权组织及欧洲专利局六国两组织的专利。专利相关的文献、成果等信息来源于 CNKI 各大数据库。用户可以通过申请号、申请日、公开号、公开日、专利名称、摘要、分类号、申请人、发明人、优先权等检索项进行检索,专利说明书全文链接到欧洲专利局网站。

CNKI 每条专利知网节的链接,每条专利的知网节集成了与该专利相关的最新文献、科技成果、标准等信息,可以完整地展现该专利产生的背景、最新发展动态、相关领域的发展趋势,可以浏览发明人与发明机构更多的论述以及在各种出版物上发表的文献。

5.2.6 万方数据:专利技术(http://www.wanfangdata.com.cn)

该数据库是专利全文资源,收录了国内外的发明、实用新型及外观设计等专利 2700 余万项,内容涉及自然科学各个学科领域。该库提供简单检索、高级检索、经典检索和专业检索四种检索方式,包含专利公开(公告)日、公开(公告)号、主分类号、分类号、申请(专利)号、申请日、优先权等检索字段。专利技术数据库是营利性商业数据库,文摘和全文的浏览与下载全部收费,否则只能浏览不完整的摘要以及申请(专利)号、申请日期、公开(公告)日、公开(公告)号、主分类号、分类号、申请(专利权)人、发明(设计)人八个字段的信息。

5.2.7 国家科技图书文献中心(NSTL,http://www.nstl.gov.cn)

该中心中外专利检索提供美国、英国、法国、德国、瑞士、日本、欧洲、中国和世界知识产权组织的专利信息检索服务。NSTL 的中国专利数据库提供普通检索和高级检索两个途径,包含专利名称、发明人、申请人、摘要、申请号、公开号、申请日期、公开日期、专利类型、申请人地址、专利分类号 11 个检索字段。检索方法：第一步，选择检索字段，输入检索词，各检索词之间可进行 AND、OR、NOT 运算；第二步，选择相应的数据库，也可以跨库选择；第三步，设置查询的限制条件，比如馆藏范围、时间范围等；第四步，点击检索按钮进行检索。

5.3　国外专利信息检索

5.3.1　德温特世界专利创新索引

德温特世界专利创新索引（Derwent Innovations Index，简称 DII）是美国科学情报所（ISI）推出的基于因特网环境的数据库产品，该数据库将德温特世界专利索引（Derwent World Patents Index，简称 WPI）与专利引文索引（Patents Citation Index，简称 PCI）加以整合，收录了全球 40 多个专利机构的 1000 多万件基本专利、1800 万项专利，数据可回溯至 1963 年。

该数据库提供了高附加值的专利文献标引与索引，专利的名称和摘要全部由德温特的技术专家重新撰写，系统、严格地增加了专利权人代码，将母公司和子公司整合到一个专利权人代码中，使针对专利权人的统计更加准确。该数据库除了采用 IPC 国际专利分类进行标引之外，还采用德温特独特的手工代码分类进行标引，使分类标引具有非常高的一致性。该数据库将同族专利合并成一条记录，形成专利家族式的全记录，避免了出现重复项，对某项专利技术的全球申请情况一目了然。该数据库是世界上最权威的数据库之一。

1. 主要特点

（1）数据每周更新；通过选择查询范围，可检索全部年份、特定年份或最新的专利资料。

(2)提供"Patents Cited by Inventor"和"Patents Cited by Examiner",查找引用专利的情况。

(3)提供"Citing Patents",可查找该专利被引用的情况。

(4)提供"Articles Cited by Inventor",建立专利与相关文献之间的链接。

(5)检索结果可按日期、发明人、专利代理机构的名称或代码排序。

2. 检索方式

DII提供通用检索(General Search)和引用专利检索(Cited Patent Search)两种方式。检索之前需要选择数据库的类型和时间范围。

(1)数据库类型。如果不做指定,系统默认为检索所有数据库。

. Drwent Innovations Index(Chemical Section)。

. Derwent Innovations Index (Electrical & Electronic Section)。

. Derwent Innovations Index(Engineering Section)。

(2)时间范围。

. 最近一周数据(This Week's Update)/最近两周数据(Latest 2 Weeks)。

. 最近四周数据(Latest 4 Weeks)/所有年代数据(All Years)/所选年代数据(Year Selection)。

特别说明:

. 选择"Latest Date"排序时,命中结果最多为500篇。

. 选择"Inventor"、"Patent Assignee Name"或"Patent Assignee Code"排序时,如果命中文献超出300篇,系统会提示缩小检索范围重新检索。

. 在需要检索浏览较大量的专利时,推荐选择一年或者几年检索,尽量不要选择所有年代。

(3)检索类型。

. 通用检索(General Search)——通过主题、专利权人、发明人、专利号、国际专利分类号、德温特分类号、德温特手工代码、德温特

 信息检索

入藏号进行检索。

.引用专利检索(Citrd Patent Search)——通过被引专利号、被引专利权人、被引专利发明人、被引专利的德温特入藏号进行检索。

四个检索框分别为：

①被引专利号(CitrdITED PatentATENT NUMBERNumber)；

②被引专利权人的名称和代号(Citrd Assignee)；

③被引专利发明人(Citrd Inventor)；

④被引专利的德温特入藏号(Citrd Derwent Primary Accession Number)。

3.检索技巧

(1)布尔逻辑算符:AND(与)、OR(或)、NOT(非)。

注:不同的检索字段之间系统自动进行 AND(与)组配。

(2)通配符:通配符可以使用在任何一个检索字段中。

? 代表一个字符,*则代表一个字符串。(注:通配符不能用在检索词最前面)

例如,在发明人检索字段中键入:sm? th r *,命中结果包含:R. Smith,R. D. Smyth 等人的专利。

4.检索结果输出排序(Sort Option)

Latest Date(默认选项,依照收录文献的日期排序,最新的排在前面)/Inventor(依照第一发明人的字母顺序排序)/Patent Assignee Name(依照专利权人名称的字母顺序排序)/Patent Assignee Code(依照专利权人的代码排序)。

5.存御执行检索策略(Save Query)

存储:在点击 Search 检索之前或者之后,都可以存储检索策略,以备后用。检索策略存储在用户本地的硬盘或者软盘上,用户可以指定文件目录。

调入:调入先前已存储检索策略的对话框,在进入第一页的最底端点击"浏览",选定目录和文件后调入,即可用先前存储检索策略检索了。

第5章 专利信息检索

6.命中结果的显示、打印、下载和 E-mail

(1)检索命中结果的简捷格式包括专利号、前三位发明人、专利名称及专利权人名称等信息。

(2)在全记录格式,点击 Patents Cited by Inventor,Patents Cited by Examiner,Citing Patents,Articles Cited by Inventor 还可查看该专利引用其他专利的情况、该专利被引用的情况以及相关文献。

(3)标记输出记录:在每条记录开始处的方框内作标记后,点击 Submit;或者点击 Mark Page 将一页的 10 条记录全作标记(也可点击 Unmark Page 删除标记);翻页后,再选择需要标记的记录,重复 Submit 或者 Mark Page,直到最后一页;然后点击屏幕上方的 Marked List 按钮(该按钮只在做了标记并点击 Submit 或 Mark Page 才出现)。

(4)选择输出字段:屏幕最下方列出了输出字段的选择项,可根据需要在方框内作标记。

(5)下载:建议使用 Format for Print 或 E-mail 两种格式(其余格式用于输出到专门接口软件)。

用浏览器的命令打印或者保存命中结果。在"E-M心 the records to:"框中输入收件人地址,点击"Send E-mail"发送命中结果。

(6)开始新的检索:点击屏幕上方 General Search 或者 Home 按钮,由 New Session 进入重新开始。

5.3.2 WIPO 数据库(http://www.wipo.int)

世界知识产权组织(World Intellectual Property Organization,简称 WIPO)是世界各国间的国际组织机构,也是联合国的专门机构,总部设在日内瓦。世界知识产权组织与国际保护工业产权联盟和国际保护文学艺术作品联盟的关系极为紧密,其任务是促进全世界有效地保护和使用知识产权。

WIPO 专利数据库收录了 1997 年以来的 PCT 专利申请信息。PCT 是专利合作条约(Patent Cooperation Treaty)的简称,签订于

1970年,1978年生效,我国1994年1月1日加入PCT,成为其正式成员国。

WIPO网站提供多语言界面,包括中文界面。其专利数据库提供简单检索(Simple Search)、高级检索(Advanced Search)、菜单检索(Structured Search)和浏览每周公布的PCT专利申请(Browse by week)四种检索入口。

5.3.3 世界知识产权数字图书馆(http://ipdl.wipo.int)

世界知识产权数字图书馆(WIPO Intellectual Property Digital Li－braty,简称LIPDL)是由世界知识产权组织建立的知识产权电子图书馆,提供世界各国专利数据库检索服务,其中包括PCT国际专利数据库、中国专利英文数据库、印度专利数据库、美国专利数据库、加拿大专利数据库、欧洲专利数据库、法国专利数据库、JOPAL科技期刊数据库、DOPALES专利数据库、MADRID设计数据库等。

5.3.4 EPO数据库(http://ep.espacenet.com)

欧洲专利局(The European Patent Organization,简称EPO)的esp@cenet专利检索系统自1998年向Internet用户提供免费的专利服务,服务内容包括检索近两年内由欧洲专利局和欧洲专利组织成员国出版的专利,世界知识产权组织WIPO出版的PCT专利的著录信息以及专利的全文扫描图像,格式为PDF。该数据库提供3000万条英文的专利申请摘要、1亿5000万页专利申请全文供用户查询,大部分数据可以回溯到1970年,一些重要国家的专利申请可以回溯到1920年。

esp@cenet收录1836年以来的全世界专利文献,总计超过6000万条记录,其中多数为专利申请案,可直接或通过相同专利免费下载PDF或/和HTML格式说明书全文。用户可直接检索全世界专利,也可进入子库单独检索日本、世界知识产权组织、欧洲专利局、英国等专利组织和27个欧洲专利局成员国的专利。

系统支持英文、德文、法文三种语言界面和四种检索入口,即快速检索(Quick Search)、高级检索(Advanced Search)、号码检索(Number Search)和分类检索(Classification Search)。

5.3.5 美国专利商标局(http://www.uspto.govpatft)

美国专利商标局(United States Patents and Trademark Office,简称 USPTO)专利数据库由美国专利和商标局提供,它包括授权专利数据库和公开专利申请数据库两部分。授权专利数据库收录了1790 年 7 月 31 日至今的美国专利,公开专利申请数据库对 2000 年11 月 9 日起递交的专利申请进行公开,从 2001 年 3 月 15 日开始正式出版专利申请说明书。数据库每周更新一次,提供 1790 年至今的全文图像说明书(Images 格式,必须下载插件,该插件与中国专利局的全文插件完全一致)以及 1976 年至今的全文文本说明书。

USPTO 提供三种检索方式,即快速检索(Quick Search)、高级检索(Advanced Search)及专利号检索(Patent Number Search)。快速检索提供两组字段(Term1、Term2)作布尔逻辑(AND、OR、NOT)组合。直接键入关键词进行检索。接受词组检索以双引号""标注词组检索。高级检索允许用户直接在输入框中输入单词或词组,也可以利用命令型检索语法构建复杂的检索提问式。在公开专利申请数据库中,专利号检索项为公开号检索(Publication Number Search)。

5.3.6 日本专利局(http://www.jpo.go.jp)

日本专利局已将自 1885 年以来公布的所有日本专利、实用新型和外观设计电子文献及检索系统通过其网站上的工业产权数字图书馆(Industrial Property Digital Library,简称 IPDL)在因特网上免费提供给全世界的用户。该工业产权数字图书馆被设计成英文版(PAJ)和日文版两种文字的版面。但是其英文网站仅提供包括 1976 年以来的日本公开特许(发明申请公开)英文文摘数据库(PAJ),PAJ 从 1993 年 1 月开始包括法律状态信息。作为 IPDL 的工业产权信息数据,英文版网页上只有日本专利、实用新型和商标

数据,日文版网页上还包括外观设计数据。

检索方式:进入日本特许厅的英文主页面后,页面右上方有专利的类型,即专利(Patents)、实用新型(Utility Models)、外观设计(Designs)和商标(Trademarks),选择相应的专利类型进入检索数据库。该数据库提供各种专利号查询功能,提供公开特许公报 Front Page 检索,可同时搜寻专利权人、专利标题及专利前页摘要,可输入三组关键词做 AND 组合查询,在同一行列以空白输入多个关键词,则视为 OR 的关系。不接受词组检索。无字符串切截(Truncation)。不能指定特定的字段搜索。

5.3.7 加拿大知识产权局(http://patentsl.ic.gc.ca)

加拿大知识产权局的专利数据库收录了 1920 年至今的专利全文文本和图形。数据库提供了基本检索、专利号检索、布尔检索和高级检索四种方式。所运用的逻辑运算符为逻辑与(AND)和逻辑或(OR)。在高级检索中提供了全文、题目、文摘等在内的 13 个检索入口。其说明书的查看方式为:在检索结果的文摘显示屏上有两个显示说明书的按钮,Download in Adobe PDF 按钮和 View Image 按钮,View Image 按钮显示的图像不清晰,可选择 Download in Adobe PDF 按钮,以这种格式显示说明书需要有 Acrobat Reader 浏览器。利用该浏览器查看说明书可直接进行拷盘和打印,而且图像也比较清晰。

5.3.8 韩国知识产权局(http://eng.kipris.or.kr)

韩国知识产权局专利数据库可以通过 1PC 分类号、关键词、申请人、发明人、专利申请日期或申请号及优先权日期或优先权号等途径,进行检索 1979—1998 年登记的韩国专利。它分为韩文和英文两部分,英文页面只提供韩国英文专利文摘数据库,韩文页面可提供韩文界面的专利文献检索及专利全文说明的浏览。

第6章 标准信息检索

6.1 概述

6.1.1 标准

标准是为了在一定的范围内获得最佳秩序,协商一致制定并由公认机构批准,共同使用的和重复使用的一种规范性文件(GB/T 20000.1—2002《标准化工作指南第1部分:标准化和相关活动的通用词汇》中对"标准"的定义)。标准应以科学、技术和经验的综合成果为基础,并以促进最大社会效益为目的。

标准按其使用范围分为国际标准、区域标准、国家标准、行业(部、学会、协会)标准、地方标准和企业标准;按标准内容分为基础标准、产品标准、方法标准、卫生标准、安全与环境标准、辅助产品标准、原材料标准、管理标准和服务标准;按标准成熟程度分为法定标准和事实标准;按标准法规性分为强制性标准和非强制性标准。

1. 国际标准

国际标准是指国际标准化组织(ISO)、国际电工委员会(IEC)和国际电信联盟(ITU)制定的标准,以及经国际标准化组织确认并公布的其他国际组织制定的标准。国际标准在世界范围内统一使用。

2. 区域标准

区域标准又称为地区标准,泛指世界某一区域标准化团体所通过的标准。区域标准化组织如 PASC 太平洋地区标准会议、CEN 欧洲标准委员会、ASAC 亚洲标准咨询委员会、ARSO 非洲地区标准

化组织、AOW 亚洲大洋洲开放系统互联研讨会、ASEB 亚洲电子数据交换理事会、CENELEC 欧洲电工标准化委员会、EBU 欧洲广播联盟等。

3. 国家标准

国家标准由国务院标准化行政主管部门指定编制计划、组织起草、统一审批、编号、发布。国家标准在全国范围内适用,其他各级别标准不得与国家标准相抵触。国家标准编号由"国别代码＋顺序号＋批准年代"组成,例如:

中国国家标准代号 GB214——98

美国国家标准代号 ANSI D 209——78(R1980)

【D 代表标准的分类号,R1980 表示在 1980 年重新确认】

英国国家标准代号 BS301——97

日本国家标准代号 JIS A 322——96【A 字母分类号】

法国国家标准代号 NF B 232——97

德国国家标准代号 DIN 333——94

4. 行业标准

行业标准由国务院有关行政主管部门制定,在全国某个行业范围内适用。行业标准编号由"行业代码＋顺序号＋批准年代"组成,例如 WH/T0503—96 中国机读目录格式。我国部分行业代码如下:

GA 公共安全　JC 建材　HG 化工　QC 汽车　DA 档案
JY 教育　　　SL 水利　JB 机械　YD 邮电　DL 电力

5. 地方标准

地方标准由省、自治区、直辖市标准化行政主管部门制定,在地方辖区范围内适用。地方标准编号由"DB＋省市代码＋顺序号＋批准年代"组成。

6. 企业标准

没有国家标准、行业标准和地方标准的产品,企业应当制定相应的企业标准,企业标准应报当地政府标准化行政主管部门和有关行政主管部门备案。企业标准一经制订颁布,即对整个企业具有约束性,是企业法律性文件,没有强制性企业标准和推荐性企业标准之分。企业标准编号由"Q/企业所在地名称拼音第一个字母＋企业名称拼音＋顺序号＋标准发布年代"组成。

6.1.2　标准文献

标准文献一般是指由技术标准、管理标准、工作标准及其他具有标准性质的类似文件所组成的一种特种文献体系。它是在有关方面的合作下,按照规定程序编制并经主管机构批准,以特定形式发布,供一定范围内广泛而多次使用的,包括一整套在特定活动领域内必须执行的规格、定额、规则、要求的文件。它要与现代科学技术和生产发展水平相适应,并且随着标准化对象的变化而不断补充、修订、更新换代。

标准文献的特征是:(1)有统一的产生过程;(2)有明确的适用范围和用途;(3)编排格式、叙述方法严格统一;(4)具有可靠性和现实性;(5)具有协调性;(6)具有系统性和完整性;(7)具有时效性;(8)具有法规性。

6.1.3　网络标准文献信息资源的分布

(1)各国标准化组织机构网站,如中国标准化管理委员会(http://www.sac.gov.cn)、美国国家标准学会(http://www.ansi.org)、英国标准化学会网(http://www.bsi.org)、德国标准化学会网(http://www.beuth.de)、澳大利亚标准学会网(http://www.standards.org.au)、日本工业标准调查会(JISC)(http://www.jisc.go.jp)等。

(2)国际(地区)标准化组织网站,如国际标准化组织(ISO)(http://www.iso.org)、国际电信联盟(ITU)(http://www.itu.int)、国际电工委员会(IEC)(http://www.iec.ch)、国际原子能机构(IAEA)(http://www.iaea.org)、国际图书馆联合会(IFLA)(http://www.ifla.org)、世界卫生组织(WHO)(http://www.who.org)、欧洲标准化委员会(CEN)(http://www.cen.eu)、泛美技术标

准委员会(COPANT)(http://www.copant.org)、太平洋地区标准大会(PASC)(http://www.pasc.org)等。

(3)一些由标准化组织机构提供的标准文献信息资源数据库网站或一些数字图书馆提供的标准文献信息服务系统,如世界标准文献数据库(http://www.cssinfo.com)、全球化标准数据库(http://www.nssn.org)、国家发展和改革委员会工业司主管的标准网(http://www.standardcn.com)、北京市质量技术监督局信息网(http://www.12365.net.cn)、福建质量技术监督局的国内外标准信息服务网(http://www.fjqi.gov.cn)、中国科学院国家科技图书馆标准文献信息服务系统(http://www.las.ac.cn/standard/standard.jsp)等。

(4)商业性数据库开发商网站,如万方数据中外文标准数据库(http://www.wanfangdata.com.cn)、PERINORM 数据库(http://www.cssinfo.com/perinorm.html)、ILI 标准数据库(http://www.ei.org/eihome/services/ili/ili-menu.htm)等。

(5)标准文献信息资源门户类网站,如世界标准服务网(WSSN)(http://www.wssn.net.cn)、中国标准服务网(CSSN)(http://www.cssn.net.cn)、ChinaGB 国家标准频道(http://www.chinagb.org)等。

(6)标准文献研究机构,如中国标准化研究院(http://www.cnis.gov.cn)、山东省标准化研究院(http://www.sdis.org.cn)、上海市标准化研究院(http://www.cnsis.info)、宁波市标准化研究院下属的国家标准查询网(http://www.gbtcn.net)等。

(7)标准文献出版机构,如中国标准出版社(http://www.spc.net.cn)、中国标准在线服务网(http://www.gb168.cn)等。

(8)部分学科标准文献信息网站,如中国环境标准网(http://www.es.org.cn)、机械工业基础标准情报网(http://www.jb.ac.cn)等。

(9)从事标准文献信息咨询服务的相关企业与代理机构网站,如中国标准网(http://www.zgbzw.com)、中国标准咨询网(ht-

第6章 标准信息检索

tp://www.chinastandard.com.cn)等。

(10)从事标准化工作的组织或个人建立的网站,如中国标准化协会(http://www.chinacas.org)。

(11)其他与标准文献信息有关的网站,包括不同出版物和媒体中披露的与标准文献信息有关的各种信息,该类资源通过搜索引擎(如谷歌、百度等)可以方便地搜索到。

6.1.4 标准信息检索的途径

1. 标准号

标准文献一个最显著的特征就是标准号,它是由批准机构在批准该标准时就给予的,而不是使用者或标引人员加以的。标准号由"标准代号＋标准序号＋批准年代号"组成。例如国际标准 ISO 16853—2010,其标准中文名是纺织机械.矩形条筒.主要尺寸和公差;中国国家标准 GB 50530—2010,其标准名称为氧化铝厂工艺设计规范;我国环保行业标准 HJ 553—2010,其标准名称为烟度卡。

2. 分类法

根据标准化专业的性质,按照一定的分类体系,制定一个标准文献分类法,各国均不同程度地对自己国家的标准编制了标准文献分类法。有些国家的标准文献分类号采取包含在标准号中的形式,使用者可以一目了然地通过标准号知道其分类状况;有些国家的标准文献分类没有纳入标准号体系中,仅是在书本目录或数据库系统中才体现;有些国家是将分类号印刷在其标准文献文本上,我们国家的标准就属于这种。

《中国标准文献分类法(简称 CCS)》由我国标准化管理部门根据我国标准化工作的实际需要,结合标准文献的特点编制的我国第一部专门用于标准文献的分类法,1989 年修订后正式发布执行。CCS 采用二级分类,即以一位字母二位数字的型式体现,例如 Y—轻工、文化与生活用品;Y63—家用电热器具[家用的电炉、电饭煲、熨斗、电褥子等]。

为了适应世界经济一体化的形势,也是标准文献分类检索的需要，国际标准化组织(ISO)在 1991 年组织完成了《国际标准分类法(International Classification for Standards，ICS)》的制定工作，并向成员国标准化组织积极推荐使用。我国于 1997 年起正式在国家标准、行业标准、地方标准上标注 ICS。国际标准分类法采用了等级分类法，共包含三个级别。第一级由 40 个标准化专业领域组成，各个专业又被细分为 407 个组(二级类)，进一步又被分为 896 个组(三级类)，例如 55.180.10 通用集装箱。

3. 发布日期和实施日期

标准的有效期是指自标准实施之日起，至标准复审重新确认、修订或废止的时间。我国国家、行业标准管理办法规定，国家、行业标准实施后，应当根据科学技术的发展和经济建设的需要，由其标准的主管部门组织有关单位适时进行复审，确定其继续有效、修订或废止，复审周期一般不超过 5 年。

标准文献的发布年代和实施年代是一项重要的信息。一般来讲，发布年代就是标准号中的年代号，而实施日期是该标准的正式生效日期。当一个新标准代替一个老标准时，新标准的实施日期，也就是老标准的作废日期。

4. 主题词/关键词

由于标准文献的主题内容在标准名称中体现得比较准确，直接用主题词来检索标准的题名是一个不错的方法。在进行主题词检索时需要使用规范用词，避免一些通用词汇。通过调整检索词汇，选择更为确切的、范围又不太大的词来进行检索，将会获得较为满意的结果。

6.1.5 标准信息检索的技巧

不同的检索系统其功能各有千秋，检索项多少不一，检索策略、检索方法、最终结果也不一样。在进行标准文献检索时，作为检索者只有逐步了解、熟悉使用该系统，选择不同的检索策略，调整不同的检索词，才能得到最佳检索方法，获得最准确、最全面的检索结果。建议用户检索前首先阅读"检索帮助"或对话框中的样例。

第6章 标准信息检索

　　网络标准信息的全文一般不能免费获取,要想从网上获取标准文献全文,则需要购买标准卡阅读全文,或汇款到网站开设的帐户,再由网站的工作人员发回电子文本或邮寄复印件,对于需求量不大的用户,这种方式并不经济快捷。实际上,我国国家标准和行业标准的印刷型文献,如《中国国家标准汇编》和各种行业标准汇编,在高校图书馆、公共图书馆和各级技术监督情报研究所都有收藏,通过网上检索得到标准号后,再从印刷型文献的全文中复印全文,既克服了用印刷型检索工具不易检索的不足,又能够快速获取全文。另外,用户可以与中国标准化研究院的标准馆联系,在该馆,50%以上的国际/区域标准和国外发达国家的国家标准都有收藏,是获取国内外标准文献的重要机构。如需获得国家标准的修改信息,可通过阅览由中国标准化协会主办的《中国标准化》、《中国标准化导报》等期刊,通过专栏获取标准的动态信息。

6.2　国内标准信息检索

6.2.1　万方数据:中外标准数据库(http://www.wanfangdata.com.cn)

　　该库收录了国内外的大量标准,包括我国发布的全部标准、某些行业的行业标准以及电气和电子工程师技术标准;收录了国际标准数据库、美英德等的国家标准以及国际电工标准;还收录了某些国家的行业标准,如美国保险商实验所数据库、美国专业协会标准数据库、美国材料实验协会数据库、日本工业标准数据库等,至今已超过 25 万条记录。其检索方法包括简单检索、高级检索、经典检索和专业检索四种,检索界面如图 6-1—6-3 所示。其中,高级检索和经典检索都是表单式检索。专业检索是根据 CQL 语言编辑表达式的一种检索方法,含有空格或其他特殊字符的单个检索词用引号""括起来,多个检索词之间根据逻辑关系 使用"AND"或"OR"连接。

允许检索字段包括标准编号、标准名称、发布单位、发布日期、国际标准分类号、关键词和国别代码。

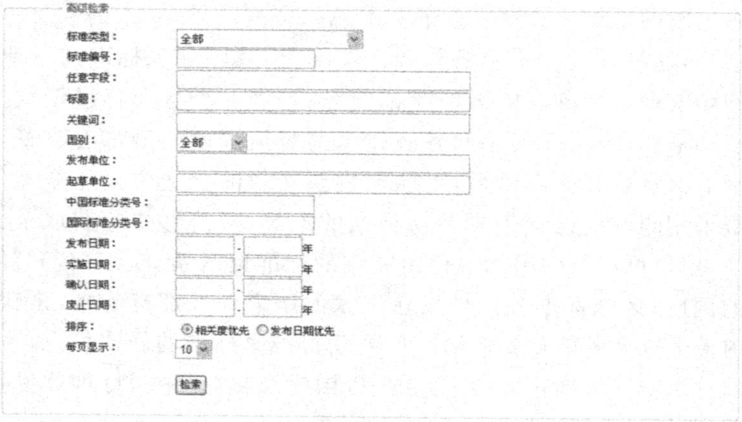

图 6-1 高级检索

图 6-2 经典检索

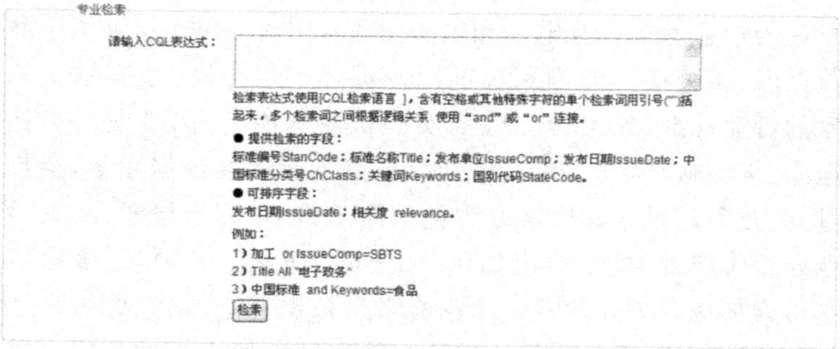

图 6-3 专业检索

6.2.2 CNKI:标准数据库(http://www.cnki.net)

《中国标准数据库(SCSD)》收录了所有的国家标准(GB)、国家建设标准(GBJ)、中国行业标准的题录信息,共计标准约13万条。《国外标准数据库(SOSD)》收录了国际标准(ISO)、国际电工标准(IEC)、欧洲标准(EN)、德国标准(DIN)、英国标准(BS)、法国标准(NF)、日本工业标准(JIS)、美国标准(ANSI)、美国部分学协会标准(如 ASTM、IEEE、UL、ASME)等题录信息。

标准的内容来源于中国标准化研究院国家标准馆,相关的文献、成果等信息来源于 CNKI 各大数据库。用户可以通过标准号、中文标题、英文标题、中文关键词、英文关键词、发布单位、摘要、被代替标准、采用关系等检索项进行检索。

与通常的标准库相比,CNKI 的《中国标准数据库》和《国外标准数据库》每条标准的知网节集成了与该标准相关的最新文献、科技成果、专利等信息,可以完整地展现该标准产生的背景、最新发展动态、相关领域的发展趋势,可以浏览发布单位更多的论述以及在各种出版物上发表的信息。该数据库采用了国际标准分类法(ICS 分类)和中国标准分类法(CCS 分类)。用户可以根据各级分类导航浏览,免费检索,免费浏览题录、摘要和知网节。该库还提供全文订购服务,也可以由您的单位以 Web 版(网上包库)、镜像站点的方式购买供机构成员使用。检索界面如图 6-4 和 6-5 所示。

《国家标准全文数据库(SCSF)》收录了由中国标准出版社出版的,国家标准化管理委员会发布的所有国家标准,占国家标准总量的 90% 以上。检索界面如图 6-6 所示。《中国行业标准全文数据库(SCHF)》大规模集成了我国现行及废止的行业标准全文,包括现行、废止、被代替以及即将实施的行业标准,内容持续更新,简称《知网行标库》或者《CNKI 行标库》。相关链接的文献、专利、成果等信息来源于 CNKI 各大数据库。用户可以通过标准号、中文标准名称、起草单位、起草人、出版单位、发布日期、中国标准分类号、国际标准分类号等检索项进行检索。检索界面如图 6-7 所示。

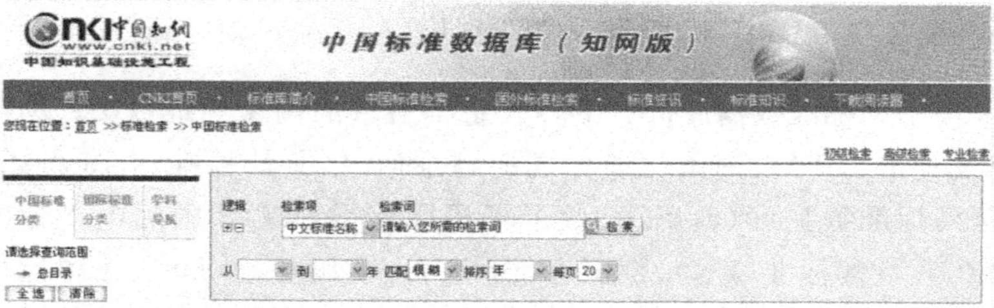

图 6-4　中国标准数据库

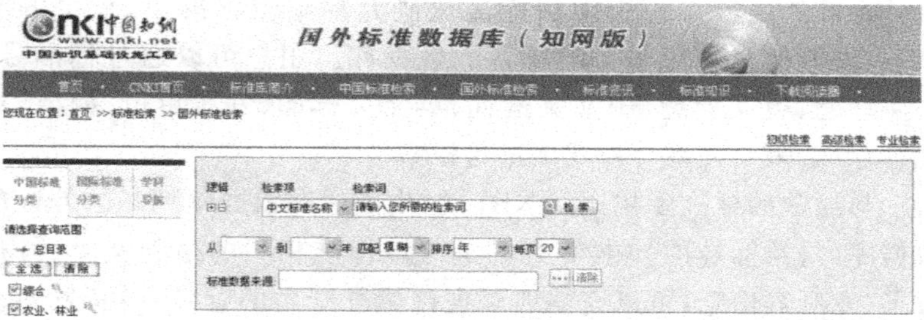

图 6-5　国外标准数据库

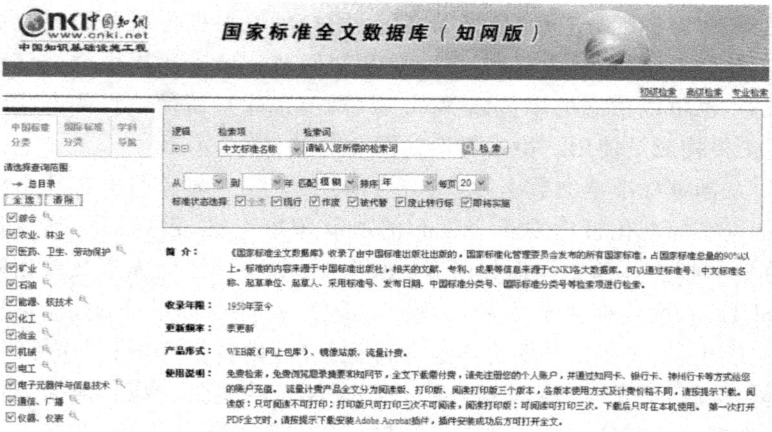

图 6-6　国家标准全文数据库

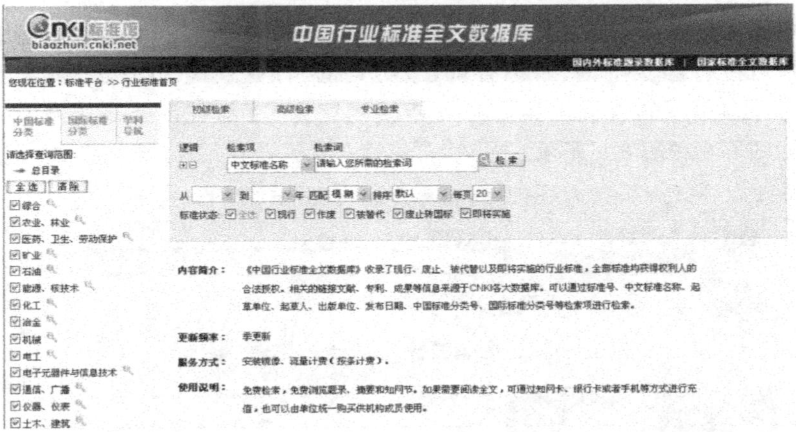

第6章 标准信息检索

图 6-7 中国行业标准全文数据库

6.2.3 ChinaGB 国家标准频道(原中国国家标准咨询服务网)(http://www.chinagb.org)

ChinaGB 国家标准频道是国内最大的标准专业网站,提供中国国家标准、行业标准、地方标准及国际标准、外国标准的全方位咨询服务,包括标准信息的免费在线查询、标准有效性的确认、标准文献翻译、标准培训、企业立标等各种相关服务。

ChinaGB 国家标准频道还提供丰富多彩的标准新闻资讯,设有标准要闻、WTO/TBT、标准与商品、标准公告、标准论坛、质量认证、BBS 等版块和国际、国内及行业标准动态、质量抽查公告、质检公告、世贸通告与预警、标准与生活、标准知识、标准乐园等众多栏目,世界贸易风云、与标准有关的国内外重要新闻、与百姓生活息息相关的热点话题、权威专家的言论等,都可一览无余。

《国家标准频道标准数据库》共收录数据近百万条,是国内首屈一指的标准查询数据库。数据库包括国家标准、行业标准、国家军用标准等国内标准;国际标准化组织(ISO)、国际电工委员会(IEC)、德国标准化学会(DIN)、美国材料与实验协会(ASTM)、欧洲标准

(EN)、英国国家标准学会(BS)、日本标准(JIS)等国际国外标准。内容涵盖分类号、标准编号、中文标题、英文标题等 18 个检索项。用户可进行编号查询、名称查询、分类查询、行业查询、作废查询等全方位多角度的查询。数据库支持模糊查询、精确查询及高级查询。如图 6-8 和图 6-9 所示。

图 6-8　国家标准频道主页

图 6-9　精确搜索

6.2.4 中国标准咨询网(http://www.chinastandard.com.cn)

中国标准咨询网由北京中工技术开发公司、北京世纪超星电子有限公司和北京新标方圆在线软件技术有限公司等单位联合建立。它可提供国内外标准信息、质量认证信息等咨询服务,设有"标准数据库"、"标准信息"、"法规信息"、"国家监督质量抽查信息"、"质量认证信息"、"WTO咨询台"、"生活与标准"等栏目。该网站的特点是提供一些与人们日常生活密切相关的标准信息和国家监督质量抽查信息,经常举办新标准的培训班。用户点击"标准数据库"和首页界面的"标准数据库查询"均可免费查询国家标准和国际标准,购买标准阅读卡后目前还只能查询行业标准并阅读部分行业标准的全文。如图 6-10 和图 6-11 所示。

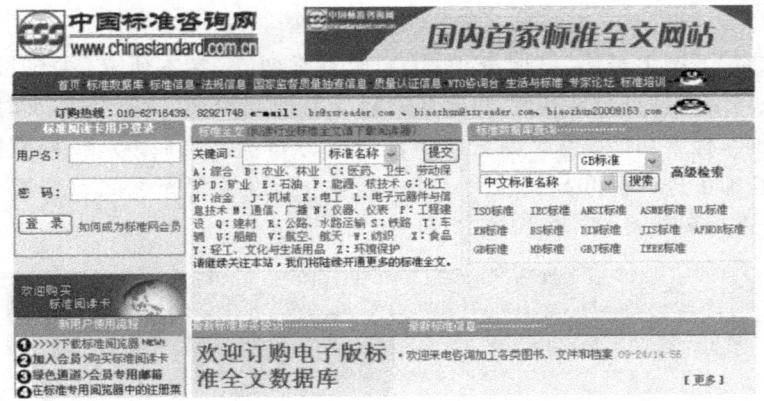

图 6-10 中国标准咨询网主页

6.2.5 中国标准服务网(http://www.cssn.net.cn)

中国标准服务网由国家标准化管理委员会、中国标准化研究院标准馆共同主办。它可提供标准的检索、代译、有效性确认、标准查新以及多种标准数据库产品,设有"最新消息"、"馆藏资源"、"资源

 信息检索

高级检索

请输入检索信息：

标准选择	GB标准
字段关系	⊙同时 ○或者
中文标准名称	包含
发布日期	包含
发布单位	包含
实施日期	包含
英文标准名称	包含
采用关系	包含
中国标准文献分类号	包含
标准号	包含

[提 交] [清 除]

图 6-11 高级检索

检索"、"网上书店"、"服务项目"、"服务指南"、"学术研究"等栏目。该网站的特点是能提供大量有关标准的期刊论文，标准信息及时、全面，检索功能强大。用户免费注册成为 D 类网员后，点击"标准检索"即可进入标准高级检索界面，在多个标准数据库之间单选或多选进行免费检索。如图 6-12 和图 6-13 所示。

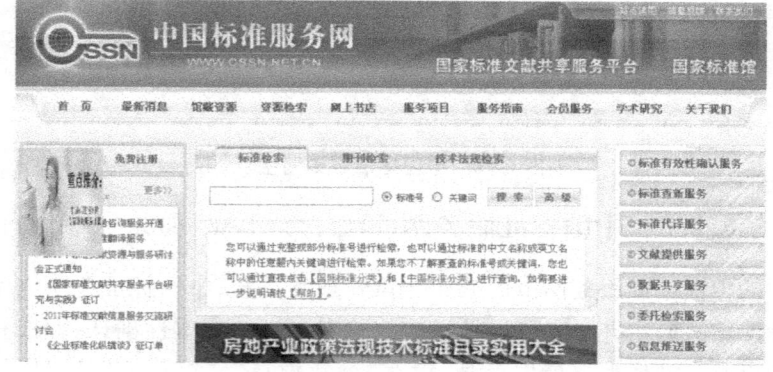

图 6-12 中国标准服务网主页

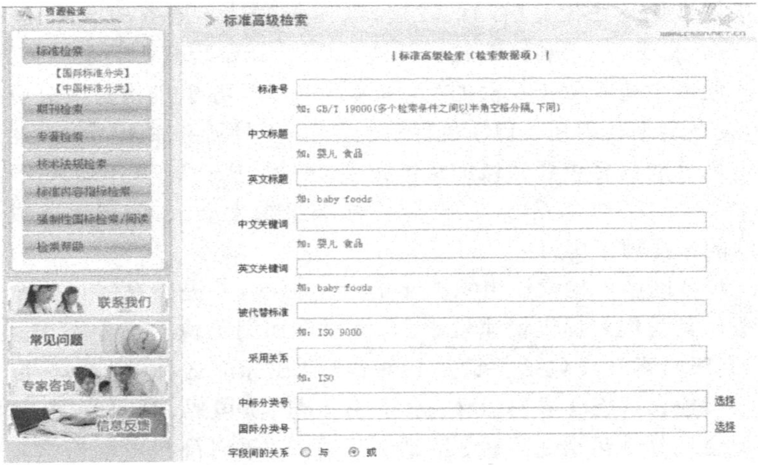

第6章 标准信息检索

图 6-13 高级检索

6.2.6 中国标准网(http://www.zgbzw.com)

中国标准网由北京北标科技发展有限公司和北京浩瀚角雅典书屋共同建立。它可提供重点标准图书的介绍和订购服务,具备其他网站所没有的图书分类索引,对会员提供分类标准资料出版信息服务,设有"图书目录"、"光盘音像"、"标准知识"、"标准公告"等栏目。该网站的特点是标准图书信息全面、及时,并且能进行标准图书的在线查询,可以在主页直接进行简单的标准关键词查询,也可以点击主页左栏中的高级搜索进入标准查询主页免费检索。

6.3 国外标准信息检索

6.3.1 ISO 标准检索(http://www.iso.org/iso/home.htm)

ISO 全称是 International Organization for Standardization,即"国际化标准组织",成立于 1947 年 2 月 23 日,其宗旨是"在世界上

促进标准化及其相关活动的发展,以便于商品和服务的国际交换,在智力、科学、技术和经济领域开展合作"。ISO 现有 157 个成员国,最高权利机构是每年一次的"全体大会",日常办事机构是中央秘书处,设在瑞士日内瓦。ISO 负责除电工、电子领域和军工、石油、船舶制造之外的很多重要领域的标准化活动。中国于 1978 年加入 ISO,在 2008 年 10 月的第 31 届国际化标准组织大会上,中国正式成为 ISO 的常任理事国。

ISO 网站可检索该组织颁布的所有标准,并提供在线订购全文服务。其为用户提供快速检索、高级检索和浏览检索三种方式。其中,高级检索字段包括关键词或短语(可在标准名称、摘要、标准全文字段检索)、ISO 号码、ISO 分号、ICS 号、阶段号、时间范围、技术委员会或分委员会等,并支持逻辑运算符、截词符和短语检索。检索界面如图 6-14 和图 6-15 所示。

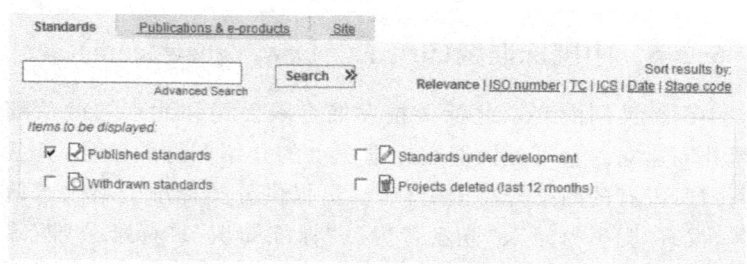

图 6-14 快速检索

6.3.2 IEC 标准检索(http://www.iec.ch)

国际电工委员会(IEC)成立于 1906 年,是世界上成立最早的国际标准化组织,其宗旨是促进电工、电子领域中标准化及有关方面问题的国际合作,增进相互了解。IEC 负责编制出版电气、电子及相关技术的国际标准。目前有 60 多个国家加入了该组织,中国于 1957 年成为 IEC 的成员国。

在 IEC 网站主页点击【Webstore】/【Search & buy standards online】进入标准检索界面,提供快速检索和高级检索两种检索方式。检索界面如图 6-16 和 6-17 所示。

第6章 标准信息检索  153

图 6-15 高级检索

图 6-16 快速检索

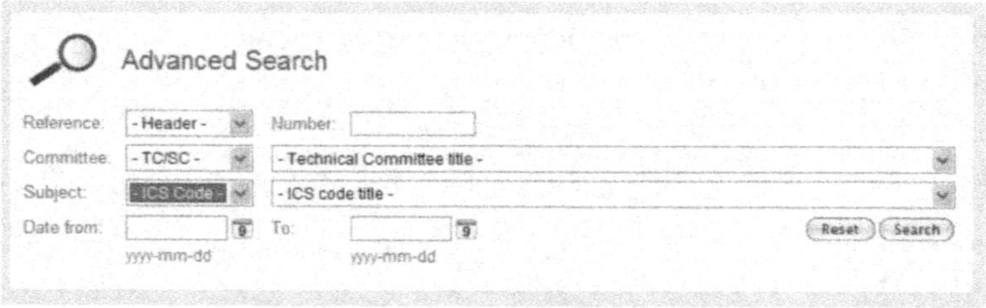

图 6-17　高级检索

6.3.3　ITU 标准检索(http://www.itu.int)

国际电信联盟(ITU)的历史可以追溯到 1865 年,由当时,欧洲的 20 个成员国在巴黎签署了世界上第一部《国际电报条约》(International Telegraph Convention),并成立国际电报联盟(International Telegraph Union,简称 ITU)。第二次世界大战后总部设在日内瓦,属联合国的特别机构,负责协调国际范围内电子通信领域技术研究、技术试验和测试、起草有关技术规范和推荐技术标准等工作。在过去的 100 多年里,ITU 进行了卓有成效的工作。ITU 于 1932 年签署了《国际电信条约》(International Telecommunication Convention),并将国际电报联盟改名为今天的国际电信联盟 ITU(International Telecommunication Union),并于 1956 年成立了国际电报电话咨询委员会(CCITT-International Telephone and Telegraph Consultative Committee),负责制定国际电信行业的相关国际标准及行业规范。

ITU 是主管信息通信技术事务的联合国机构,总部设于瑞士日内瓦,其成员包括 192 个成员国和 700 多个部门成员及部门准成员。ITU 的主要学术研究领域包括 ITU-T 电信研究领域、ITU-R 半导体通讯研究领域、ITU-D 电信发展研究领域。

ITU 提供中文、英文、法文、德文等多语种网页,介绍有关 ITU 的新闻、出版物、各项活动、统计数字等。其检索界面为英文界面,检索方式有简单检索(Simple Search)和高级检索(Advanced

Search)。检索界面如图 6-18 和图 6-19 所示。

图 6-18 简单检索

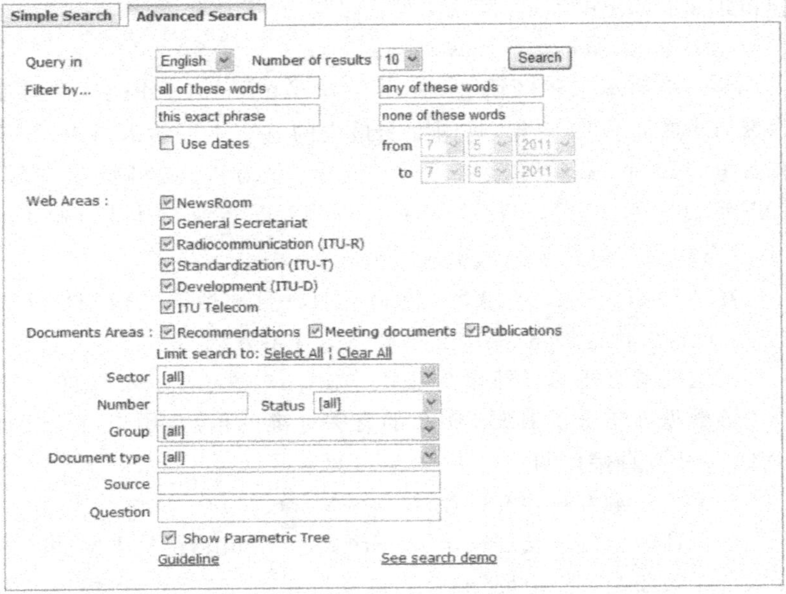

图 6-19 高级检索

6.3.4 专业学会/协会标准检索

1. ASTM 标准(http://www.astm.org)

美国材料与试验协会(American Society for Testing and Materials,简称 ASTM)是美国最大、历史最悠久的标准化组织之一,其标准涉及冶金、建筑、石油、纺织、化工产品、电子、环境、核能、医疗设备等领域,在世界上具有较高的权威性和地位。ASTM 标准在全世界范围内得到了广泛的关注与应用。该网站提供多语言界面,包括中文。据统计,现行的 ANSI 标准中约有 50% 为 ASTM 标准。利用该网站可检索到 ASTM 协会所出版的标准、标准年鉴及标准汇编等。

ASTM 提供三种检索方式:一是关键词检索,二是按类浏览检索,三是字顺检索。检索结果显示部分信息,如标准名称、技术委员会和此标准的范围等,若需原文可直接与 ASTM 联系。

2. SAE 标准(http://www.sae.org)

美国机动车工程师协会(Society of Automotive Engineers,简称 SAE)成立于 1905 年,是国际上最大的汽车工程学术组织,其研究对象是轿车、载重车及工程车、飞机、发动机、材料及制造等。SAE 所制定的标准具有权威性,广泛地为汽车行业及其他行业所采用,并有相当部分被美国采用为国家标准。

在此网站上可检索到 SAIE 制定的所有标准的文摘和订购信息,SAE 提供快速检索、高级检索和专家检索方式。

3. 电气与电子工程师学会(IEEE,http://www.ieee.org)

该数据库给出了 IEEE 颁布的有关标准的信息,用户可免费加入查询,并可直接订购。

4. 美国印刷电路学会(http://www.ipc.org)

美国印刷电路学会(1nstitute Printed Circuits,简称 IPC)由 300 多家电子设备与印刷电路制造商,以及原材料与生产设备供应商等组成,下设若干技术委员会。

IPC 主要制定与发展规格、标准,它还积极参加 IEC 的电子元件标准的制定。IPC 的一些标准已为美国国家标准所采用。

5. 美国机械工程师协会(ASME)(http://www.asme.org)

美国机械工程师协会(American Society of Mechanical Engineers,简称 ASME)创建于 1880 年,是一个非营利性的教育和技术组织,制定了许多工业和制造业标准。

6. 美国石油学会(http://api-ec.api.org)

美国石油学会(American Petroleum Institute,简称 API)是 ANSI 认可的标准制定机构,API 标准旨在解决石油和天然气行业涉及的几大关键问题,其中包括:勘探与生产、炼油、消防与安全、石油测量以及海运等。

6.3.5 主要国家标准

1. 美国标准

美国标准检索可以通过美国国家标准学会(ANSI)和美国国家标准与技术研究院(NIST)的网站进行。

(1)美国国家标准学会(American National Standards Institute,简称 ANSI,http://www.ansi..org)是非营利性质的民间标准化组织,自愿性标准体系的协调中心,成立于 1918 年,总部设在纽约。ANSI 是美国国家标准化活动的中心,许多美国标准化协/学会的标准制定、修订都同它进行联合。ANSI 批准标准成为美国国家标准,但它本身很少制定标准,而是通过委任团体法和征求意见法从各专业团体制定发布的标准中,将其对全国有重大意义的标准经审核后提升为国家标准,并给以 ANSI 代号。

(2)美国国家标准与技术研究院(National Institute of Standards and Technology,简称 NIST,http://www.nist.gov)直属美国商务部,从事物理、生物和工程方面的基础和应用研究,以及测量技术和测试方法方面的研究,提供标准、标准参考数据及有关服务,在国际上享有很高的声誉。

在 NIST 的虚拟图书馆页面有 NIST 标准资源、标准数据库、标准化组织、标准出版物和参考书目、各国国家度量衡实验室和国际

 信息检索

度量衡实验室等相关链接,可以进行标准的检索。

2. 英国标准(http://www.bsi-global.com)

英国标准由英国标准学会(British Standards Institution,简称BSI)负责制定。英国标准学会是世界上第一个国家标准化机构,是英国政府承认并支持的非营利性民间团体,成立于1901年,总部设在伦敦。它不受政府控制但得到了政府的大力支持。BSI机构庞大而统一,其下设有300多个技术委员会和分委员会。它的标准每5年复审一次。

英国标准在世界上有较大影响,因为英国是标准化先进的国家之一,它的标准为英联邦国家所采用,受到国际上的重视。

通过BSI网站可进行英国标准的检索或浏览,检索或浏览结果首先显示的是标准的目录信息,包含标准号、标准名称、标准的会员价格、非会员价格及标准的状态。点击标准号和标准名称,会显示标准的详细题录信息,包含标准号、标准名称、颁布日期、替代标准、ICS号、委员会、ISBN号、出版者、可否传递、页数、文件大小、价格等。注册用户还可直接在线订购标准。

3. 德国标准(http://www.din.de/)

德国标准协会(Deutsches Institut fur Normung,简称DIN)是德国的标准主管机关,成立于1917年,总部设在柏林。从1975年起,德国政府就把DIN作为国家标准体系,在国际和欧洲范围内代表德国的利益。DIN主持着一个由制造工业、消费者组织、商业、贸易业、服务行业、科学界、技术审查员和政府代表们组成的论坛。代表们在此讨论和制定特定领域的标准化要求,并最终形成德国标准。

DIN标准是世界上最严格的标准之一,科学地反映了技术发展的现状。它以自愿、公开、参与、统一、客观、经济需要、普遍适用和国际化发展为原则,为促进技术提高和国际贸易发展、推动经济全球化和国际化进程发挥了无可替代的作用。

德国标准可通过DIN进行检索,该网站提供德文和英文两种语言界面。在DIN数据库中不仅可以查找DIN出版的标准,也可以

第6章 标准信息检索

查找 ISO、VDI 指南、DVS-M/R、ASTM、ASME、IEEE 和日本工业标准 JIS－Standards。检索 DIN 标准时应首先注册 My Beuth 服务，可免费注册，否则只能进行最基本的检索。

目前，DIN 标准已经在清华大学图书馆建立了镜像站，用户可以从 DIN 标准数据库信息服务中获得完整的 PDF 格式的 DIN 标准全文。

4. 日本标准（http://www.jsa.or.jp；http://www.jisa.go.jp）

日本标准可通过日本标准协会（Japanese Standards Association，简称 JSA）或者日本工业标准调查会（Japanese Industrial Standards Committee，简称 JISC）的网站来进行检索，这两个网站均支持英文界面。在这两个网站的页面上，除了可以检索 JIS 标准外，还可以进行 ISO 及 IEC 标准的检索。

5. 加拿大标准（http://www.SCC.ca）

加拿大国家标准体系以加拿大标准委员会（Standards Council of Canada，简称 SCC）为领导核心，由国家标准的四个制定机构［加拿大标准协会（CSA）、加拿大通用标准局（CGSB）、加拿大保险商实验室（ULC）、魁北克省标准局（BNQ）］、275 个经 SCC 认可的实验室和 15000 多名个人会员组成，开展标准制定、产品认证、校准和测试、质量管理体系认证以及审核员培训和认证等工作。加拿大国家标准体系为保证产品和服务的安全和质量、开拓国际市场做出了重要的贡献，从而确立了加拿大在国际标准化工作中的领导者地位。

加拿大标准可通过 SCC 网站进行检索，该网站支持英文和法文两种语言。

第7章 学位论文检索

7.1 概述

学位论文指高等院校或学术研究机构的学生为获得某种学位而撰写的科学论文,包括学士论文、硕士论文、博士论文等。学位论文是经审查的原始研究成果,具有内容专一、阐述详细、见解独到、参考文献比较系统等特点。学位论文选题一般都是某一学科比较重要且具有前沿性的理论或应用方面的课题,具有较高的学术研究价值和实用价值,是科研人员借以了解当前最新学术动态、掌握科技信息、研究学科前沿问题的有效途径之一。

学位论文大多不正式出版,而是以打印本的形式保存在规定的收藏地点,因此,其传播和交流受到一定的限制。然而近年来,网络越来越便捷地成为检索并获取学位论文的主要渠道。通过网络一般可免费检索和下载学位论文的题录或摘要,如果用户在相关数据库权限范围内,可直接链接到所需论文的全文。

7.2 国内学位论文检索

7.2.1 中国学位论文全文数据库(CDDB, http://www.wanfangdata.com.cn)

中国学位论文全文数据库是万方数据资源系统之一,由国家法

第7章 学位论文检索

定学位论文收藏机构——中国科技信息研究所提供,委托万方数据加工建库。该数据库收录自 1980 年以来我国自然科学领域各高等院校、研究生院和研究所的硕士、博士以及博士后论文共计 136 万余篇。其中"211"高校论文总量达 110 余万篇,占论文收录总量的 70% 以上,年新增约 20 万余篇。内容涵盖自然科学、医药卫生、农业科学、工业技术、人文等学科领域,是我国收录数量较多的学位论文全文数据库。

该数据库时效性强,2000 年以后的论文占了 96% 以上,数据按周更新;提供简单检索、高级检索、经典检索、专业检索和按学科专业分类、按学校所在地浏览检索等途径。检索结果显示论文题名、作者、授予学位时间、授予单位、专业、摘要、关键词以及查看全文链接等信息。检索界面如图 7-1—7-3 所示。

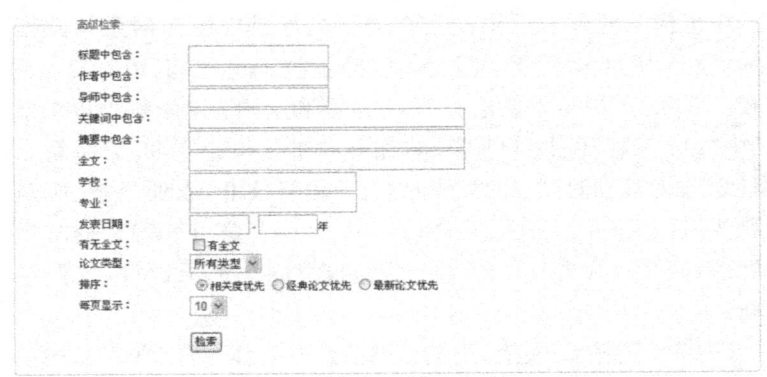

图 7-1　高级检索

图 7-2　经典高级检索

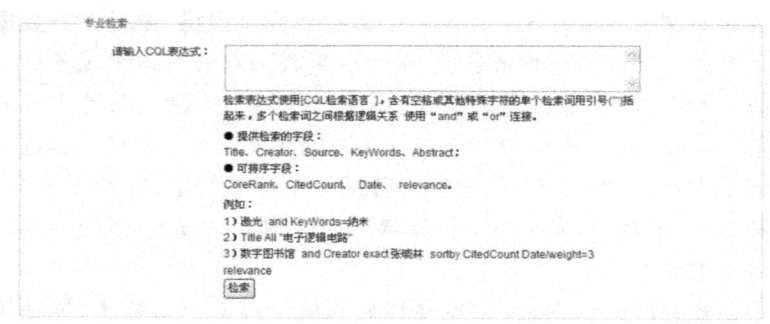

图 7-3　专业检索

7.2.2　中国优秀博硕士学位论文全文数据库(CDMD,http://www.cnki.net)

中国优秀博硕士学位论文全文数据库是中国知网系列数据库之一,收录 1984 年至今全国 384 家博士授予单位(其中"211 工程"院校 110 家)的博士学位论文 12 万余篇和全国 547 家硕士授予单位(其中"211 工程"院校 111 家)的优秀硕士学位论文 95 万余篇。按学科划分为基础科学、工程科技Ⅰ、工程科技Ⅱ、农业科技、医药卫生科技、哲学与人文科学、社会科学Ⅰ、社会科学Ⅱ、信息科技、经济与管理科学 10 大专辑,168 个专题和近 3600 个子栏目,数据每日更新。

CDMD 集题录、文摘、全文文献信息于一体,可实现一站式文献信息检索;提供快速检索、标准检索、专业检索、科研基金检索、句子检索、学位授予单位导航(地域导航、学科专业导航)等途径,有摘要和列表两种结果显示格式。检索界面如图 7-4、7-5、7-6、7-7 和 7-8

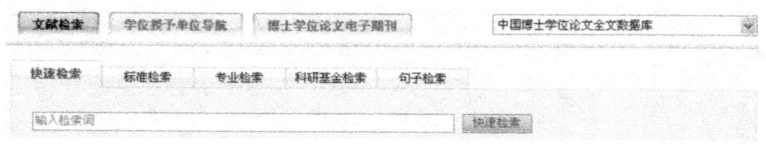

图 7-4　快速检索

第 7 章 学位论文检索

所示。CNKI 学位论文库既可按学科类别、学位授予单位、研究资助基金、导师、学科专业、研究层次、中文关键词等分组浏览检索结果,也可按发表时间、相关度、被引频次、下载频次、浏览频次、学科授予年度排序结果。

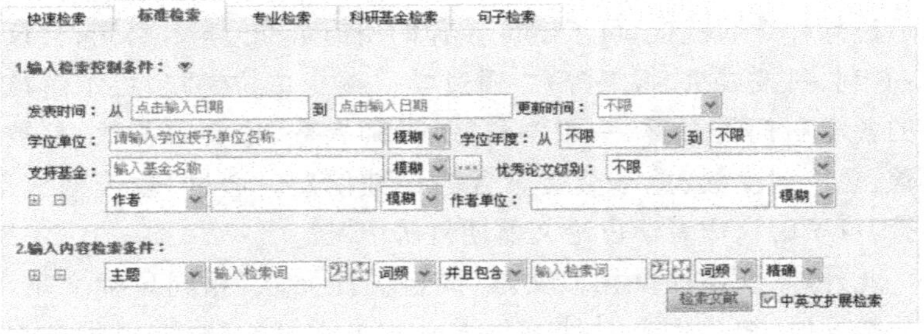

图 7-5 标准检索

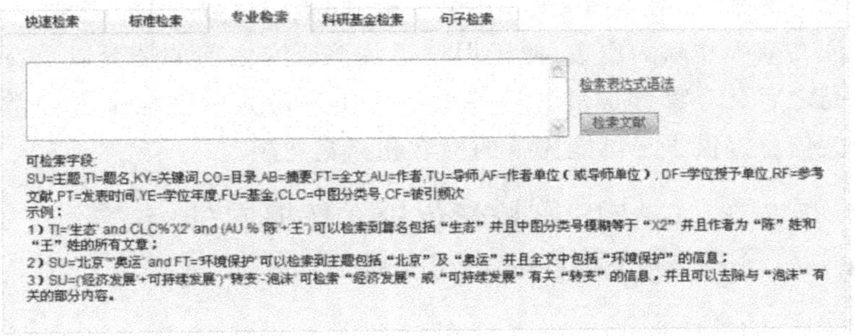

图 7-6 专业检索

图 7-7 科研基金检索

CDMD 既可按学科类别、学位授予单位、研究资助基金、导师、学科专业、研究层次、中文关键词等分组浏览检索结果,也可按发表时间、相关度、被引频次、下载频次、浏览频次、学科授予年度排序结

图 7-8 句子检索

果通过导师姓名链接,可了解该导师的所有成果(学术期刊、会议论文、专利、科技成果、报纸等)。通过学位授予单位链接,可了解该单位的各学科门类名称、一级学科数、导师人数、论文总篇数、总被引次数、总下载次数、总基金文献数等详细信息。通过"攻读期成果"链接,可了解该作者学位论文前期科研情况。

此外,系统还提供相似文献、同行关注文献、相同导师文献、文献分类导航、相关作者文献等与本文相关文献的链接;提供直观明了的"本文的引文网络图示",即系统以该文为节点文献,分别标出其参考文献、二级参考文献、共引文献、同被引文献、引证文献、二级引证文献等文献的篇数,便于用户了解该研究之前的情况以及在该研究之后又有哪些进展。这些无疑为用户最大限度地了解和掌握相关信息提供了尽可能完备的检索和浏览功能。

7.2.3 CALIS 高校学位论文数据库(http://etd.calis.edu.cn/user/Searchadd.doc)

CALIS 高校学位论文数据库是由 CALIS 全国工程文献中心——清华大学图书馆组织建设的包括清华大学、北京大学等著名大学在内的百所高校的博硕士学位论文文摘数据库,收录 1995—2008 年的学位论文近 30 万篇;将论文按工学、农学、理学、医学、哲学、经济学、法学、历史学、军事学、管理学、教育学、文学划分为 12 大学科类别;提供简单检索、复杂检索、学科浏览、参建馆浏览等多种途径,用户可从题名、论文作者、导师、作者专业、作者单位、摘要、分类号、主题等不同角度进行检索,还可以通过逻辑"与"、"或"、"非"以及精确匹配等方式进行组配检索,检索结果有基本信息、摘要信息、详细信息三种显示格式。此外,还提供论文前 16 页预览以

第 7 章 学位论文检索

及 E-mail、打印、下载、馆际互借、通过开放链接方式获取全文等服务。论文索书号为培养单位的馆藏号。检索界面如图 7-9 和图 7-10 所示。

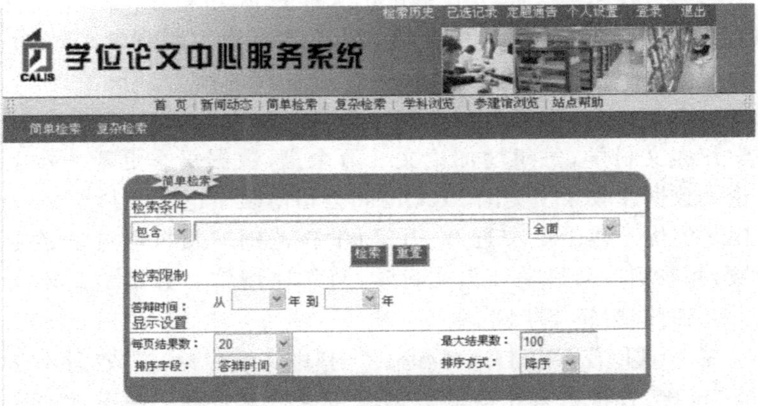

图 7-9 简单检索

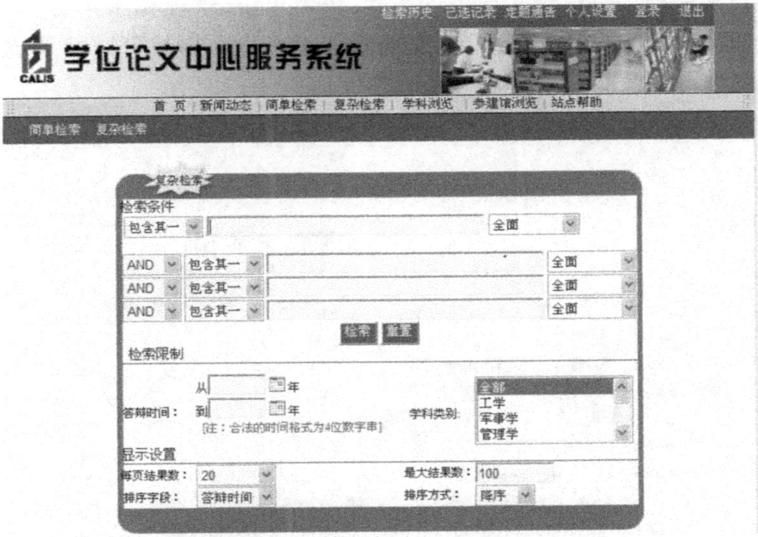

图 7-10 复杂检索

7.2.4 国家科技图书文献中心学位论文库(http://beta.nstl.gov.cn)

国家科技图书文献中心学位论文库包括中文学位论文数据库和外文学位论文数据库。中文学位论文数据库主要收录1984年至今我国高等院校、研究生院及研究院所发布的硕士、博士和博士后论文147万余篇;学科范围涉及自然科学各专业领域,并兼顾社会科学和人文科学,每年增加论文6万余篇,数据每季更新。外文学位论文数据库收录了美国ProQuest公司博硕士论文资料库中2001年以来的优秀博士论文近20万篇;学科范围涉及自然科学各专业领域,并兼顾社会科学和人文科学,每年递增约2万篇最新博士论文,更新时间为每年年底。

在NSTL首页点击"学位论文"的"中文学位论文"或"外文学位论文"链接,直接进入相应的数据库普通检索页面。两个数据库的检索页面及使用方法相同,均提供普通检索、高级检索、分类检索多种检索途径。每篇论文均提供作者、作者单位、学位授予年、授予学位、授予学位单位、导师姓名、文摘等详细信息。用户可通过系统提供的"代查代借"获得全文。检索界面如图7-11所示。

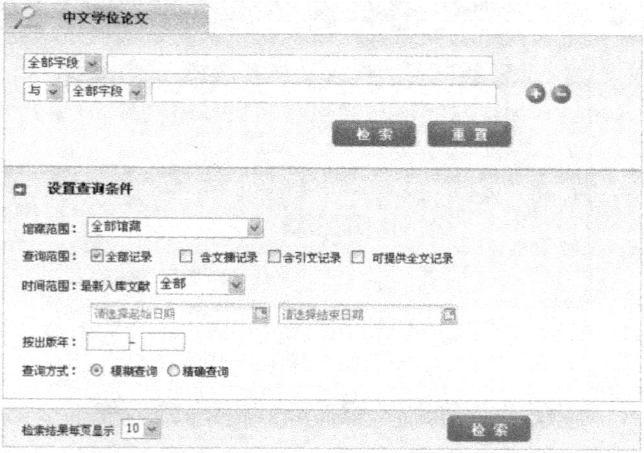

图 7-11 检索界面

7.3 国外学位论文检索

7.3.1 ProQuest 博硕士论文数据库

数字化博硕士论文文摘数据库(ProQuest Dissertations & Theses,简称 PQDT,原名 PQDD)由美国 ProQuest 公司(原 UMI)出版,该公司自 20 世纪 30 年代开始专门报道美国重点大学博士、硕士学位论文的题目与文摘,并提供全文复制服务。它所提供的博士、硕士学位论文缩微平片产品一直是世界上获取学位论文的主要途径之一。随着科学技术尤其是网络技术的发展,其学位论文产品呈现出多样化的特点,除缩微平片外,还出售印刷版、光盘版和网络版产品,为用户使用博士、硕士学位论文提供多种便利的手段。PQDT 即是 ProQuest 公司博硕士学位论文的网络版形式。

PQDT 收录 1861 年以来欧美 700 余所大学及世界其他国家和地区高等院校涵盖文、理、工、农、医等领域的博士、硕士学位论文文摘、索引和引文 240 万余篇,缩微胶卷全文 190 万余篇,PDF 格式全文 100 万余篇。大多数论文可提供纸本或缩微胶片形式的全文副本。1997 年以后发表的绝大部分论文除提供 PDF 全文外,还可以免费预览论文的前 24 页。每年新增论文 6 万余篇,数据每周更新。PQDT 已成为世界上最大的、广泛被使用的国际性学位论文资源。

PQDT 提供英、法、中、日、韩等 18 种检索界面语言,可与 ProQuest 平台的其他数据库进行跨库检索;提供基本检索(Basic Search)、高级检索(Advanced Search)两种检索途径,有题录和文摘(Citation and Abstract)、文摘(Abstract)、导师(Advisor)、作者(Author)、学位(Degree)等 18 个字段以及"更多检索选项(More Search Options)"供用户选择。此外,系统还提供按学科专业(By

Subject)、按国家和地区(By Location)进行浏览(Browse)的功能,并提供内容提示(Alert)、建立 RSS(Create RSS Feed)等个性化服务。检索界面如图 7-12 和图 7-13 所示。

图 7-12　简单检索

图 7-13　高级检索

为满足国内对欧美博士论文全文的需求,自 2002 年起,由教育部 CALIS 组织国内部分高校、学术研究单位以及公共图书馆近 130 个成员馆,联合采购 ProQuest 的部分学位论文全文(PDF 格式),建立了"ProQuest学位论文全文数据库"。PQDT学位论文全文库是目前国内唯一提供国外高质量学位论文全文的数据库,主要收录了来自欧美国家2000余所知名大学的优秀博硕士论文,目前中国集团可以共享的论文已经达到304781篇,涉及文、理、工、农、医等多个领域,是学术研究中十分重要的信息资源。成员馆可通过CALIS全国文理中心(北京大学图书馆)、中国科学技术信息研究所和上海交通大学图书馆三个镜像站,共享各成员馆订购的资源。

7.3.2 网络博硕士学位论文数字图书馆(http://www.ndltd.org)

网络博硕士学位论文数字图书馆(The Networked Digital Library of Theses and Dissertations,简称NDLTD)由美国弗吉尼亚理工大学(Virginia Tech)创立,是基于数字化学位论文(Electronic Theses and Dissertations,简称ETD)的全球学位论文共建、共享开放式联盟。该联盟得到了美国国家自然科学基金的支持,并获得国际间广泛的认同。目前,全球已有200多所大学的图书馆、7个图书馆联盟、29个研究机构加入,收录美国、加拿大、澳大利亚、德国、中国内地(上海交通大学、厦门大学)以及中国香港、台湾等国家和地区的学位论文。

NDLTD的目的是创建一个支持全球范围内电子论文的创作、标引、储存、传播及检索的数字图书馆,任何人都可以通过网络免费浏览和检索其所收录的学位论文,以此促进研究生教育的发展。NDLTD目前为用户免费提供论文文摘以及部分论文全文(分为无限制下载、有限制下载、不能下载几种方式),可作为国外学位论文的补充资源。NDLTD针对不同的用户提供不同的检索入口,如为研究者提供学位论文检索(Find ETDs),为作者提供论文提交(Submit ETD),为机构提供论文管理(Manage ETDs)。检索界面如图7-14和图7-15所示。

图 7-14 检索界面

图 7-15 检索界面

第8章 会议信息检索

8.1 概述

学术会议是科学工作者进行学术交流,相互学习,相互接触,彼此沟通学术思想,提高学术水平的重要场所。会议文献是学术会议的副产品,是各种学术会议上所发表的论文、报告、讲演等的统称。其主要特点是直接迅速,时效性强,反映新成果较快,质量较高,专业性较突出,往往代表着某一学科或专业领域的最新学术研究成果。它传递新产生的但尚未成熟的科研中的情报,基本上反映了该学科或专业当时的学术水平、动态和发展趋势。会议文献是重要的科技信息来源之一。

各种会议文献的发表时间有先有后,出版形式多种多样。按出版时间的先后,大致有三种。

1. 会前文献(Preconference Literature)

会前文献一般是指在会议进行之前预先印发给与会代表的论文、论文摘要或论文目录。这类资料包括会议通知书、程序单、会议论文预印本(Preprints)、会议论文摘要(Advance Abstracts)、议程和发言提要(Program and Summary)以及会议近期通信或预告(Current Program/Forthcoming Conference/Future Meeting)等。

2. 会间文献(Literature Generated During the Conference)

会间文献又称会中资料,包括开幕词、闭幕词以及其他讲话、会议记录、会议决议、行政事物和情况报道性文献等。有些在开会期间发给与会者的论文预印本和论文摘要,也成为会间文献。其中,

 信息检索

会议决议是会议的重要材料,有的会后立即发表,有的送交有关学会鉴定,许多还在期刊上发表。

3. 会后文献(Post Conference Literature)

会后文献也称会后出版物(Post Meeting Publication)。会后文献主要是指会议结束后正式出版的会议论文集,是会议文献的主要组成部分。会后文献的名称形形色色,常见的有会议录(Proceeding)、会议论文集(Symposium)、学术讨论论文集(Colloquium Papers)、会议论文汇编(Transactions)、会议记录(Records)、会议报告集(Reports)、会议文集(Papers)、会议出版物(Publications)、会议辑要(Digest)等。

会议信息检索,一般是针对具有学术价值的会后文献进行搜索,主要检索在学术会议上宣读或交流的论文,经整理后再出版的文献,包括出版形式为图书形式的会议录(专题论文集、会议论文汇编、会议论文集、会议出版物、会议辑要)及期刊论文。图书形式的会议录是一些学会及会议主办者定期召开会议并按丛书方式出版的会议论文集;期刊论文式的会议文献则以单篇专题论文出现在专刊、特刊或在期刊上零星发表。据美国情报学会估计,全世界每年召开的学术会议在一万次以上,发表会议论文几十万篇。统计表明,会议文献蕴涵着丰富的技术信息。从信息量及新颖性和学术性的视角定位,会议文献是学术研究领域保持与时俱进的研究思想而渴之以求的珍贵信息源,是科技人员获取信息的重要渠道。

8.2 国内会议信息检索

8.2.1 万方数据:会议论文(http://www.wanfangdata.com.cn)

万方数据资源系统中的中国学术会议论文数据库包括中国学

第 8 章 会议信息检索

术会议论文全文数据库、中国学术会议论文文摘数据库、中国医学学术会议论文文摘数据库等。该库由中国科技技术信息研究所提供，经万方公司出品，收录国家级学会、协会、研究会组织召开的全国性学术会议论文，每年涉及 600 余个重要的学术会议，每年增补论文 15000 余篇，数据范围覆盖自然科学、工程技术、农林、医学等领域。数据库提供高级检索、经典检索、专业检索三种检索方式，提供标题、作者、关键词、摘要、全文、会议名称、主办单位、会议时间、中图分类等检索途径。检索界面如图 8-1—8-3 所示。

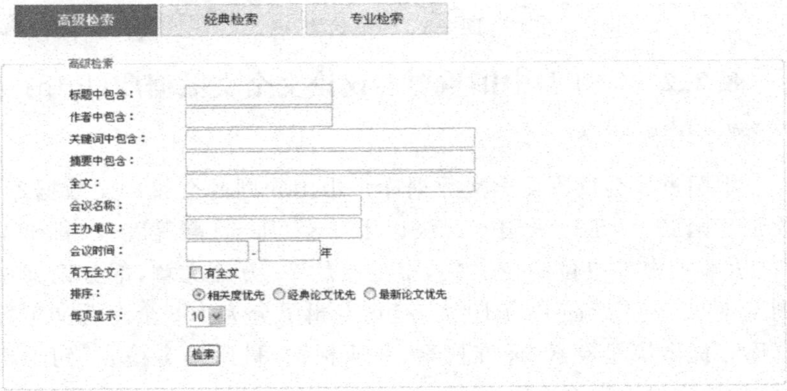

图 8-1 高级检索

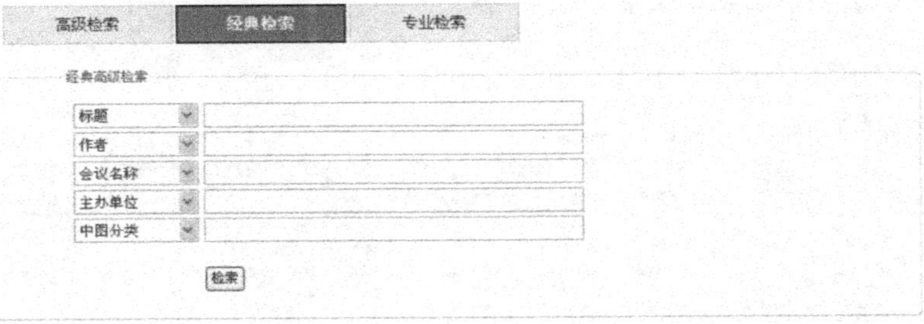

图 8-2 经典检索

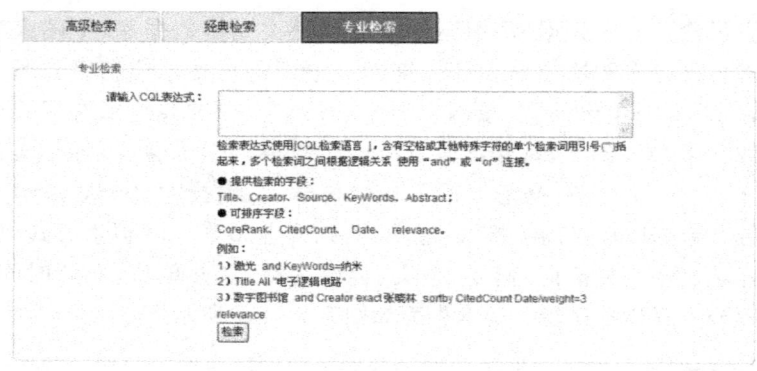

图 8-3　专业检索

8.2.2　CNKI:中国重要会议论文全文数据库(http://www.cnki.net)

中国重要会议论文全文数据库是中国知网的会议论文数据库,收录我国 2000 年以来国家二级以上学会、协会、高等院校、科研院所、学术机构等单位的论文集,年更新约 20 万篇文章,部分论文回溯至 1999 年。产品分为 10 大专辑,专辑下分为 168 个专题文献数据库。提供快速检索、标准检索、专业检索、科研基金检索、句子检索、来源会议检索等检索方式。检索界面如图 8-4—8-10 所示。

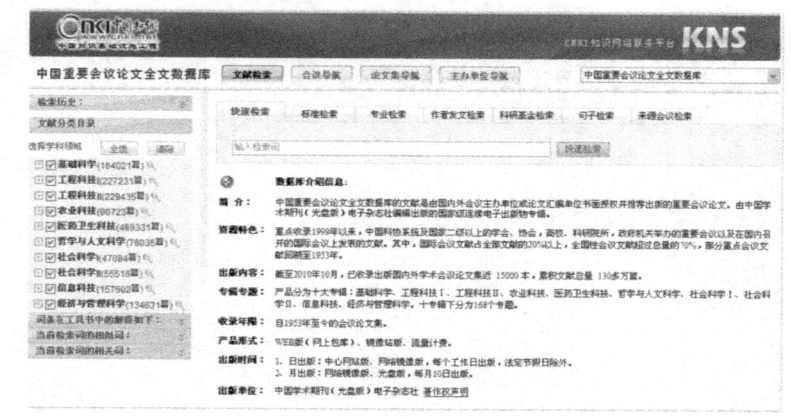

图 8-4　快速检索

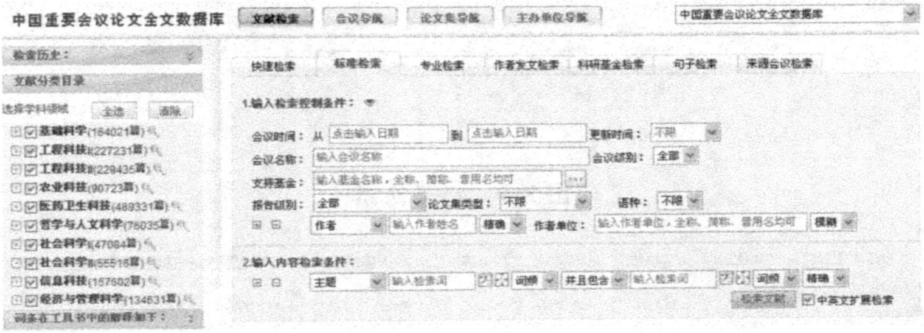

第8章 会议信息检索

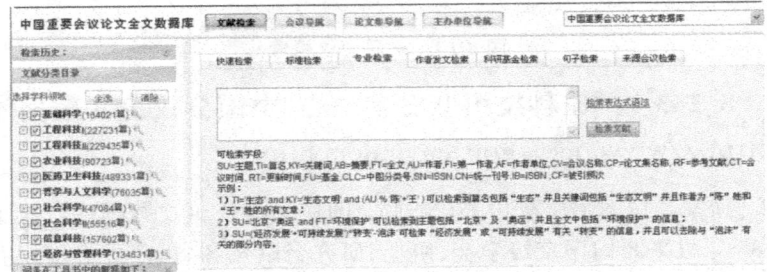

图 8-5　标准检索

图 8-6　专业检索

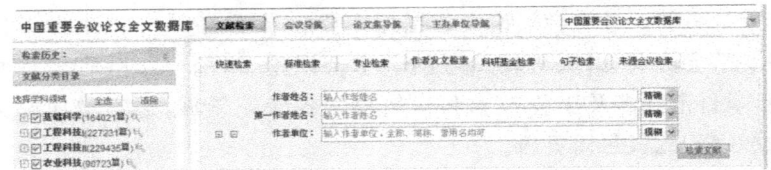

图 8-7　作者发文检索

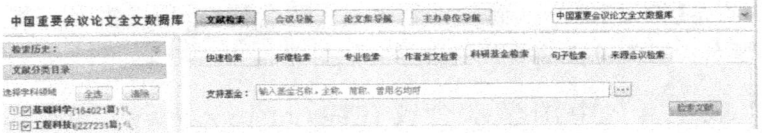

图 8-8　科研基金检索

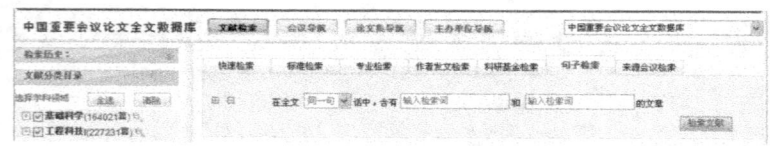

图 8-9　句子检索

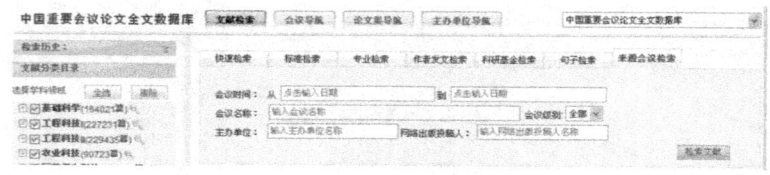

图 8-10　来源会议检索

8.2.3　国家科技图书文献中心：中国会议论文数据库(http://www.nstl.gov.cn/index.html)

国家科技图书文献中心(NSTL)的中国会议论文数据库收录了1985年以来我国国家级学会、协会、研究会以及各省、部委等组织召开的全国性学术会议论文。数据库的收藏重点为自然科学各专业领域，每年涉及600余个重要的学术会议，年增加论文4万余篇，每季或月更新。外文会议论文数据库主要收录了1985年以来世界各主要学会协会、出版机构出版的学术会议论文，部分文献有少量回溯，学科范围涉及工程技术和自然科学各专业领域，每年增加论文约20余万篇，每周更新。

检索方式：在主页面中选择中文会议论文数据库，在查询框中输入检索词，通过下拉菜单选择所需检索的字段及词与词之间的关系，点击【检索】即可得到检索结果——题名列表，再点击所需查看的题名即可阅览文摘页。检索界面如图8-11和图8-12所示。

8.2.4　中国学术会议在线(http://www.meeting.edu.cn)

中国学术会议在线是经教育部批准，由教育部科技发展中心主

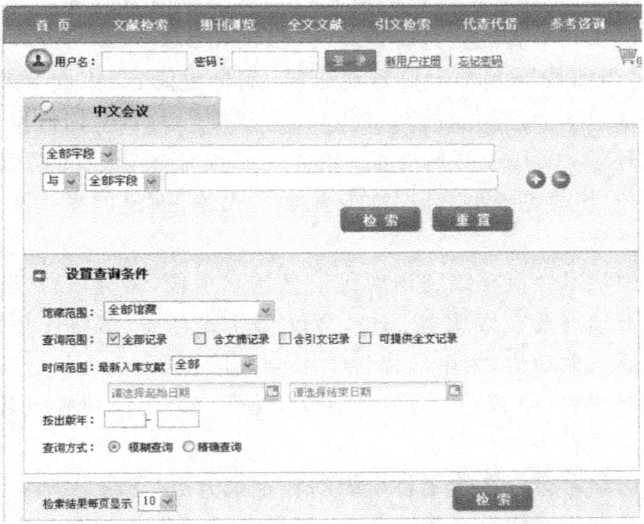

第 8 章 会议信息检索

图 8-11 中文会议检索

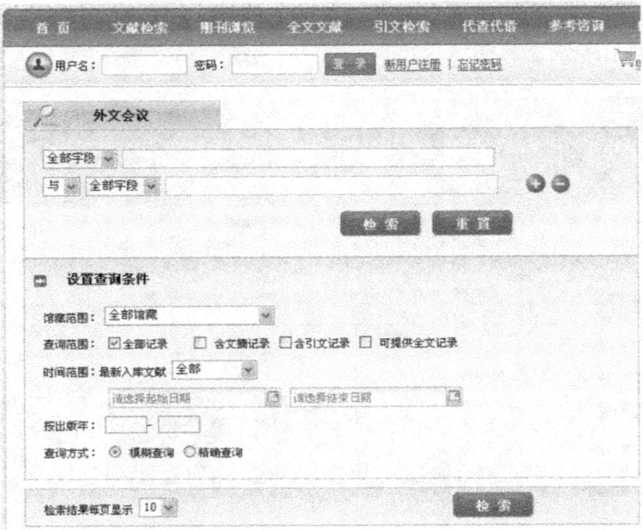

图 8-12 外文会议检索

办,面向广大科技人员的科学研究与学术交流信息服务平台。中国学术会议在线本着优化科研创新环境、优化创新人才培养环境的宗旨,针对当前我国学术会议资源分散、信息封闭、交流面窄的现状,通过实现学术会议资源的网络共享,为高校广大师生创造良好的学术交流环境,以利于开阔视野、拓宽学术交流渠道、促进跨学科融合,为国家培养创新型、高层次专业学术人才,创建世界一流大学做出积极贡献。

中国学术会议在线利用现代信息技术手段,将分阶段实施学术会议网上预报及在线服务、学术会议交互式直播、多路广播和会议资料点播三大功能,为用户提供学术会议信息预报、会议分类搜索、会议在线报名、会议论文征集、会议资料发布、会议视频点播、会议同步直播等服务。

中国学术会议在线还将组织高校定期开办"名家大师学术系列讲座",并利用网络及视频等条件,组织高校师生与知名学者进行在线交流。

中国学术会议在线按各学科分类检索,并具有高级检索功能。如图 8-13 所示。

图 8-13　中国学术会议在线主页

第8章　会议信息检索

8.3　国外会议信息检索

8.3.1　ISI Proceedings(http://www.isiwebofknowledge.com/index.html)

美国科学情报研究所(Institute of Science Information,简称 ISI)基于 ISI Web of Knowledge 的检索平台,将科学技术会议录索引(Index to Scientific & Technical Proceedings,简称 ISTP)和社会科学及人文科学会议录索引(Index to Social & HumanitiesProceedings,简称 ISSHP)两大会议录索引集成为 ISI Proceedings、ISI Proceedings,汇集了世界上最新出版的会议录资料,包括专著、丛书、预印本信息以及来源于期刊的会议论文,可提供综合全面多学科的会议论文资料。

ISTP 是综合性的科技会议文献检索刊物,1978 年正式编辑出版。该索引的网络版收录了 1990 年以来每年近 1 万个国际科技学术会议所出版的共计 200 万篇会议论文,每年约增加 20000 条记录,提供 1997 年以来的会议录论文的摘要,每周更新,内容涉及农业、环境科学、生物化学、分子生物学、生物技术、医学、工程、计算机科学、物理化学和应用科学等各个领域。

ISSHP 收录了自 1990 年以来每年近 2800 个国际学术会议所出版的共计 20 万篇会议论文,每年约增加 20000 条记录,提供自 1997 年以来的会议论文的摘要,内容包括心理学、社会学、公共卫生、管理、经济、艺术、历史、文学和哲学等,几乎覆盖了社会科学、艺术和人文科学的所有领域。

ISI Proceedings 通过 ISI Web of Knowledge 平台进行检索,可以实现以下功能:检索某一新的研究方向或概念的初始文献;检索未在期刊上发表的论文;对作者、研究所和研究机构及主题词的回溯检索;检索在别处无法查到的会议文献;根据会议的部分信息检索会议录文献;通过 ISI Document Solution 订购原文。

ISI Web of Knowledge 平台提供中文检索界面,包括简单检索、被引参考文献检索、高级检索三种方式。如图 8-14—8-16 所示。

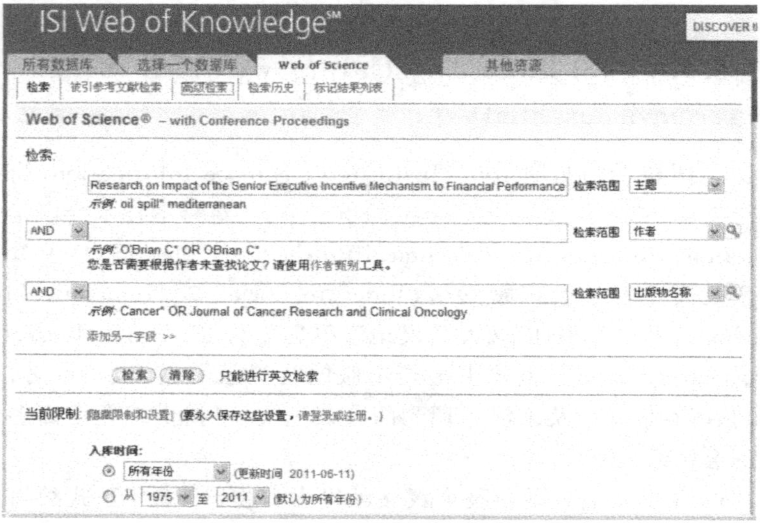

图 8-14　简单检索

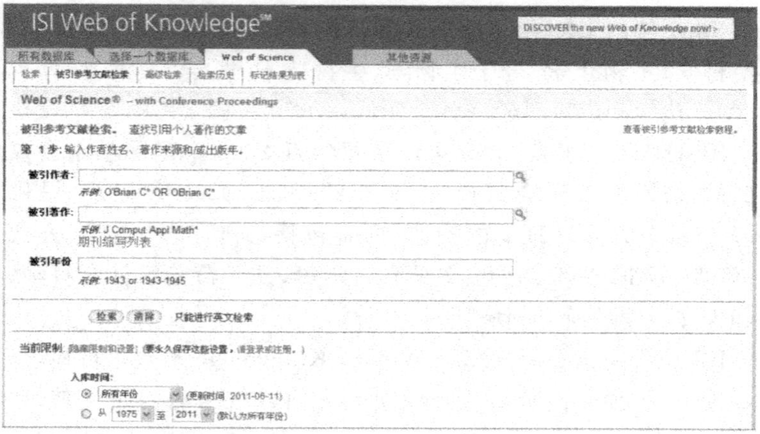

图 8-15　被引参考文献检索

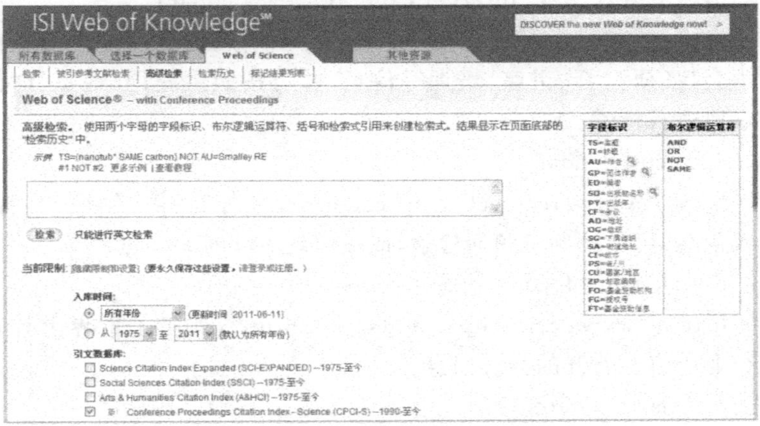

第8章 会议信息检索

图 8-16　高级检索

8.3.2　其他相关资源

通过查找国内外相关专业协会或学会网站,可获得最新会议信息。以下是一些可免费浏览即将召开的国际会议消息的站点。

1. 国际学术会议

http://www.allconferences.com,该站点收录了世界范围各学科的学术会议信息预报。可按多项条件检索。

2. Calender of Upcoming Technical Conferences

http://www.techexpo.com/,提供世界范围内的专业技术会议报道情况。一般报道 6 年的会议安排。检索时可按时间顺序,也可按会议名称、主题、主办单位、国家等进行检索。

3. Meeting/Conference Announcement Lists

http://www.lib.uwaterloo.ca/society/meetings.html?,按学科分类报道将要召开的会议信息。

4. Ei Village Upcoming Conference

包含丰富而详尽的学术会议信息,按学科分类,并提供相关的超级链接。

5. 网络会议预告(Internet Conference Calendar)

http://conferences.calendar.com/,该站点包含国际上最新的学术会议、研讨会、讲座、培训等信息,并可按照主题词、地点、时间等字段进行检索。

6. TechCalendar

http://www.techweb.com/calendar,包含高科技领域的国际会议信息,可以按照主题词检索,或按照地点和时间浏览。

7. Calendar of Upcoming Events

http://www.acm.org/events/coe.html?,列出了世界上计算机行业中将要召开的会议消息。

8. Atlas Conferences

http://atlas-conferences.com/?,可按主题、召开日期、国家查找世界范围即将召开的国际学术会议信息。

9. 美国核学会会议(American Nuclear Society-meetings)

http://www.ans.org/meetings/。

10. 科学事业会议与通告(Science Careers-Meetings & Announcements)

http://recruit.sciencemag.org/feature/meetings/。

11. Conferences & Calls for Papers

http://www.md.chalmers.se/tsigas/DISAS/index.html,计算机学科即将召开的学术会议的征稿启事。

12. UKSEDS (Students for the Exploration and Development of Space)

http://www.uk.seds.org/?,提供学术交流机会和学术会议信息。

13. IEEE Conference

http://www.ieee.org/conferences/,可以查找 IEEE 主持的会议消息,包括会议名称、时间、地点、主持人或单位、参加人数、联系人、展览信息等,内容很详尽。

第8章 会议信息检索

14. 生物学会议预告(Conference Calendar)

http://www.york.biosis.org/zrdocs/confs/confs.htm。

15. 医学会议查询(Medical Conference)

http://www.medicalconferences.com/。

16. 计算机与数学会议(Netlib Conferences Database)

http://www.netlib.org/confdb/Conferences.html。该页面给出了即将召开的计算机与数学方面的会议的计划与会议内容。

17. Engineering：Material Science：Conferences

http://www.yahoo.com/Science/Engineering/Material_Science/Conferences/?,工程材料科学会议网页。这是一个有关会议的超链接的页面,由此可了解到许多工程材料科学方面的会议的信息及内容。

18. 农业会议预告(Agricultural Conferences, Meetings, Seminars Calendar)

http://www.agnic.org/mtg/。这是由美国农业网络信息中心(AGNIC)提供的美国国家及国际的农业大会、讨论会预告。由此页面可检索到 1996—1999 年的所有会议的信息。

19. 原子与等离子体物理会议预告(Conferences on Atomic and Plasma Physics)

http://plasma-gate.weizmann.ac.il/CoAPP.html。这是由以色列 Weizmann 物理研究所等离子体实验室提供的页面,给出了原子、等离子体物理方面将召开的国际会议预告。

20. 空间物理与大气物理会议预告(Spaces Physics and Aeronomy)

http://igpp.ucla.edu/spa/meetings.html。这是由美国地质物理联合会空间物理与大气物理分会提供的空间物理与大气物理方面的国际会议预告。

21. 美国地质物理联合会会议站点[American Geophysical Union (AGU) meetings page]

http://www.agu.org/meetings/meetings.html。此页面提供

了即将召开的会议、专题讨论会及已召开的会议内容和日期。

22.国际水资源大会预告[The International Water Conference (IWC)]

http://www.eswp.com/water.html。国际水资源会议是关于水资源治理方面很著名的大会,一般有美国60家企业参与。

23.国际天文学会议(International Astronomy Messtings)

http://cadcwww.dao.nrc.ca/meetings/meetings.html。此站点由加拿大天文数据中心提供,给出了一个非常方便的查询界面,用户可用三种不同的方式查找已召开的及即将召开的国际天文学会议内容。

8.3.3 会议论文全文的获取

(1)利用网络及视频等手段通过某些全文数据库直接获取。如万方数据资源系统的中国学术会议论文全文数据库,它是国内为数很少的学术会议文献全文数据库之一。

(2)通过某些文献提供单位的文献传递服务获取图书馆、情报所等单位收藏的大量的文献,会议文献也是它们重要的馆藏资源。它们收藏的会议文献大部分是正式出版的文献,也有少量的会前文献等非正式出版物。例如国家科技图书文献中心(http://www.nstl.gov.cn)提供馆藏文献的原文传递服务,任何人都可在主页上申请成为其注册用户,并可随时向系统提出获取全文请求。

(3)通过其他方式获取。获得会议文献全文还可以借助于其他方式,如订购印刷型的全文会议文献。有些提供会议文献相关服务的网站上也提供了会议论文的全文。有的虽然没有在网上提供原文,但从网上能够获得会议主办单位和联系人,甚至论文作者的信息,通过联系也可以获取全文。

第 9 章 科技报告检索

9.1 概述

科技报告(Scientific & Technical Reports)是指一项科研成果的最终报告或研究过程中的实际记录,一般由科研机构、政府机构所属的科研单位、专业学术团体及高等院校附设的研究所提供。科技报告作为重要的信息来源,可追溯到第二次世界大战期间。当时,各国为了战备的需要,对与国防有关的理论和技术的发展非常重视,设立了专门机构对有关课题进行多方面的研究与试验。这些研究成果都以报告的形式向主管机构汇报或用于交流,从而形成了为数众多的技术报告。第二次世界大战后,为了促进经济发展,增强国力,各国持续投资进行各类科学研究,产生了许多研究成果,促使科技报告数量迅速增长,并扩展到民用工程技术方面,成为一种重要的情报源。

目前,世界上许多国家都出版有自己的科技报告,例如,著名的美国政府四大科技报告、英国航空委员会报告(ARC)、欧洲空间组织报告(ESRO)、法国国家航空研究报告(RNEAR)、法国原子能委员会报告(CEA)等。全世界每年出版的科技报告达上百万份,其中又以美国的科技报告数量最大,约占总数的80%。

科技报告按专业名称和内容,可分为科学报告、技术报告、工程报告、调查报告、研究报告、实验报告、生产报告、交流报告等。按科技报告的形式,可分为报告书、技术札记、备忘录、论文、通报、技术译文等。按科技报告所反映的研究进展,可分为初步报告、预备报告、进展报告、中间报告、终结报告等。此外,科技报告还可按密级

 信息检索

分为绝密报告、机密报告、秘密报告、非密限制发行报告、非密报告、解密报告。

科技报告不同于图书、期刊和其他类型出版物的资料。它通常以单册形式出版,册数不限,篇幅不等,数量难以掌握;由于保密性强,往往内部发行,且在尖端技术领域有一定的密级控制,有的解密公开之后可在期刊上发表;生产技术报告的单位有个人公司,有学术团体,机构编号多,往往一件报告书有好几个号码,这给检索带来一定的难度。但科技报告内容新颖广泛、专业性强、技术数据具体,注重详细记录科研进展的全过程,对于交流各种科研思路、推动发明创造、评估技术差距、改进技术方案、增加决策依据等起到了积极的作用。许多最新的研究成果,尤其是尖端学科的最新探索往往出现在科技报告中。因此,科技报告是一种重要的信息源,对科技工作者进行科学研究具有重要的借鉴和参考价值。

9.2 国内科技报告检索

9.2.1 国研网:研究报告数据库[http://edu.drcnet.com.cn(**教育网**);http://www.drcnet.com.cn(**公众网**)]

该数据库创建于1998年3月,是目前国内惟一的"国务院发展研究中心调查研究报告"全文数据库,也是我国著名的专业性经济信息服务平台,由国务院发展研究中心专门从事综合性政策研究和决策咨询的专家不定期发布有关中国经济和社会诸多领域的调查研究报告,汇总了国务院发展研究中心百余位国家级经济专家近20年的研究成果。

数据库积累了3000余期研究成果,覆盖15个经济领域,内容涉及中国宏观经济政策走向、以及其对经济发展的影响、中长期发展战略和区域经济发展政策、产业及技术经济的发展动态、中国对外开放的战略与对策、企业改革和发展的重大问题、农村改革等诸多

第9章 科技报告检索

经济热点问题。每年出版约 240 期,160 万字左右,不定期出版,网络版每天在线更新。"国研报告"的研究成果具有很高的预见性和权威性,是中国政府和企业决策的重要参考依据。

数据库采用国研网镜像站检索系统,直接点击主页的研究报告数据库、财经数据等各个数据库的文章,也可浏览要点提示,具有浏览、下载功能。该数据库为商用数据库,用户需要购买才能开通使用。如图 9-1—9-3 所示。

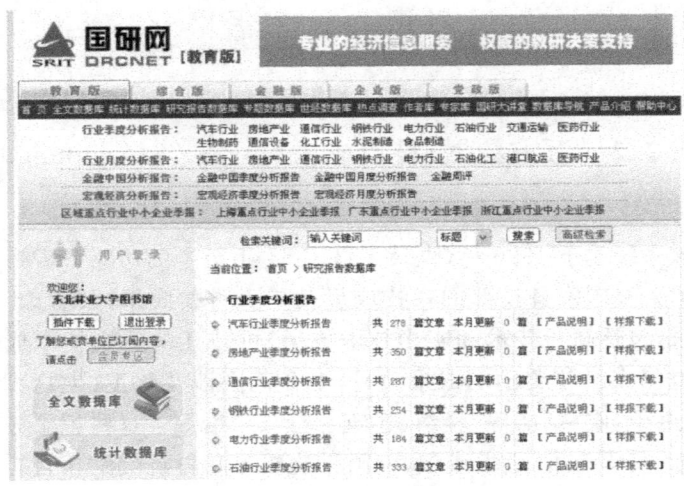

图 9-1 国研网首页

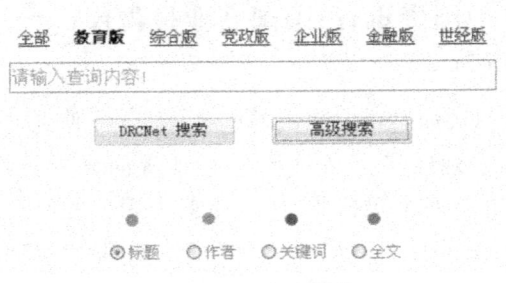

图 9-2 快速检索

188　信息检索

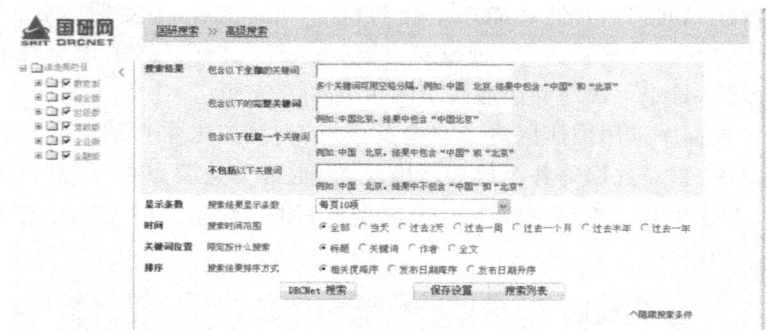

图 9-3　高级检索

9.2.2　万方数据：科技成果（http://g.wanfangdata.com.cn）

该系统建于 1986 年，收录了自 1964 年至今的历年各省市部委鉴定后上报国家科技部的科技成果及星火科技成果，共有约 53 万条记录，包括高新技术和实用技术成果、可转让的适用技术成果以及获得国家科技奖励的成果项目，专业范围涉及化工、生物、医药、机械、电子、农林、能源、轻纺、建筑、交通、矿冶等。这些记录分成四个部分：实用技术、重大成果、中国科技成果和科技奖励项目。购买了万方数据资源系统的单位，通过本单位的局域网就可以免费检索，未购者则需预先付费，获得用户名和密码后，方能通过万方数据网站进行检索。检索界面如图 9-4—9-6 所示。

9.2.3　中国资讯行：中国商业报告库（http://www.chinainfobank.com）

中国商业报告库是中国资讯行的子库之一，收录了经济专家及学者关于中国宏观经济、金融、市场、行业等的分析研究文献，以及政府部门颁布的各项年度报告全文，主要为用户的商业研究提供专家意见等资讯，数据库每日更新。如图 9-7 和图 9-8 所示。

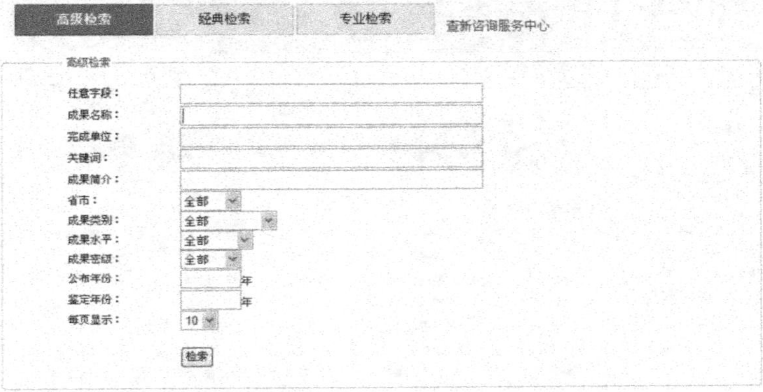

第 9 章 科技报告检索

图 9-4 高级检索

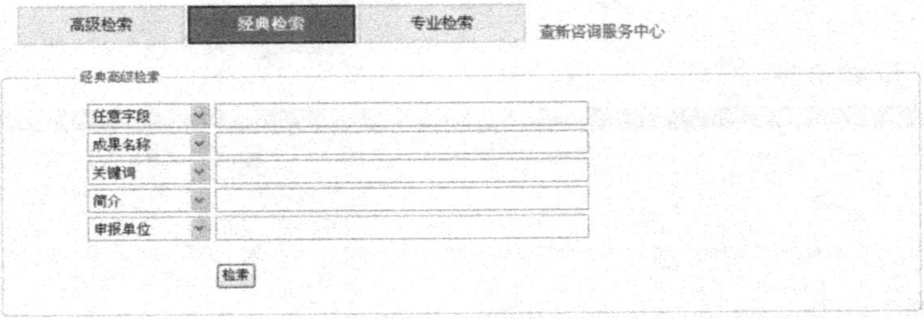

图 9-5 经典检索

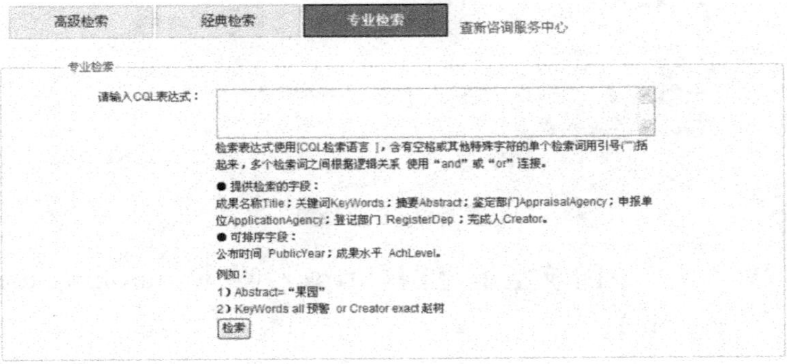

图 9-6 专业检索

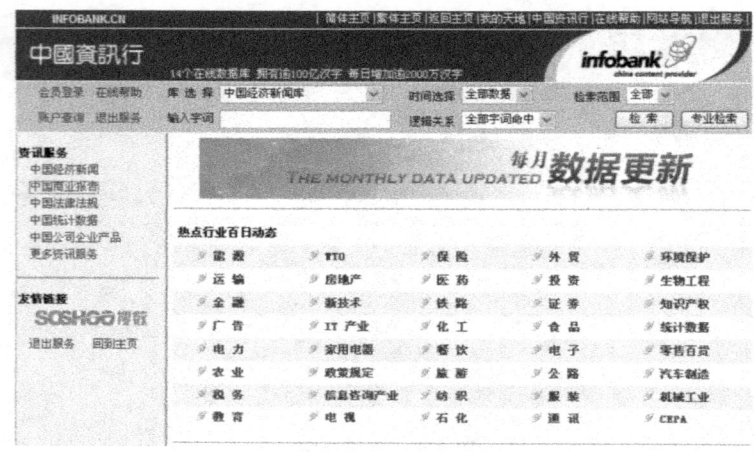

图 9-7 中国资讯行首页

图 9-8 专业检索

9.2.4 中国航空信息网(http://www.aeroinfo.com.cn/kjbg.htm)

国防科工委系统的中国国防科技报告(简称 GF 报告)全面系统地反映了航空工业科学技术发展水平,是我国科技报告的重要组成

第 9 章 科技报告检索

部分。其内容以航空科技应用和发展研究中取得的成果为主,也反映航空基础科学的理论研究成果。涉及的专业包括空气动力学与飞行力学、飞机结构强度、发动机技术、航空电子仪表、电气设备、导航与控制系统、航空武器、航空材料与工艺、试验与测试技术、产业政策与管理等。目前,可以通过中国航空信息网免费检索"航空科技报告文摘数据库"中 1981—1996 年的数据;其中的"航空科技报告文摘数据库"收录了 1981—2003 年国内航空企事业单位专业技术水平较高的中国航空科技报告的文摘 5000 余条,公开的比例约为 50%;数据每年更新,1981—1996 年的科技报告提供全文借阅服务;1997 年以后的科技报告只有公开级的全文报告提供借阅服务,内部(索取号后带 N)和密级(索取号后带 M 或 J)的科技报告暂不借阅。

9.2.5 北航科技报告(http://lib.buaa.edu.cn)

北航科技报告(报告号:BH-B+流水号)是北航教师从 1978—1993 年期间针对该校的科研项目所写的科研报告,反映了 20 世纪 70 年代末期到 90 年代初期北航的科研水平。目前,北航图书馆已经对大部分的北航科技报告进行了数字化加工,这些数据都是由该校科研人员按照有关规定和格式撰写,完整的记录了每一项科研项目内容,包括大量的图表、数据以及方案论证、理论分析、设计依据、性能参数、试验方法及评价结论(含经验、教训)等,对了解该校科研工作的发展,以及一些研究项目的早期研制情况都具有极高的实用价值。本系统可以通过题名、作者、索取号、原始报告号、关键词、摘要等途径进行检索,查看全文时需预先下载并安装浏览器。

9.3 国外科技报告检索

9.3.1 NTIS(http://www.ntis.gov)

美国政府报告数据库(NTIS)由美国国家技术情报社(National

 信息检索

Technical Information Service）创建，为题录文摘数据库。该库90%的文献是英文文献，主要收录美国政府立项研究及开发的项目报告；25%的文献是美国以外的文献，收录西欧、日本及世界各国（包括中国）的科学、技术、工程和商业研究的科学研究报告，包括项目进展过程中所做的一些初期报告、中期报告、最终报告等，反映最新的政府项目进展；75%的文献是科技报告，其他文献有专利、会议论文、期刊论文、翻译文献。数据库涉及的学科范围有数、理、化、生物、天文、地理、农、医、工程、航空航天、军工、能源、交通运输、环境保护及社会科学等许多领域，提供对来自于期刊文章、数据文件、计算机程序和音频视频等多种媒介的非保密信息的访问，还提供其他国家的政府部门和国际组织的信息，是一个重要的政府信息资源，可免费浏览或检索 1990 年以来的文献文摘信息，部分报告提供原文。

美国政府报告主要包括军事系统的 AD 报告、行政系统的 PB 报告、原子能和能源管理系统的 DOE 报告和航空与宇航系统的 NASA 报告四个部分。

1. AD 报告(http：//stinet.dtic.mil)

军事系统的 AD 报告由美国国防技术情报中心(Defense Technical Information Center,简称 DTIC)负责收集整理和出版。报告以国防部各个合同户的研究报告为主，内容涉及与国防科技有关的各个方面，其报告号前都冠以 AD。资料主要来源于美国国防部所属的陆海空三军的科研单位、公司、大专院校、外国研究机构及国际组织等。其内容不仅包括军事方面，也广泛涉及许多技术领域，如生物医学、环境污染和控制、行为科学、社会科学、航空航天、地球、物理、材料工程技术等。目前检索 AD 报告的专门数据库是 AD 报告全文检索系统。

2. PB 报告(http://www.osti.gov/bridge)

行政系统的 PB 报告是美国政府四大报告中发行最早的一种，是由美国商务部出版局(Office of PublicationBoard,简称 PB)出版的报告。资料主要来源于美国国内各研究机构的技术报告，内容逐

第 9 章 科技报告检索

步侧重于工农业生产和民用工程方面。该数据库可提供摘要,也可免费查看全文。

3. DOE 报告(http://www.osti.gov/bridge)

原子能和能源管理系统的 DOE 报告资料主要来源于能源部直属机构及合同户,内容多为原子能及其应用方面,但也涉及到其他各门学科。该数据库为题录和全文混合型技术报告数据库,内容涉及物理、化学、材料、生物、环境科学、能源技术、工程、计算机、信息科学、再生资源等其他相关学科。该数据库可以检索并获得美国能源部(Department of Energy)提供的研究与发展报告全文。

4. NASA 报告(http://ntrs.nasa.gov)

航空与宇航系统的 NASA 报告由美国国家航空和宇航局(National Aeronautics & Space Administration,简称 NASA)出版,资料主要来源于美国国家宇航局所属的各研究中心、试验室、合同公司企业以及大学研究所,还包括一些国外研究机构。报告内容侧重于航空和空间技术领域,同时也广泛涉及许多基础学科和技术学科,如物理、化学、机械仪表、电子、材料等。NASA 技术报告服务中心的综合性网站分 20 多个子库提供航空航天方面的科技报告的摘要,采用同一个检索界面可完成多个分布式的 WAIS 服务器技术报告的查询。系统报道包括 NASA 报告及其他有关航天科技文献(不包括期刊)的文摘刊物、NASA 合同户提供的科技报告;美国其他政府机构、国内外学术机构、大学及私营公司发表的科技报告;NASA 所拥有的专利、学位论文和专著;外国公开发表的科技报告。报道的学科范围包括 10 大类、76 小类,其中 10 大类分别为航空学(Aeronautics)、宇航学(Astronautics)、化学和材料(Chemistry and Materials)、工程学(Engineering)、地球科学(Geosciences)、生命科学(Life Sciences)、数学和计算机科学(Mathematical and Computer Science)、物理(Physics)、社会科学(Social and Information Sciences)和空间科学(Space Sciences)。该网站可以提供 NASA 报告的题录、文摘及 PDF 格式的报告全文。

检索美国政府报告既有专门的数据库也有一些免费网站。国内多家图书馆及文献信息机构(如国家图书馆、中国科学院文献情报中心、中国科学技术信息研究所、中国科学院武汉文献情报中心、北京大学、同济大学、哈尔滨工业大学等)订购了 NTIS 的光盘版和网络版文摘数据库,通过设在清华大学的剑桥科学文摘(CSA)中国镜像站点(http://csa.tsinghua.edu.cn)及美国工程索引(EI)中国镜像站点(http://ei.tsinghua.edu.cn)可以直接查询该数据库的网络版。另外,清华大学图书馆的馆际互借处还在 NTIS 设立了专用账号,校外读者如果需要报告全文,可通过馆际互借提交申请。

9.3.2 提供科技报告的其他机构或网站

(1) Documents & Reports of the WorldBank Group——世界银行组织的文件与报告库,可以免费看全文。

(2) Economics WPA——由华盛顿大学经济系提供的经济学科的报告,其中包括许多大学的研究成果,多数可以免费得到全文。

(3) 美国商务部 FedWorld 信息网(http://www.fedworld.gov)——提供 200 多万篇文献,时间范围从 1964 年至今,文献内容为美国政府机构及其资助的研究报告。可免费检索美国政府科技报告(NTIS)的文摘题录,全文需订购。

(4) NBER Working Paper——美国国家经济研究局(National Bureau of Economic Research)的研究报告,提供文摘。

(5) Networked Computer Science Technical ReportsLibrary (NCSTRL)——汇集了世界上许多大学以及研究实验室有关计算机学科的科技报告,可以浏览或检索,也可免费得到全文。

(6) The Congressional Research Service Reports——它是 Committee for the National Institute for the Environment 的站点,提供了许多环境方面的报告全文。

(7) Russian Prospects - Political and Economic Scenarios——由 Copenhagen Institute for Futures Studies 免费提供俄罗斯当前政治经济状况与发展趋势的研究报告。

(8) 美国国防部科技报告服务(Scientific and Technical Report

Collection, http://www.dtic.mil/stinet/str/index.html)——提供的科技报告涉及国防及其相关领域,多数可以看到摘要,有些只能得到题录,个别能看到全文。

(9)加利福尼亚环境科学文献检索(Search for California Environmental Documents)——提供美国加州大学环境科学方面的科技报告全文。

(10)Scientific and Technical Report Collection——美国国防部(Department of Defense)提供的科技报告,涉及国防及其相关领域,多数可以看到摘要,有些只能得到题录,个别能看到全文。

(11)STINET——美国国防技术情报中心报告数据库,可检索、浏览文摘信息和下载全文。

(12)WoPEc Electronic working papers in Economics——由华盛顿大学搜集整理的因特网上经济类报告,可以下载全文。

第 10 章 事实数据检索

10.1 概述

10.1.1 含义

文献检索是信息检索中非常重要的一部分,在科学研究和教育中占有特殊的地位。但是在很多时候,用户还需要检索具体的事实和数据信息,如人名、地名、机构、事件及统计数据等,这时仅仅依靠文献检索就不能满足需要了。

事实检索是指在检索工具或检索系统中查询有关事件或实在情报,以求得对某一问题的解答。因此,事实在事实检索这一概念中,应理解成它的松散结构,它的基本含义就是事件与实在。数据检索(Data Retrieval)是将经过选择、整理和评价(鉴定)的数据存入某种载体中,并根据用户需要从某种数据集合中检索出能回答问题的准确数据过程或技术。

数据与事实信息检索具有这样的特点,即所要检索的内容都具有相对的成熟性和稳定性,一般都可以在资料、工具书、数据库和网页中找到,检索到的资料可以直接用于解答检索者的问题或提供直接的数据、资料,检索者无需再进一步查找其他信息源。这类信息资源可以解决设计中参数的选择、科研中事实的核对、名词解释、公式的查找、统计数据、组织机构概况和沿革、科学家的简历、国家大事发生的时间和地点、各学科进展的动态以及各种图像如艺术图、建筑图、产品的价格、型号、物价产值等信息。

第10章 事实数据检索

检索数据和事实信息主要依靠参考工具书及其各种载体形式（如光盘、Web站点等）提供的检索功能和信息提供功能进行检索。事实与数据检索工具一般包括百科全书、传记资料、年鉴、手册、名录、辞典、字典、统计资料等多种。它们种类繁多，出版量很大，而且各有用途，编排方式也不尽相同。同时，在网络上也出现了众多的数据与事实信息检索网站，提供各种方便快捷的检索途径。

10.1.2 参考工具书及其功能

参考工具书（Reference Books）是指根据一定的社会需要，广泛汇集某一范围的知识文献信息，并按一定的方法编排，专为人们解决疑难或检索有关事实型、数据型信息的工具书。在《美国图书馆协会图书馆与情报学词汇》（The ALA glossary of library and information science）中指出了工具书的功能："这种书的编排格式和内容处理都是为了查找某一件特定的信息，而不是为了连续性阅读之用。"它明确了参考工具书为用户提供确切信息数据的特定功用。

参考工具书特殊的用途决定了它的特点。首先，参考工具书的收录内容具有广泛性和完整性，它根据一定需要汇集了各领域或某一领域的完整信息资料和最新的研究成果。其次，参考工具书的概括性强且简明精确，它提供了原始信息经过整序、浓缩、重组、综合后的事实型和数据型的信息，文字简洁，数据准确，此外还有附图、表格、图片等。最后，参考工具书有特定的编排方法，以方便用户检索，这种编排方式反映了知识内容的内在联系，用户在查阅时可以按字序、音序、形序、分类、主题、关键词、年代、地区等多种途径检索相关信息。

近年来，参考工具书也在向数字化、网络化方向快速发展，出现了相当多的数据检索光盘、电子工具书、事实与数据检索站点等，用户同时可以利用各种网络搜索工具获得大量事实与数据性信息。人们利用这些数字化的检索方式，不仅可以得到传统参考工具书中提供的文字和图片信息，还可以将文字、图片、视频、音频等信息融为一体，并且实现相关信息之间的链接，使用户得到进一步完善的

信息服务。

10.1.3 参考工具书的类型

提供数据与事实检索的参考工具书类型很多,通常按其功用划分,主要有以下几种。

1. 百科全书

百科全书是广泛汇集了各知识门类的知识,或系统而完备概述了某一门类知识的工具书。它具有高度的概述性、知识的科学性、编辑出版的权威性、数据事实的精确性、编制体例的完备性等特点。

2. 字典、词(辞)典

字词典是根据一定的编辑目的将词语汇集并加以处理供人们查找的工具书。它一般提供字词的拼写、读音、含义、用法和概念,有的还提供同义词、反义词、缩略语、派生词等。

3. 年鉴

年鉴是系统汇集一年内人、事、物各方面发展变化新情况和统计资料,按年度连续出版的资料性工具书。它能够提供最新事实和统计数据,反映世界各地政治、经济、文化、科技等各方面的发展动向。

4. 手册

手册是汇集某一学科或某一主题等需要经常查考的资料,是可供读者随时翻检的工具书。手册就是各行各业、不同地域、不同职业的人在进行某种行为时所需要的一种了解相关信息的材料。手册主要为人们提供某一学科或某一方面的基本知识,方便日常生活或学习。手册中所收的知识偏重于介绍基本情况和提供基本材料,如各种事实、数据、图表等,通常按类进行编排,便于查找。

5. 名录

名录是汇集机构名、人名、地名等基本情况和资料的工具书,包括机构名录、大学指南、人名录、地名录等。用户可以从名录中查找关于人物生平、机构组织和某一行政区划沿革等信息。

第10章 事实数据检索

6. 统计资料

统计资料是对各种统计工作中产生的大量原始统计资料进行搜集、整理、汇编而成的工具书。对使用统计资料得到的数据进行分析和对比,可以反映事物发展的特征和规律,预测其发展趋势。

7. 表谱

表谱是以编年或表格形式记载事物发展的工具书。其编排上以时序为主,在内容上强调简明、准确,只提供事实,主要用于检索时间对照、人物资料和史实资料。表谱包括年表、历表和专门性表谱三类。

8. 图录

图录包括地图、历史图谱、文物图录、艺术图录、科技图谱等,主要是用图像或附以简要文字,以反映各种事物、文物、人物、艺术、自然博物以及科技工艺等形象的图谱性资料。

9. 工具书指南

工具书指南是介绍工具书的书,是专门收录、报道工具书的书。书中详细介绍了每种工具书的名称、编者、出版者、出版时间、内容介绍、基本检索入口、编排等事项。报道的内容基本可以使用户掌握每种工具书的特点和基本情况。一般在书的后面附有各种索提供检索。

此外,参考工具书还可以根据其他不同的标准划分类型,如按其所涉及学科可以分为综合性参考工具书和专科性参考工具书;按其篇幅大小可以分为多卷集参考工具书和单册参考工具书;按其载体可以分为印刷型参考工具书、电子型参考工具书和Web版参考工具书;按读者对象可分为成人参考工具书、少儿参考工具书等。

10.2 百科全书检索

百科全书是包括古今中外所有知识的书,它是汇集人类已有的知识,再加以整理和概述后,提供学习和检索的工具书,被誉为没有

 信息检索

围墙的大学。百科全书系统、广泛地概述各个学科或某一学科的历史与现状,其收录范围广泛、知识浓缩精练、检索功能齐全,内容之广泛、规模之宏大是其他任何工具书所无法比拟的。

百科全书可以检索概念、名词、术语、人物、时间、地点、数据、事实;也可以回答很多问题,如谁、哪里、什么、为什么等。其内容涉及很多国家和学科,可以作为各学科的入门之书。

我国很早就有了与百科全书相似的类书,即收集某一时期各方面史料、文字,将其按照一定的分类编辑在一起的资料汇编,如魏刘韵、王象等编的《皇览》,明代的《永乐大典》和清陈梦雷等编的《古今图书集成》等。类书只记录原始文献,编者并不作任何评述"述而不作",这一点与百科全书不同。到了清末,随着西学东渐,我国才逐渐产生真正的百科全书,但编辑水平和数量都与西方百科全书有很大差距。1980年开始出版的《中国大百科全书》是我国第一部国家水平的百科全书。

10.2.1 国内外重要的百科全书

1.《不列颠百科全书》

《不列颠百科全书》(Encyclopedia Britannica,简称EB)是世界上历史最长、影响最大、最具权威的一部综合性百科全书,是世界最著名的优秀百科全书之一。它于1768—1771年在英国爱丁堡创编,初版版权属于英国。1901—1911年第11版,由英、美合编。1943年第14版时,EB的版权转让给美国,由不列颠百科全书教育有限公司(Encyclopedia Britannica Educational Corporation)出版。1974年第15版30卷本以全新的面貌发行,推动了百科全书的又一次革命,编纂者试图同时强调百科全书的教育功能和检索功能,将EB分成了三个部分(《百科类目》、《百科简编》、《百科详编》),并采取了连续修订制对其内容每年进行更新。1985年版后又增加了索引和资料卷。

(1)《百科前编》(Propaedia):EB的知识分类纲要。它按照人类知识体系将内容划分为10大门类,每个大类下面再进行细分,构

成 EB 的分类框架，同时将各分类条目分别指向《详编》和《简编》的具体条目。

（2）《百科简编》（Micropaedia）：《百科简编》既是二套简明百科全书，又是《百科详编》的索引。该书采取小条目编写方法，供用户进行快速查检。1985 年 EB 增加了 2 卷本的索引，《简编》增加为 12 卷，收录了 64404 条条目，与索引一起同时引导检索者参阅《详编》。

（3）《百科详编》（Macropaedia）：EB 的主体，系统全面地介绍知识，采取大条目方法编写。这部分继承了 EB 的学术权威传统，充分体现了百科全书的教育功能。

（4）《索引》（Index）：用于检索简编和详编条目中的内容。为方便检索，EB 编者于 1985 年版增加了 2 卷索引，共 47.5 万条，各条目引见在《简编》、《资料卷》、《详编》、《前编》的相关条目、索引款目之间可参见。

2002 年出版的 EB 共 32 卷，以上四个部分分别占 1 卷、12 卷、17 卷和 2 卷。另有《不列颠世界资料卷》，是 1985 年起设的单行本，是回顾前一年的世界大事、修订内容和各种统计资料。

我国曾先后出版了多种 EB 的中译本，如中国大百科全书出版社出版的《简明不列颠百科全书》11 卷本、《不列颠百科全书（国际中文版）》20 卷本，台湾中华书局出版的《简明大英百科全书》等。

2.《美国百科全书》

《美国百科全书》（Encyclopedia Americana，简称 EA）是美国出版的第一部大型综合性百科全书之一，1829 年创编，经过多次修订。EA 源自德国百科全书，一直十分注重百科全书的检索功能，是世界著名大百科全书之一。其特色是美国资料丰富、科技内容较多；文字简明易懂，条目比较简短；索引完备，提供了大量原始文件，如"奴隶解放宣言"、"华盛顿告别词"等都是全文刊载。EA 采用连续修订制和逐卷全面修订的方法更新内容。现为 30 卷本，最后一卷为索引卷。网络版《美国百科全书》的网址是 http：//orl.grolier.com。

3.《科利尔百科全书》

《科利尔百科全书》（Collier' Encyclopedia，简称 EC）是 20 世纪

新编的大型英语综合性百科全书,是美国科利尔出版公司1949年创编出版的,现出版者为美国纽约麦克米伦教育公司。全书2100万字,插图约1.7万幅,23000个条目根据字母相比(letter-by-letter)排列,其中社会科学占20%、人文科学30%、科技15%、地理和地区研究35%,并着眼于普通人日常感兴趣的主题以及实用的现代题材。它虽属国际性百科全书,但东方的资料很少。在写作风格上,力求通俗、简练、可读性强。大中小条目结合,而以中小条目为主。

该书是面向普通读者,尤其是青年学生的一套优秀百科全书。它的内容主要是反映中学、大学及研究生课程内容,从人文科学到物理学、生命科学、地球科学等,末卷为读者提供学习指南和参考书目,不仅可指导自学者学习,也可满足有关学科专业人员知识深化的需求。该书的特点是:适用对象广泛、材料新颖及时、参考书目的编选为各家百科全书之冠、分析索引范围广泛。

EC也采取连续修订制更新内容,更新速度较快,每年还出版《科利尔年鉴》(Collier's yearbook)。EC与EA、EB一起被誉为著名的英语三大百科全书A、B、C。

4.《中国大百科全书》

《中国大百科全书》由中国大百科全书出版社出版,是我国第一部具有权威性、国际性、包罗古今中外知识同时突出中国内容的现代综合大百科全书。从1978—1993年,全书历时15年完成,两万余名专家学者参与了条目的编写工作。全书共74卷、77859个条目、5万余幅图片,按照66个学科或知识领域分卷排列,最后一卷是总索引。每卷包括综述、条目分类目录(附彩图插页目录)、条目正文(拼音排序)、条目汉字笔画索(附繁体字和简体字对照表)、条目外文索引、内容索引(附外国人名译名对照表)等内容。

全书的检索系统完备,各学科卷都有本卷的"条目分类索引",正文以汉语拼音字母顺序排列,实际是一个音序索引。"大事年表"可以作为时序索引,卷末的"内容分析索引"为主题索引,是全书最主要的综合检索系统,被称为百科全书的"总钥匙"。在检索时,如果想了解学科概貌以及详细类属,可以利用所属学科卷的"条目分类索引"。如果有了明确特定的检索目的,可以利用"内容分析索引"。

中国大百科全书出版社每年编辑出版《中国百科年鉴》作为《中国大百科全书》的内容修订和资料积累的配套出版物。其他系列出版物还包括《中国大百科全书》的简明版、精粹本、精华本、青少版等。

5.《新哥伦比亚百科全书》

《新哥伦比亚百科全书》(The New Columbia Encyclopedia)由美国哥伦比亚大学出版社出版,是综合性大百科全书,一般在30卷左右,是单卷本百科全书代表作,非常实用。首次出版于1935年,第六版收录约51000个条目,信息密集,以浓缩的形式提供准确和可靠的资料,仅介绍要点,而不展开讨论。《新哥伦比亚百科全书》网络版的网址是 http://www.bartleby.com/65。

《新哥伦比亚百科全书》以小条目为主,传记和地理内容丰富,共占75%的条目数;侧重收录有影响、有意义的历史文献和名胜,涉及世界各国地理的条目占30%;人物条目约占全书的45%,包括美、英国家和世界上重要政治领导人,以及作家、艺术家、科学家、哲学家、运动员等杰出人物,还收有许多在其他标准多卷本百科全书中没有收录或者只是顺便提及的人物简历。该书以美国为重点,但国际性有所加强。

全书条目根据字母顺序排列,条目释文不分段,为节省篇幅,依靠随文参见(Self-indexed)代替书后索引。

6.《兰登书屋百科全书》

《兰登书屋百科全书》(The Random House encyclopedia)由美国兰登书屋(Random House)出版,适用的读者对象为普通家庭和青少年。全书分成彩图百科(Colorpedia)和字顺百科(Alphapedia)两部分,配有大量彩色照片,图文并茂。另外有年表(Time Table)和地图集(Atlas)。

10.2.2 网络百科知识检索

1. 不列颠百科全书在线(http://www.britannica.com)

不列颠百科全书在线(Encyclopedia Britannica Online)又称为大英百科全书在线，它是大英百科全书的网络版。1994年，大英百科全书公司推出大英百科全球网络版(Britannica Online)，成为网络上的第一部百科全书，它整合了三部百科全书：《不列颠百科全书》(Encyclopedia Britannica)、《大英百科全书学生百科全书》(Britannica Student Encyclopedia)、《大英简明百科全书》(Britannica Concise Encyclopedia)。它拥有124000多篇文章；23000多篇传记；27000多篇的图解、地图、统计图等；3300多段动画、影片；可链接150多种期刊，收录范围包括生命科学、自然科学、社会科学、工程技术、历史、地理、哲学与宗教、运动与休闲娱乐等。

不列颠百科全书在线提供了浏览与基本检索功能。浏览方式有三种，即主题浏览、标题浏览、内容索引。对于检索结果，不列颠百科全书在线提供了四种处理方式，即打印界面(Print Page)、打印文章(Print Article)、将文章发送到指定电子邮件(E-mail Article)、引用文章(Cite Article)。用户还可以对检索结果进行评论或者提出建议，共享到用户指定的 blog 或者网站之中。

2. 微软电子百科全书(http://encarta.msn.com/artcenter/browse.html)

微软电子百科全书(Microsoft Encarta Encyclopedia)是微软公司提供的免费百科全书，提供16000篇文章、2200多幅相片、插图注释、地图和图表等。同时该站还提供付费服务，提供42000多篇文章和14000多幅图片，用户可以免费获取其信息资源。

微软百科全书的知识体系包括百科文章(Encyclopedia Articles)、工具条(Sidebars)、文学指南(Literature Guides)、档案(Archives)、家庭作业起步(Homework Starters)。提供浏览检索和快速检索两种方式。对于检索结果，用户可以以网页的方式阅读全文，可以打印、输出，可以发送到指定电子邮件地址，也可以引用到在 Windows Live Space 的个人博客之中。

3. 百科全书网站(http://www.encyclopedia.com)

百科全书网站(encyclopedia.com)以美国《哥伦比亚百科全书》(The Columbia Encyclopedia)为基础。该书由美国哥伦比亚大学出版社以单卷本出版,以浓缩的形式提供准确可靠的资料。该网站可以免费检索。

4. 中国大百科全书出版社(http://www.ecph.com.cn)

该网站是中国大百科全书出版社的网站,内容包括百科术语数据库、人名数据库。检索时可以单独选库进行,也可以综合使用。用户可以先进行免费注册,然后登录,但只能检索到简单的结果,详细结果是要收费的。

5.《中国大百科全书》全文数据库(http://www.cnki.net)

该数据库以《中国大百科全书》和中国百科术语数据库为基础,内容涵盖哲学、社会科学、文学艺术、文化教育、自然科学、工程技术等学科领域,数据权威,共收条目约 8 万条、图片 5 万余幅。数据库有完善的多种检索功能,可供用户迅速简捷查找所需的知识点。数据来自中国大百科全书出版社,收录年限从 1978 年至今。

6. 知识在线(http://www.db66.com)

"知识在线"是面向全球华人的专业在线中文百科知识库,包揽北京百科全书、奥林匹克百科全书、国家百科全书、中国古代小说百科全书、名著在线、市场经济百科、中国文物大典、高技术词典、计算机科学百科全书、音乐百科全书词典、中国性科学百科全书、中国儒学百科全书、现代会计百科辞典网这 13 个涉及旅游、体育、经济、文学、高技术、文物、音乐、哲学、保健等领域的知识性网站。除现有网站外,还将陆续推出多个涉及历史、艺术、科普、经济、医疗保健等趣味性、实用性、参考性的百科全书式网站。

"知识在线"采用"会员制"的管理方式,目前只要注册即可以成为会员,可享受所有百科的服务内容。用户可以通过关键字或汉语拼音等多种形式检索,并在线浏览。

10.3 字典、词典检索

字典、词典是人们经常使用的最普通的工具书,主要用于查字查词、查缩略语、查人物、查地名、查物名。字典是解释字的形体、读音、意义及其用法的工具书;词典(辞典)是汇集语言和事物名词等词语,按一定次序编排以供查找字词的读音拼写、语法、词义、用法等的工具书。

按不同标准可以将词典划分为不同的类型。按规模可以划分为大型词典(Unabridged)、中型词典(Desk)、小型词典(Abridged)和袖珍型词典(Pocket);按收词范围可以划分为综合性词典(General)和专门词典(Specialized);按收录语种可以划分为单语词典(Monolingual)、双语词典(Bilingual)和多语词典(Polyglot)。另外还有缩略语词典、词源词典、方言理语词典、用法词典、同义词、反义词词典等各种类型的词典。

10.3.1 重要的词典工具书

1.《韦氏新国际英语词典》

《韦氏新国际英语词典》(Webster's new international dictionary of the English,3rd ed.,Mass Merriam-Webster,1986)是世界上最权威的英语词典之一,其中最有名的是《韦氏国际英语词典》,它经历了一个不断修订的过程。1909 年,《韦氏新国际英语词典》诞生,它是美国特色很浓的一部英语词典。1934 年出的第二版共收词 60 万,承袭了韦氏规范派编制原则,即强调选词稳妥、释义精而规范,拒绝收录理语、行话。1961 年出版《韦氏第三版新国际英语大词典》,收词 45 万,确立了描述派在现代词典编纂中的地位,影响深远。第三版出版后每 5 年修订一次,补充不断产生的新词汇。1983 年还单独出版了《12000 词(韦氏三版)补编》(12000 words,supplement to Webster's,third new international dictionary)。目前,该词典收词47万余条、插图3000幅和语源资料14万条,在附录中提供新词及其释义。它的网站 Merriam-Webster Online 网址是 http://www.meriam-webster.com。

2.《兰登书屋英语词典》

《兰登书屋英语词典》(The Random House dictionary of the English language, New York: Random House, 1987)是一本百科性的语言词典,知识内容十分丰富,编制简明易用,内容较新。该词典是足本词典中规模最小的一部,收词32万条,因其小而实用而受到办公室和家庭的欢迎。该书提供 CD-ROM 版本。经删减后出版有《兰登书屋大学版英语词典》(The Random House college dictionary,1988)。1993年增订出版了《兰登书屋足本词典》(The Random House unabridged dictionary)。

3.《美国传统英语词典》

《美国传统英语词典》(The American Heritage dictionary of the English language, 4th ed., Boston: Houghton Mifflin, 2000)是一部独立编纂的中型语言词典。该词典编制精巧,插图丰富,内容贴近大众,长期以来受到美国家庭的欢迎。其最新出版的第四版收录了网络、电子商务以及现代媒体使用的许多新词,共收录了9万余词条,其中新词约1万条,另有4000幅彩色照片、插图和地图,其中900张为全幅彩图。编者还组织专家对有歧义的词的用法专门编写了使用说明。

4.《按历史原则编纂的牛津英语大词典》

《按历史原则编纂的牛津英语大词典》(The Oxford English Dictionary on historical principles, 5th ed., London: Oxford Univ, Press, 2002,简称 OED)被称为"英语词典之王",开创了词典编纂上的描述派原则,收录了12世纪中叶以来见于文献记载的几乎全部英语词语(含书面语、口语、普通词汇、专业词汇、方言、俚语等),按历史年代分列义项,通过定义和例证追溯英语发展的历史。该词典的编纂工程浩大,内容精确、完善,实为一部学术研究著作。于1884—1928年首次出版,1933年重印为12卷,外加补编1册。1989年采用计算机编制后将全书混排成 20 卷出版,共收录词条达 50 万个。1933 年出版了其缩略本《牛津英语大辞典简编》(The Shorter Oxford English dictionary),2002 年出版了第五版。2000 年 3 月,推出了网络版 OED Online,网址是 http://www.oed.com。

5.《汉语大词典》

《汉语大词典》(上海:汉语大词典出版社,13 卷)是一部大型的历史性的汉语语文辞典,是全世界收汉语词汇最多的词典,收词 37.5 万余条。《汉语大词典》的基本编辑方针是"古今兼收,源流并重";其条目义项完备,释义确切,层次清楚,文字简练;单字用部首检索法编排,附录中有音序、笔画索引。该词典由汉语大词典出版社出版,共 13 卷,最后 1 卷为《附录·索引》。

6.《辞海》

《辞海》(上海:上海辞书出版社,1999 年,3 卷)是一部兼有字典、语文词典和百科词典功能的大型综合性辞典。1936 年初版,1965 年由中华书局出版了《辞海》(未定稿),1979 年、1989 年、1999 年分别修订出新版。上海辞书出版社出版了 1999 年版,共 3 卷加 1 卷附录、索引,同时出版普及本 3 卷。正文按部首编排,有笔画索引,附录中另有汉语拼音、四角号码、词目外文等索引。

7.《康熙字典》

《康熙字典》是清康熙皇帝亲自主持编纂的一部御制字典,始编于公元 1710 年,1716 年印行于世。此文字巨典共收字 47035 个,体例完善,内容齐备。有中华书局 1958 年版、上海书店 1985 版和 1988 年版、上海古籍出版社 1996 年版、上海世纪出版集团 2002 年版等多种版本印行。

10.3.2 网络字典、词典检索

1. 金山词霸(http://www.iciba.net)

金山词霸是我国金山公司研制的电子词典,收录有汉语、英语共 2 亿多字以及 27 个专业词库的 600 万专业词条。具体内容包括《现代汉语词典》、《高级汉语词典》、《诗经》、《楚辞》、《论语》、《列子》、诗、宋词、四大古典名著以及鲁迅、茅盾、巴金等现代著名文学作品中的精彩词句,《朗文综合电脑词典》(汉英/英汉双解)、《朗文清华英汉电脑词汇》等内容。用户检索时在检索框内输入要查询的单词,点击检索即可。

2. 中文词典(http://www.chinalanguage.com)

该网站收录汉字、客家话、粤语、国语、中文字谱、佛教用语、易经、汉语、韩语、日语、英汉、汉英等多种网上字典,还包括各类名词的翻译、讨论等内容。

3. 缩略词检索(http://www.acronymfinder.com)

缩略词检索(Acronym Finder)是目前最大的缩略语网站,学科范围涉及各个领域,但侧重于计算机、工程技术、通信、军事等。检索字段包括精确检索、模糊检索、逆向检索,检索时可以通过全称查其缩略语。输入缩略语时不要加缩略语符号。

4. 在线语义词典(http://www.onelook.com)

在线语义词典(OneLook Dictionaries)是一个词典索引的网站,1996年4月在网上推出,目前共收录有804个词典网站,包括英语、汉语、德语、法语、意大利语、西班牙语以及其他语种的词汇,是一个免费的网站。该网站的检索方法有两种,一种是在检索页面输入检索词,在所选择的语种内检索;另一种是根据所提供的词典分类选定某一特定的词典,然后再逐级浏览。

5. allwords.com(http://allwords.com)

该网站以《AND Concise Dictionary》和《兰登书屋韦氏删节词典》(《The Random House Webster's Unabridged Dictionary》)为蓝本,两种词典的检索结果分别列出。检索结果给出词语标准读音,英文释义及英、法、德、荷、意和西班牙文翻译,也可以进行多语检索。该网站还提供多种语言服务网站的链接。

6. 牛津英语大词典(http://www.oed.com)

牛津英语大词典(Oxford English Dictionary,简称为OED)提供20卷OED和3卷补编中内容的在线检索,每季更新。用户可以选择词条显示内容,可以用布尔逻辑关系和通配符等进行检索,可以由词义检索词语,可检索外来语,引语或演讲中的词语,还提供了与OED二版的对照。

7. 词典网(http://dictionary.reference.com)

词典网(Dictionary.com)被誉为最好的在线综合性语文词典,链接了多家在线词典。用户直接在页面顶部的检索框中输入要检索的词,即可得到多种在线词典提供的读音与释义,同时列出相关网站信息。

10.4 名录信息检索

10.4.1 人名录检索

人名录收录的范围是各学科、领域知名人士的个人资料介绍,主要包括姓名、生卒年月、学历、职称、所在国别、民族、工作单位、所从事的专业、论文和著作、主要研究领域及生平传略。世界各国出版的人名录有多种,如《中国普通高校教授名录》、《中国科学家传略词典》、《诺贝尔奖获得者传》、《中国林业名人词典》、《国际名人录》(《The international who's who》)、《世界名人录》(《Who's who in the world》)、《韦氏人名词典》(《Websster's new biographical》)等。

1. 人物传记资源中心(http://infotrac.galegroup.com/menu)

Gale集团系美国著名出版机构,是全球最大、最权威的参考书出版商。Gale集团隶属于全球最大的信息传媒集团之一汤姆森公司(The Thomson Corporation,简称TTC)。Gale集团多年来在出版人文科学工具书以及机构名录方面颇具权威性。人物传记资源中心(Gale-Biography Resource Center)是Gale数据库的专题数据库,它收录了100多万位人物的传记,内容涵盖文学、科学、政治、政府、历史、多文化研究、商业、娱乐、体育、艺术和当今事件等,此外还附有杂志论文全文、音像和网站链接等信息。

人物传记资源中心数据库提供姓名检索(Name Search)、事实

第10章 事实数据检索

检索(Biographical Facts Search)和高级检索(Advanced Search)三种方式。其中,事实检索字段包括人名、性别、职业、种族、国籍、生卒日期和地点等;高级检索字段包括全文(Pull Text)、关键词(Keyword)、来源(Source),同时还可以用出版日期(Date of Publication)和文献编号(Document Number)来限定检索。

2. 诺贝尔基金会官方网站(http://www.nobelprize.org)

诺贝尔基金会官方网站(Nobelprize.org)收录历届诺贝尔奖获奖者的详细信息资料,包括传记资料、演讲材料、采访材料等,并分奖项收录获奖课题、获奖人的作品以及相关作品。国内有的学者根据这一网站提供的信息,定量分析统计了各类诺贝尔奖获奖者的资料,得出一些综合性的数据,在科技计量学方面具有一定的参考价值。

3. 中国地方志人物传记索引数据库(http://www.nlc.gov.cn/newpages/database/dfzrw.htm)

该数据库由中国国家图书馆制作,提供1949年以后新编地方志中所见人物的姓名、性别、民族、生活年代、生卒年、字、号、别名、籍贯、身份类别及本条资料出处等方面的信息检索。目前该数据库还不能在线提供原文,用户如需要详细资料,可与国家图书馆国情资料阅览室联系。

4. Lycos(http://www.whowhere.lycos.com)

Lycos公司网站,可以检索人物信息,包括用人名检索个人电子邮件信箱、电话和地址;也可以按分类浏览,如按语言、职业、公司、大学、政府机构浏览。

5. Switchboard(http://switchboard.com)

检索人物信息的免费网站,可以按类别进行检索,也可以根据学校名称检索校友录,还可以检索机构信息和产品信息。

6. s9.com Biograraphical Dictionary(http://www.s9.com)

该网站收录从古至今近三万著名人物,可以根据所检索的对象的生卒年、职业或职位、成果以及其他的相关内容检索。该网站对了解历史、辅助社会研究、辅助英语类课程的学习有较好的参考价值。

 信息检索

10.4.2 地名录检索

地名录是收录经审定的规范化的地方名称,并注明所属的国家、行政区划以及在地图集上的具体位置的工具书。查找地名可首先使用地名录、地图集、地理图册、地名词典等参考工具书,有时还可使用百科词典、专业手册来查检,或者直接查大百科全书,如利用其书后的地名索引当更准确,书中对异地同名的地名及历史地名都有特别注释,以示区别。

1.《韦氏地名词典》

《韦氏地名词典》(Webster's Geographical Dictionary,3rd ed.,Mass:Merriam-Webster,2001)是一部常用的综合性地名词典,1949年首次出版。现收录世界各国地名 54000 余条,以美国地名为主,包括州、国家、城市和自然地区的名称,还提供了各地区的地理、人口、经济、历史等资料和自然特征信息;有 250 余幅地图和地理通名表,给出了地名的不同拼写方法和读音。

2.《哥伦比亚利平科特世界地名词典》

《哥伦比亚利平科特世界地名词典》(The Columbia Lippincott gazetteer of the world,3v,New York:Columbia Univ. Pr.,1998)是目前最详尽的地名词典之一,号称是最权威的地名百科全书,1952年首次出版。该地名词典收录地名广泛,1998 年版共收录 160000 余条目,其中新增条目 25000 余条。地名条目著录详尽,提供了关于地名读音、地理位置、经济、政治、历史、文化、人口以及农业和自然资源等各方面的资料,还给出了地名的变迁和不同的拼写方法。其网址是 http://www.columbiagazetteer.org。

3.《中华人民共和国地名词典》

该地名词典由商务印书馆出版,有 5 卷。1992 年版按省、自治区、直辖市分 32 卷出版;1997 年开始以此为基础编纂了新版地名词典,收录了 18 万条地名。该地名词典分 8 大类收录地名,即政区与居民点,自然实体,交通,科教文卫体和服务业,工矿企业,农业与水利设施,名胜古迹和纪念地,地域名、简名和旧名。词条排列在 8 大

第 10 章　事实数据检索

类之下又按分类和分省相结合的原则进行编排。

10.4.3　机构名录检索

机构名录收录的内容是机构名称及概况介绍,如机构的宗旨、组织结构、权限、业务或研究工作范围、地址、职能、人员、资信等信息。包括政府机构名录,如《中国政府机构名录》、《各国政府机构手册》、《国际组织年鉴》;学术机构名录,如《中国著名大学概览》、《中国科学院介绍》、《北京地区图书情报机构指南》、《国际研究中心指南》、《中国信息机构指南》;职业和商业机构名录,如《中国企事业名录大全》、《中国旅游涉外饭店名录》等。

1. 胡佛企业名录数据库(http://proquest.umi.com/login)

胡佛企业名录数据库(ProQuest Hoover's Company Records)是 ProQuest 系列数据库的子库,涵盖了 40000 多个公司、600 多个行业、225000 企业高管的相关信息。Hoover 公司档案数据库收录 40000 余家上市公司和非上市公司的档案资料,包括了美国本土公司及国际性公司的资料,内容实时更新;亦可查询数百家会计事务所、会计师及管理顾问公司的文件数据,用户可随时掌握最新的公司信息,包括公司总体情况介绍、公司历史、领导与职员竞争者、产品与运作、财务、排名、相关行业信息、历史财务情况。

ProQuest 数据库提供了中文检索界面,提供基本检索和高级检索两种检索方式。用户可以通过上市公司代码、公司/组织、位置、人名、公司/组织类型等多个入口进行检索。

10.5　年鉴、手册检索

10.5.1　年鉴的检索

年鉴是以全面、系统、准确地记述上年度事物运动、发展状况为主要内容的资料性工具书,是汇辑一年内的重要时事、文献和统计资料,按年度连续出版的工具书。它博采众长,集辞典、手册、年表、图录、书目、索引、文摘、表谱、统计资料、指南、便览于一身,具有资料权威、反应及时、连续出版、功能齐全的特点。年鉴属信息密集型工具书,具有资料翔实、反映及时、连续出版等特点。

年鉴分为综合性年鉴和专科性年鉴两类。综合性年鉴反映各个学科或行业的信息,我国出版的综合性年鉴较多。《中国百科年鉴》1980年起出版,是20世纪80年代特别引人注目的出版物,包括各个学科和行业的信息,是各学科和行业一年内信息的总汇。我国还出版多种综合性的年鉴,如《哈尔滨年鉴》、《上海年鉴》、《香港年鉴》、《黑龙江年鉴》等。

专科性年鉴专门报道某一个学科或行业的信息,如《中国经济年鉴》、《中国统计年鉴》、《中国电影年鉴》、《中国哲学年鉴》《中国法律年鉴》、《中国体育年鉴》、《中国新闻年鉴》、《中国出版年鉴》、《中国林业年鉴》等。

年鉴还有国际性的、区域性的、地方性的年鉴。如《世界粮农组织生产年鉴》(FAO production yearbook,FAO,1958—)、《联合国教科文组织统计年鉴》(Statistics yearbook,UNESCO,1963—)、《国际贸易统计年鉴》(International trade statistics yearbook,UN,1950—)、《联合国统计年鉴》(Statistical yearbook,UN,1948—)等。

若要检索各类统计资料,统计年鉴最有权威性;若要检索某类工业企业的人员、各种产品的产销数据、重要研究成果或产品的进出口等各类事实和数据,可以在专业性的年鉴中检索。

1.中国年鉴网络出版总库(http://www.cnki.net)

中国年鉴网络出版总库是目前国内最大的连续更新的动态年鉴资源全文数据库,内容覆盖基本国情、地理历史、政治军事外交、法律、经济、科学技术、教育、文化体育事业、医疗卫生、社会生活、人物、统计资料、文件标准与法律法规等各个领域,收录1912年至今的中国国内的中央、地方、行业和企业等各类年鉴的全文文献共2231种、16447本、1373万篇。

年鉴内容按行业分类可分为地理历史、政治军事外交、法律、经

第10章 事实数据检索

济总类、财政金融、城乡建设与国土资源、农业、工业、交通邮政信息产业、国内贸易与国际贸易、科技工作与成果、社会科学工作与成果、教育、文化体育事业、医药卫生、人物16大类。地方年鉴按照行政区划分类可分为北京市、天津市、河北省、山西省、内蒙古自治区、辽宁省、吉林省、黑龙江省、上海市、江苏省、浙江省、安徽省、福建省、江西省、山东省、河南省、湖北省、湖南省、广东省、广西壮族自治区、海南省、重庆市、四川省、贵州省、云南省、西藏自治区、陕西省、甘肃省、青海省、宁夏回族自治区、新疆维吾尔自治区、香港特别行政区、澳门特别行政区、台湾省共34个省级行政区域。

2. 中国统计年鉴数据库(http://www.cnki.net)

中国统计年鉴数据库是目前国内最大的连续更新的以统计年鉴为主体的统计资料数据库,包括了国民经济核算、固定资产投资、人口与人力资源、人民生活与物价、各类企事业单位、财政金融、自然资源、能源与环境、政法与公共管理、农民农业和农村、工业、建筑房产、交通邮电信息产业、国内贸易与对外经济、旅游餐饮、教育科技、文化体育、医药卫生等各个领域和行业的各类统计资料,收录了1949年至今我国650种曾经出版的统计年鉴,各年鉴文献收录完整,共4038册。目前,我国仍在连续出版的统计年鉴有150种左右,《中国统计年鉴数据库》全部收录。

统计年鉴内容按行业分类可分为国民经济核算、固定资产投资、人口与人力资源、人民生活与物价、各类企事业单位、财政金融、自然资源、能源与环境、政法与公共管理、农民农业和农村、工业、建筑房产、交通邮电信息产业、国内贸易与对外经济、旅游餐饮、教育科技、文化体育、医药卫生18个专辑。地方统计年鉴按照行政区划分类可分为长江三角洲、珠江三角洲、环渤海地区、东北地区、西部大开发省市、北京市、天津市、河北省、山西省、内蒙古自治区、辽宁省、吉林省、黑龙江省、上海市、江苏省、浙江省、安徽省、福建省、江西省、山东省、河南省、湖北省、湖南省、广东省、广西壮族自治区、海南省、重庆市、四川省、贵州省、云南省、西藏自治区、陕西省、甘肃省、青海省、宁夏回族自治区、新疆维吾尔自治区、香港特别行政区、

澳门特别行政区、台湾省共 39 个跨省市地区或省级行政区域出版的统计年鉴专辑。

3. 中国年鉴网（http://www.yearbook.cn）

该网站仅反映年鉴行业动态、出版信息等，看不到全文。

4. 中国统计信息网（http://www.stats.gov.cn）

中国统计信息网由中国国家统计局主办，提供各类全国性、地区性、行业性统计公报，设有统计公报、统计数据、统计分析、统计书架、统计法规、统计管理、数据直报、统计链接等栏目。另外还介绍统计机构、统计动态、统计标准、统计制度、统计知识等。

5. 中国资讯行（http://www.chinainfobank.com）

中国资讯行大部分数据收录自 1995 年以来国家及各省市地方统计局的统计年鉴及海关统计、经济统计快报、中国人民银行统计季报等月度及季度统计资料，其中部分数据可追溯至 1949 年，亦包括部分海外地区的统计数据，按行业及地域分类编排。

6.《世界概况》（http://www.cia.gov/library/publications/the-wofid-factbook/index.html）

《世界概况》（又译为《世界各国纪实年鉴》，The World Factbook）由美国中央情报局（CIA）出版，发布世界各国及地区的概况，如人口、地势、政治及经济等各方面的统计数据。其资料格式、体例、内容力求配合美国政府的各方需要及立场，资料则是由美国国务院、人口统计局、国防部等部门及其辖下的相关单位提供。如同其他美国政府作品一样，其内容均属于共有领域。《世界概况》提供每年更新一次的世界各国概况，在互联网上可以免费访问其首页，并提供资料下载。

7. Infoplease Almanac（http://www.infoplease.com/almanacs.html）

Infoplease Almanac 是《咨询年鉴》的网络版，也是一种综合性网络参考源。它集成了《哥伦比亚百科全书》（Columbia Encyclopedia）、《韦氏大学词典》（Webster College Dictionary）、The lnfoplease Atlas、The TIME Alamanac with information Please 和 The ESPN/Information-

第10章 事实数据检索  217

please Almanac等年鉴、地理资料、词典方面工具书的内容,通过一个统一的搜索引擎来检索。其中,年鉴部分包括各种统计数据、事实性资料和历史记录。它还有一个独立的专供儿童使用的网站Fact Monster,网址是 http://www.factmonster.com,用户可以免费使用。

Infoplease Almanac提供了两种浏览方式,一种是按照首页上提供的大类以及子类进行浏览,首页上提供了九个大类,分别是:世界(World)、美国(United States)、历史与政府(History & Government)、传记(Biography)、体育运动(Sports)、艺术与娱乐(Arts & Entertainment)、财经(Business)、社会与文化(Society & Culture)、健康与科学(Health & Science)。另一种是按照单词索引进行浏览。

10.5.2 手册的检索

手册的名称有很多,如指南、便览、宝鉴、必备、入门、大全、必读、顾问等。在英语中有Handbook和Manuals两类。前者含义为"手边常用的灵巧小书",侧重回答"怎么样"一类的问题,通常是围绕某一学科或某一课题,汇集各种数据、事实、统计资料等;后者则偏重指导"怎么做",如指导人们怎样做饭、游泳、修理汽车等。

手册的主要功用是提供基本的专业知识,重要的文献史实,准确的数据、公式、图表,以及其他需经常查考的规章、条例等资料。手册中提供的知识或资料,不是最新的,但是是成熟的、来自实践的。每个学科和专业都出版了许多不同的手册,如《经济工作手册》、《财务会计手册》、《真菌鉴定手册》、《木材采运机械使用手册》、《工业工程手册》、《机械工程手册》、《腐蚀数据手册》、《机床设计手册》、《木材材积表》、《森林调查手册》、《伐区生产技术手册》等。

1. Knovel电子工具书

Knovel公司于1999年成立,它的出现让应用科学和工程学方面的资讯在传输和分析方式上产生了新的变革。Knovel包含许多顶级科学和工程学参考工具书、数据库和会议录。Knovel是唯一一家将工程学和应用科学的数据整合起来,并使用独特制表分析工具

 信息检索

提供全球范围访问的供应商。Knovel 电子工具书目前收集了 20000000 多条数据记录,近 30 家出版社的近 700 种工具书,以及 7 种网络数据分析工具。

Knovel 数据库中的所有内容都可以检索全文资料。互动式的表格、制图程序和计算软件等高效率的工具和它友好的界面无缝链接整合,大大提高了它的生产效率。其快捷、方便的检索手段,高质量的内容,独特的网络数据分析工具与数据整合,使图书馆员、工程师和研究人员能非常方便地通过多种来源和信息形式获得尽可能多的信息。现在全世界有许多公司和学术机构都通过 Knovel 来提高研发能力和生产效率,并有效降低其研发成本。它已成为不可或缺的研发工具。Knovel 电子工具书数据库提供了浏览、基本检索、字段检索等多种检索方式。

2. CRCnetBASE 系列数据库(http://www.crcnetbase.com)

广受业界称赞的 CRCnetBASE 是一系列专注于自然科学和工程技术等领域的在线数据库,它汇集了全球主要的参考出版物,其中 ENGnetBASE、CHEMnetBASE、ENVIROnetBASE 等是获奖出版物。该数据库现在收录的参考出版物有 1200 多种,其中 CRCnetBASE 系列包括 14 个常用的数据库,用户可以在网上免费看到各个出版物的摘要、特征描述以及目次。该数据库提供网上订购服务,看全文的则需要订购。用户可以通过清华大学图书馆、上海交通大学图书、中科院上海有机所图书馆单位的 IP 地址进行访问。CRCnetBASE 提供高级检索功能,检索字段包括文件、标题、主题、作者,用户可以对这些字段进行组配检索。

10.6 表谱、图录检索

10.6.1 表谱的检索

表谱是以编年或表格形式记载事物发展的工具书,其编排上以

时序为主,在内容上强调简明、准确,只提供事实,主要用于检索时间对照、人物资料和史实资料。表谱包括年表、历表和专门性表谱等。

1. 年表

年表主要是查考不同纪年的年代对照和历史事件。年表的类型可以分为:纪年表和大事年表。

(1)纪年表,主要用于查考历史纪年及不同纪年法的年代换算与对照,如《中国历史纪年表》共有两种:一为万国鼎编,中华书局1978年重印;一为方诗铭编,上海辞书出版社1980年单行本,又另载《辞海(1979年版)》附录。《中国历史纪年表》可以检索中国历史上的各朝代与公历日期。《中国历史纪年》全书提供公元206年汉高祖元年到中华人民共和国成立历史上各朝代帝王的姓名、谥号、庙号、世系、即位年、干、支、公元等资料。

(2)大事年表,按时间顺序记载历史事件,又称史事年表或大事记,如《中外历史年表》、《中华人民共和国大事记》、《中国大事纪要》等。我国还出版了一些工具书,如《太平天国史事日志》、《西藏大事记》、《从七七到八一五》、《从九一八到七七》。

2. 历表

查考和换算不同历法年、月、日的工具书。历法是推算天象用以定时的方法,即根据地球、太阳、月亮三者的相互运动以判别季节,记载时日,确定计算时间。由于古今中外历法种类很多并各成体系,必须借助工具书查考和换算。常用的参考工具书如《回回历》、《一百年日历表》、《新编万年历》等。

10.6.2 图录的检索

图录包括地图、历史图谱、文物图录、艺术图录、科技图谱等,主要用图像或附以简要文字,以反映各种事物、文物、人物、艺术、自然博物以及科技工艺等形象的图谱性资料。

1. 地图

地图的历史几乎与人类文明同样悠久。国外最早的地图是公

元前 3000 年由巴比伦人制作的陶片地图。我国最早的地图距今有 2100 年历史,是 1973 年湖南长沙马王堆三号汉墓出土的西汉初年的三幅帛地图。

2. 历史图谱

集中收集了在历史发展进程中有代表性的历史文献、人物图像、古代器物以及重大历史事件的遗存实物,如《中国近代史参考图片集》、《中国历史参考图谱》。

3. 文物图谱

收录各种文物图像,包括古代遗址、出土文物,如《新中国出土文物》、《海外中国铜器图录》等。

4. 人物图录

专门收集历史人物图像,如《中国历代名人图鉴》、《历代古人像赞》。

5. 专业图录

供专业研究人员使用,如《中国绘画史图录》、《中国版刻图录》。

图录提供文字以外的形象、直观资料,下面对一些重要的图录数据库加以说明。

1. 著名建筑物(http://www.greatbuildings.corn/gbc.html)

这是一个集结了世界上约 1000 座著名建筑物的详细文字信息和图像数据的网站,由美国 Artifice 公司开发,是一个免费网站。该站有建筑图片、建筑资料,以及与建筑师和书目的链接,时间跨度从古至今。用户可以根据建筑物的名称、建筑师的姓名、地名特征进行检索。

2. 艺术图像博物馆(http://www.amico.org/library.html)

该数据库由美国研究图书馆集团提供,收录近 10 万份数字化艺术作品的图像。作品的文化地域范围包括欧洲、北美、亚洲、非洲、南美、大洋洲。作品形式包括油画、雕塑、素描、印刷品、摄影、服装、珠宝、装饰品等。该数据库可按创作者、题名、日期、主题进行检索。这个数据库是收费的,在美国 Wilson 数据库中提供服务。

3. 人类生物基因组数据库(http://www.gbd.org 或 http://gbd.mirror.edu.cn/gdb)

人类生物基因组数据库(Genome Database,简称 GDB)于 1990

第 10 章 事实数据检索

年建于美国约翰霍普金斯大学（Johns Hopkins University），现由加拿大儿童医院生物信息中心负责管理。该数据库由北京大学生命科学学院与中国高等教育文献保障系统（CALIS）联合引进，对国内的网络用户免费开放。

该数据库专门汇集存储人类基因组数据库，以支持国际合作的人类基因组计划。其中包括了全球范围内人类 DNA 结构和 10 万种人类基因组定位和基因序列研究的分析结果。GDB 数据库用表格方式给出基因组结构数据，包括基因单位、PCR 位点、细胞遗传标记、EST、连续子（Contig）、重复片段等；可以显示基因组图谱，包括细胞遗传图、连锁图、放射杂交图、连续子图、转录图等；并给出等位基因等基因多态性数据库。GDB 数据库还包括了与核酸序列数据库 GenBank 和 EMBL、遗传疾病数据库 OMIM、文献摘要数据库 Medline 等其他网络信息资源的超文本链接。该数据库对从事相关领域的研究人员具有重要的参考价值。

4. Map Quest（http：//www.mapquest.com）

该网站主要提供美国街道地图、里程信息、驾驶指南，还提供公路旅行所需信息（饭店、餐厅、车站和天气等）、黄页（街道、公共服务机构、服务场所、购物等）。用户可以通过单击地图搜索到所需地点，也可以通过地图查询到最佳行车路线及里程、飞行路线，附近的旅行设施和服务点、医生、律师、保险、租房等信息。

5. Mulbmap UK（http：//multimap.co.uk）

这是欧洲最流行的地图网站，提供一系列免费检索服务。可提供英国、欧洲和美国的街道平面图；世界各地的公路图、旅行指南、航空照片以及地方信息；还可以帮助人们了解一些饭店、娱乐、度假村、餐馆和火车票预订点、天气预报等信息，并获得相关服务。

6. 图行天下（http：// www.go2map.com）

"图行天下（Go2map）"是中国最著名的地图服务解决方案提供商，为用户提供电子地图租用、在线地图服务、地图数据销售等全面的地图服务。现有 100 多个城市地图上的 POI（Point of Interest）数据，囊括了直辖市、省会城市、大多数经济发达的中等城市及旅游城市。其中,该站点对北京、上海、广州等29个城市进行了大规模的信息普查,数据丰富。

10.7 工具书指南

10.7.1 概述

工具书指南是收录、报道、评论工具书的工具书,一般具有综合性。其编制一般比书目灵活,往往先用按语或序言形式介绍某类工具书的特点、沿革,再逐一评介具体的工具书。

工具书指南大体分为三类。

1. 以教学为目的的工具书

以培养学生的情报意识,提高他们在学习和科学研究活动中利用工具书解答疑难和独立检索文献的能力为主要目标。结合教学要点介绍常用的、重要的和最新出版的工具书有《中文工具书使用法》等。

2. 以普及工具书知识为目的的工具书

既给读者提供有关文献和工具书的基础知识,同时,或以工具书类型为纲重点介绍重要的工具书,或以问题为线索,重点介绍常用的工具书,如《参考工作与参考工具书》等。

3. 工具书的工具书

读者按它的指引,可以知道解决某一门专业问题有什么工具书可供查考,从而开拓视野,提高学习与科研的效率,如《中国工具书大辞典》、《社会科学工具书七千种》、《中国社会科学工具书检索大典》、《国外工具书指南》、《国外科技工具书指南》、《参考书指南》(《Guide to reference book》)等。该类相关的工具书还有邵献图等著的:《西文工具书概论》/邵献图等著、陆伯华主编的《国外科技工具书指南》、林申清和胡卓澄编著的《中外工具书指南》、宋鸿国编著的《科技工具书及其使用》等。

10.7.2 重要的工具书指南

1.《中国古今工具书大辞典》

该书是综合性工具书书目指南,选收中国古今社会科学和自然科学各类工具书20000余种,介绍了各种工具书的性质特点、体例形式、编辑出版情况,并附有各种辅助索引。

2.《中国社会科学工具书检索大典》

该书由刘荣主编,北京图书馆出版社1999年出版,收录了从古代至1997年我国出版的社会科学工具书18000余种,以分类课题为检索入口,将从古至今的社会科学工具书网罗其中,每题一号,每书一号,相关课题图书作参见。该书附有书名音序索引等。

3.美国的《工具书指南》

《工具书指南》(Guide to reference books,11th ed.,1997)由美国图书馆协会(ALA)出版,第11版式版收录了1.8万种国际范围内的重要参考工具书,侧重收录美国、英国、加拿大等国家以及西欧各国的工具书,英文为主,也包括少量中文工具书。

该书按分类方式编排,分为综合、人文、社科、历史和区域、理论与应用科学五大类,并有索引,检索途径为分类、著者、书名、主题。

4.英国的《参考资料指南》

《参考资料指南》(Guide to reference material,8th ed.,A. J. Walford,London:Library Association,1999,3v.,通称 Walford)由沃尔福特(A. J. Walford)编辑、英国图书馆协会出版。其收录范围广,科技类工具书比例较大,更侧重欧洲地区,特别是英国;采用杜威十进分类法(UDC)编排,检索途径为分类、主题。该指南是受英国图书馆协会委托编纂的一部具有英国特色的工具书指南,是图书馆进行工具书藏书建设、做好参考咨询工作的必备工具。

5.《美国参考工具年刊》

《美国参考工具年刊》(American Reference Books Annual,Bohdan S. Wynar,Colorado:Libraries Unlimited,2001,ARBA)以年鉴的形式出版,按年度报道美国出版的工具书、参考源。

10.8 中国工具书网络出版总库

10.8.1 简介

《中国工具书网络出版总库》(http://www.cnki.net)是"十一五"国家重点电子出版物规划选题和国家重大网络出版工程,收录了近200家出版社的字典、词典、百科全书、图录、表谱、手册、名录等共4000多部,含1000多万个条目、70万张图片,向人们提供精准、权威、可信的知识搜索服务。其内容涵盖自然科学与人文社科各领域。

10.8.2 检索方法

数据库提供简单检索、高级检索和书目浏览等检索方式。高级检索又分为词条检索、工具书检索和辅文检索三种检索入口。书目浏览提供了按工具书类型、书名首字母、出版社、出版时间等多种浏览方式。检索界面如图10-1、10-2、10-3、10-4和10-5所示。

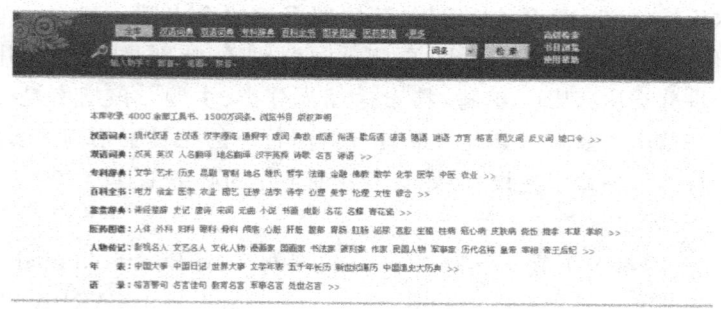

图 10-1 简单检索

第 10 章 事实数据检索  225

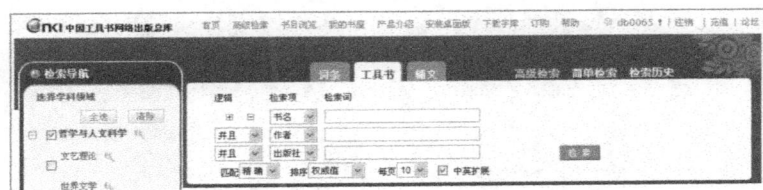

图 10-2　高级检索——词条检索

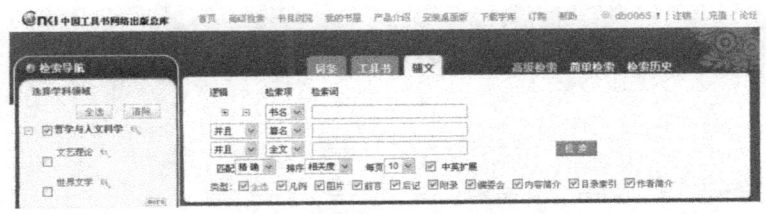

图 10-3　高级检索——工具书检索

图 10-4　高级检索——辅文检索

图 10-5　书目浏览

高级检索是指通过多个条件查找、获取所需知识信息的过程。例如从《中国历代官制大辞典》查找"大司马"的方法：

(1) 通过"词目"项输入"大司马"；

(2)通过"书名"项输入"中国历代官制大辞典";

(3)同时满足以上两个条件,逻辑关系为"并且";

(4)点击检索按钮,系统会将《中国历代官制大辞典》中有关"大司马"的条目查找出来。

工具书检索是快速查找所收录工具书名称的途径和方法。辅文检索是快速查找工具书的前言、凡例、附录、编委会、作者、后记等辅助信息的途径和方法。

第 11 章 Dialog 国际联机检索

11.1 概述

11.1.1 系统简介

Dialog 系统起始于美国洛克希德导弹和空间公司(Lockheed Missile & Space Company Inc.)下属的一个科学情报实验室"Dialog"人机对话系统,它在 1972 年成为全球第一个商业联机服务系统。Dialog 系统拥有 600 多个实实在在的数据库,不断丰富产品以适应社会的各种需求,已成为该领域及行业上唯一能提供综合技术和综合信息的佼佼者。

通过 Dialog 系统,可以方便、灵活、快捷、准确、全面地获取各种科技、商业、文学社科高质量的信息,涉及诸如商业经贸、科学、技术、工程、法律法规、金融服务、环境、能源、医学药物、化学化工、电子信息行业等几乎所有的专业。

Dialog 系统拥有 2 万多个集团或代理点用户群,每一个集团用户都有数量不同的最终用户,分布于 120 个国家。Dialog 不但为他们提供高质量的产品而且为他们提供世界级的服务。正是因为 Dialog 能及时地为用户提供最新的、无比宽广的、深厚的行业信息,又提供灵活机动的的综合技术和信息解决办案,因此许多外国公司赞誉它:Dialog 天天都能为我们提供决策需要的关键信息。

11.1.2　Dialog 系统数据资源

1. 科技(Allsicence)

收录生物、医学、药学、化学、农业、电子技术、计算机科学、航空航天、地质、海洋、交通、新材料、能源与环境、健康与卫生、机械与土木工程等各个科技领域的文献。数据类型以题录文摘型为主、有部分全文及综述报告、手册等。

2. 社会科学(Allsoc)

社会科学和人文艺术数据库。数据类型包括全文和题录文摘。

3. 知识产权(Allip)

收录世界范围内的专利、专利图片、商标和版权信息,以及诉讼新闻和知识产权法规。数据类型包括全文、文摘和报告。

4. 制药(Allmedph)

包括全球医药企业名录、制药行业市场信息、生物制药、药品研发、药典、医疗实践、医疗设备、治疗与治疗的突破和药物相互作用等。数据类型包括题录文摘、名录手册、全文和综述报告。

5. 商业(Allbusiness)

收录公司信息和工业情报,包括市场占有率及销售数字,商业目录等。数据类型大部分是全文。

6. 新闻(Allnews)

收录世界各地的报纸、商业期刊和专业报道。数据类型大部分是全文。

11.1.3　数据组织

Dialog 系统拥有几百个数据库,在检索中为了便于用户选择数据库,系统对每个数据库进行了编号,这个编号也叫库号(File Number)。有的数据库因区分标引年代分配有几个文档编号。例如:

File 2：INSPEC 1989—

File 5：Biosis Previews 1926—

此外,系统还按照学科或主题将数据库进行了分组,并为这些

第 11 章 Dialog 国际联机检索

分组定义了一个组名,定义以 ALL 开头的组叫做大组(Super Category),其他的组叫做小组(Category)。例如:

Allscience ——涉及到科学技术内容的数据库;
Allpatents ——收录专利文献的数据库;
Medicine ——医学文献数据库。

12.1.4 数据类型

Dialog 系统提供多种数据类型为用户使用,主要有以下三种。

1. 文摘索引

包括期刊、会议、图书、专利、学位论文、科技报告等。例如:

File 2:INSPEC_1898—英国科学文摘
File 5:Biosis Previews(R)_1926—生物学文摘
File 8:Ei Compendex(R)_1884—工程索引

2. 全文/报告

包括期刊全文、科技新闻、商业报告、专利等。例如:

File 20:Dialog Global Reporter 1997—Dialog 全球报道
File 135:NewsRx Weekly Reports 1995—每周处方报道
Flie 370:Science 1996—Science 全文在线

3. 事实手册

包括化学信息手册、药品数据、产品目录等。例如:

File 390:Beilstein Database-Facts 贝尔斯坦事实数据库
File 398:Chemsearch 1957—化学文摘社化学物质手册

11.1.5 检索平台

1. 非指令检索平台

非指令检索平台的特点是简明扼要、界面友好、使用方便。用户可以根据页面提示一步一步完成主题的选择、检索、结果浏览等一系列过程。

　DialogPRO——为中小型企业量身定做的产业信息平台。

　DialogSelect——按行业细分建立的 Dialog 简易检索平台。

DialogWeb Guide Serach——DialogWeb 平台的非指令检索界面。

2. 指令检索平台

使用指令语言的平台，提供高级检索选项和精准检索工具，检索人员能够完全控制数据库的选择和检索的完整过程，明确数据是如何被检索和输出的。可以全面检索几百个覆盖科学、技术、医药、商业、新闻和知识产权等领域的权威数据库。

DialogWeb Command Search——DialogWeb 的检索平台。

DialogClassic Web——Dialog 基于 IE 浏览器的指令检索平台。

Dlink5.0（Dlink5 软件）——Dialog 专业指令检索软件平台，功能强大。

11.1.6　数据库蓝页

415 号文档收录了 Dialog 系统里所有数据库的蓝页内容。蓝页即是 Dialog 系统中每个数据库的说明书，它介绍了该数据库的基本情况、出版单位、回溯时间、更新频率、应用范围、所支持的指令及检索字段、记录样本、输出格式与价格、辅助功能等细节。

在检索过程中通过使用蓝页，可以帮助用户确定检索的数据库范围；查看数据库简介、学科覆盖、记录样本、收费情况；获取数据库回溯时间、更新频率；获取检索技巧、索引字段、高级指令帮助等。

1. 数据库介绍（File Description）

这部分内容是对数据库的基本描述。对于初次使用或不太熟悉的数据库，可以通过查看这部分内容来判断该数据库的应用价值。

2. 学科覆盖范围（Subject Coverage）

这部分内容介绍了该数据库覆盖的学科领域，和数据库介绍部分都是作为判断数据库应用价值的依据。

3. 文档数据（Dialog File Date）

这部分内容介绍数据库的回溯时间（Dates Coverd）、数据量大小（File Size）及更新频率（Update Frequency）等内容。

第 11 章　Dialog 国际联机检索

4. 记录样本(Sample Record)

蓝页提供了每个数据库的记录样本,并标示出对应的字段名,通过它可以了解这个数据库收录了哪些字段,以及判断这个数据库的信息结构。

5. 基本索引(Basic Index)和附加索引(Additional Index)

该部分内容包括字段名以及字段缩写,还有在检索中的运用举例。

6. 预输出格式(Predefind Format Options)

该部分内容为系统预设的输出格式以及对应的数字代码,还有相应的输出部分解释。不同的输出格式有不同的收费,可见后面的费用部分内容。

7. 费用(Rates)

这部分内容包括了检索费以及不同格式的输出费、时间和流量检索费。通常和预设格式部分一起查看来获知不同输出的费用情况。

如果在检索中遇到陌生数据库或是指令检索中出现困难,可以首先查看该数据库的蓝页来寻求帮助。进入蓝页的路径:Dialog 主页—Support—Bluesheets(即可进入蓝页目录选择页面)。如图11-1 和 11-2 所示。

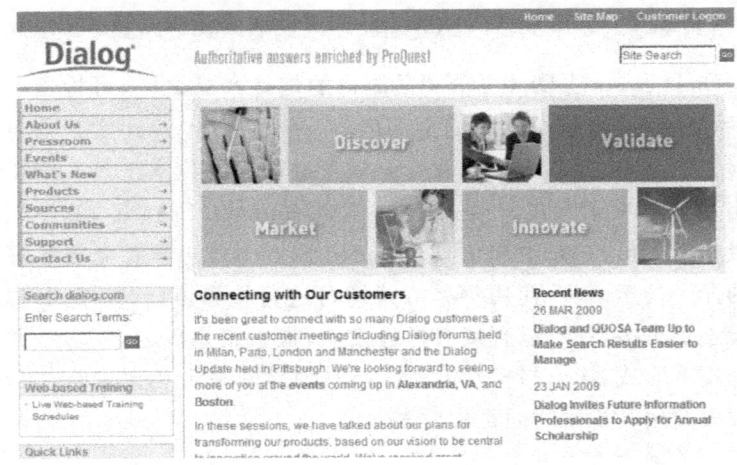

图 11-1　Dialog 主页

 信息检索

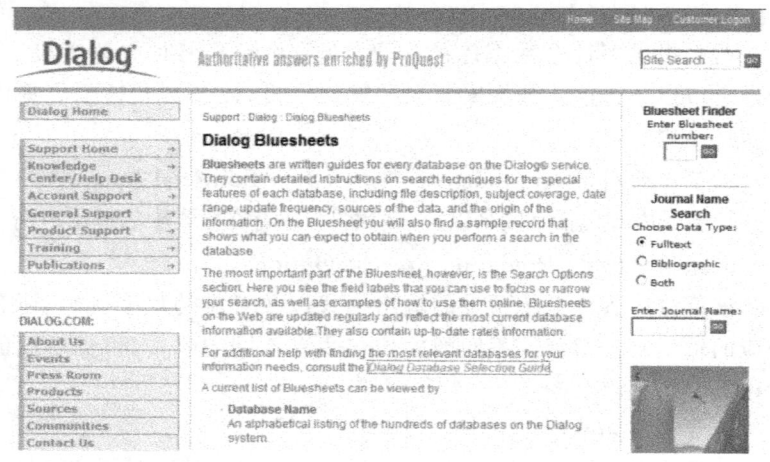

图 11-2　Dialog Bluesheets 页面

11.2　常用检索平台

11.2.1　DialogWeb(http://www.dialogweb.com)

Dialogweb 是 Dialog 公司最流行的信息产品之一,可检索 Dialog 系统 6000 多个数据库的全部内容,是通过 Internet 实现信息准确检索的强大工具,也是获取专业信息最理想的检索工具。DialogWeb 有两种检索方式,一是命令检索(Command Search),它适用于高级检索人员;二是菜单方式(Guided Search),初学者无需掌握复杂的命令检索语言,使用菜单方式即可进行检索。DialogWeb 提供的检索点更多,并可以直接选择检索点,检索结果以题名显示,并可选择排序方式、输出格式及方式。与其他检索平台相比,DialogWeb 的检索费用和检索时间都相对多。

1. 菜单检索

初级、中级或很少使用 DialogWeb 系统的人员,可选用菜单检

第 11 章 Dialog 国际联机检索

索。该方式是是系统缺省的检索方式,简便易学,无需掌握复杂的 Dialog 命令语言,检索结果显示、发送和检索策略的保存方式也比较灵活。即使是 Dialog 检索专家,当对某一数据库或某一不熟悉的领域进行检索时,也会充分利用菜单检索的优势。检索界面如图 11-3 所示。

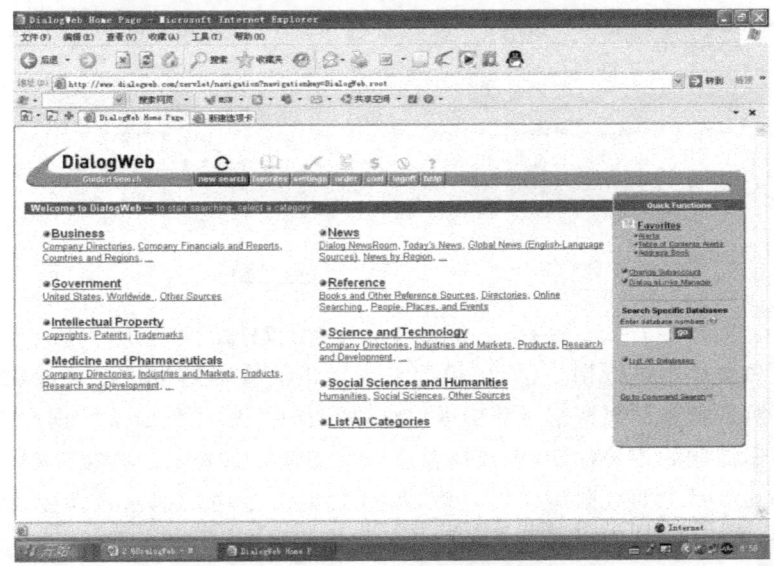

图 11-3 DialogWeb 菜单检索界面

2. 命令检索

对于具有丰富联机检索经验的中高级检索人员,可充分利用系统提供的命令语言,轻松使用命令检索方式。该方式包括了 Dialog 国际联机检索系统的全部命令,界面友好,如图 11-4 所示。点击"Go to Commond Search"或"Go to Guided Search"即可实现菜单检索界面和命令检索界面的转换。命令检索基本步骤如下:

(1) 选择数据库。与菜单检索不同,使用命令检索首先要选择数据库,检索策略的输入是在选择了数据库后进行的。当用户对系统提供的数据库不熟悉时,为了能够正确选择数据库,同时也节约检索费用,建议先使用数据库总索引文档(Dialindex 411 文档)了解每个数据库的收录范围、检索特征、检索字段、显示字段等情况,并

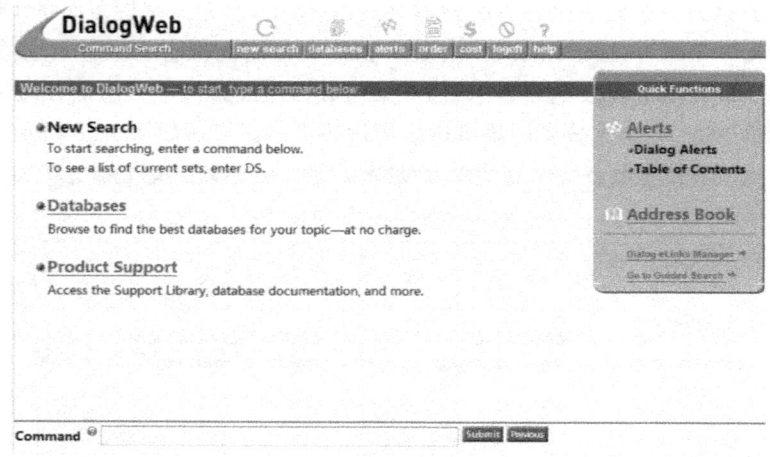

图 11-4　DialogWeb 命令检索界面

在该文档中进行初检,然后根据系统提供的检索结果排序功能,将得到的检索结果按记录数所得多少进行排序,以此判断该数据库与检索课题的相关程度,再选择合适的数据库正式检索。如果用户对 Dialog 系统的数据库非常了解,可直接在命令输入框输入命令,点击"Submit"按钮直接进入相应的数据库。

(2) 输入检索内容。在命令输入框中输入检索命令和内容执行检索。在命令检索方式下,可使用 Dialog 系统提供的所有的命令,同时可进行逻辑运算,可使用位置连接、前缀、后缀和截词等检索技术。

检索时,可充分利用系统提供的帮助功能,如点击屏幕上的"Bluesheet"按钮,可查看所有检索字段名称;点击"Formats"按钮,可查看检索结果显示格式;点击"Sorts"按钮,可查看可以排序的字段名称;点击"Limits"按钮,可查看用作限制检索的字段名称;点击"Tags"按钮,可查看用于打印输出的字段名称。

(3) 显示检索结果。检索命令提交后,系统返回检索结果,点击"Display"可以查看得到的检索结果。在检索结果页面的命令执行中,输入记录显示格式或使用屏幕提供的显示格式选择功能选择适当的显示格式后,点击"Submit"按钮,显示检索结果。

第 11 章　Dialog 国际联机检索

系统提供了多种显示检索结果的格式,可以从下拉菜单中进行选择,有些格式是免费的。建议用户在打印输出完整的检索结果前,先用免费显示格式显示记录中的某些内容,以查看检索结果是否与要求相符。不同的显示格式,每条记录的信息输出量不同。

(4)打印、保存检索结果。打印、保存检索结果是收费的,首先选择准备打印或保存的记录,然后根据提示完成打印、保存操作。记录保存文件类型应为 TXT 或 HTML(缺省状态)格式。如果保存的记录中有图片,应与文本文件分开保存,文件为 GIF 格式。

(5)检索结果发送。检索结果可通过邮寄、电子邮件或传真方式发送。发送检索结果表中各项内容填写清楚后,点击"Send Results"键即可发送结果。

11.2.2　DialogClassic Web(Http://www.dialogclassic.com)

Dialogclassic 是 Dialog 系统中的高级检索平台,只支持指令检索,适合于对 Dialog 系统的命令检索语言相当熟悉的检索人员使用。它可以对 DIALOG 系统中的所有数据库进行检索,是通过 Internet 实现检索的一种方式。其不需要安装终端软件,检索界面简单,检索速度快,便于检索和查看,是一种快速而且灵活性很强的检索方式;具有检索结果的获取、显示缓冲功能和方便的检索策略保存调用功能等。DialogClassic Web 主页如图 11-5 所示。

Dialogclassic 检索过程如下。

(1)从 Dialogclassic.com 进入了 DialogClassic 系统页面,输入相应的 User ID 和 Password 后,可进入检索界面。如图 11-6 所示。

(2)在 Command 命令输入框中输入所选择的数据库,进入相应的数据库。

(3)在弹出的新页面的命令输入框中,输入检索式执行检索。

(4)检索过程结束后,在检索命令输入框中输入"Logoff"断开与系统的联机,系统自动统计出这一检索过程的检索费用。

检索完毕,拉动滚动条即可看到全部检索过程,左边还将显示

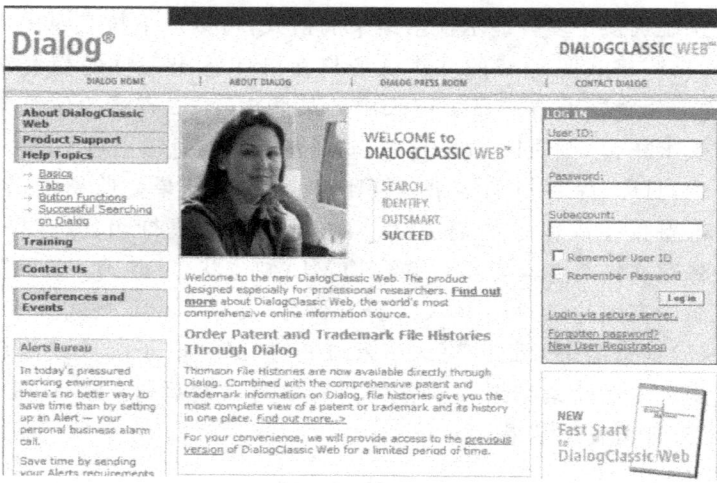

图 11-5　DialogClassic Web 主页

所输入的命令,其中的功能按钮还可以完成检索命令功能,如 打开文件,即把编好的命令文档打开; 存盘; 清除命令或页面; 设置高亮度; 清除按扭; 锁住; 开锁; 登录; 退出; 邮件(与 Dialog 系统联系); 命令文件; 打印; 帮助。

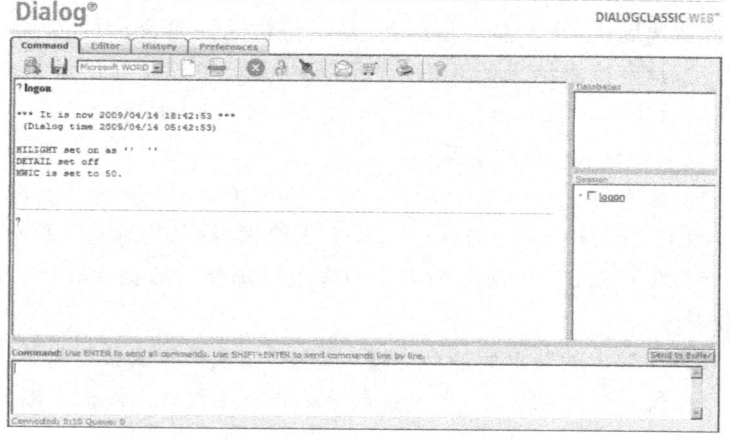

图 11-6　DialogClassic 检索界面

第 11 章 Dialog 国际联机检索

11.2.3 DialogLink

DialogLink 是 Dialog 系统客户端软件，只支持指令检索，使用前需进行帐号绑定及参数设置，首次设置后再次登入不用再输入账号密码。系统支持高级检索功能，支持深度分析（如报告功能），支持检索记录的保存和编辑。

1. Dlink 5.0 的安装

在使用 DialogLink 前应下载 DialogLink 安装程序，现在使用的 Dlink5.0 版本是由 Microsoft1.1 平台支撑。Dlink5.0 版本增加了指令及菜单，这样使得检索界面更加友好。Dlink5.0 提供链接文献全记录和全文、显示检索式、数据库介绍等功能，检索结果存贮格式多样化，支持 XML、Word、PDF 等储存格式，能够检索一些相关的结构式、图形等。

Dlink5.0 的安装过程如下：

（1）下载地址 http://support.dialog.com/downloads/dialoglink/，见图 11-7；

（2）接受下载条款或协议方可下载及安装 DialogLink5.0 软件，注册号会自动发送到用户所提供的邮箱；

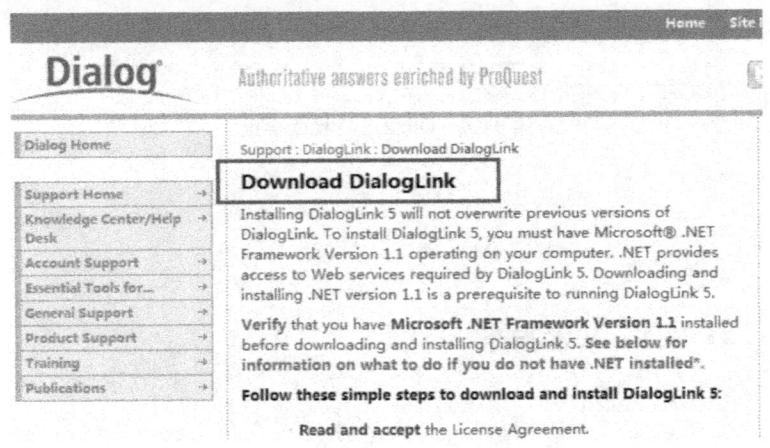

图 11-7 Dlink 5.0 的下载界面

(3)在注册或安装后,首先应激活 DialogLink 5.0,用户会在邮箱里得到申请的注册号码,填写后方可使用 DialogLink5.0。

2. Dlink 5.0 的使用

安装成功后,无需进入浏览器,只需点击桌面上的 DLink 快捷方式 即可看到进入 Dlink 检索界面。由于已提前注册成功,只需点击工具栏中的按钮 即可登录。Dlink 系统具体的检索方法及命令与 DialogClassic 相同,都可直接输入命令执行检索。若要退出系统,则点击按钮 ,退出后界面将显示该次检索费用。如图 11-8。

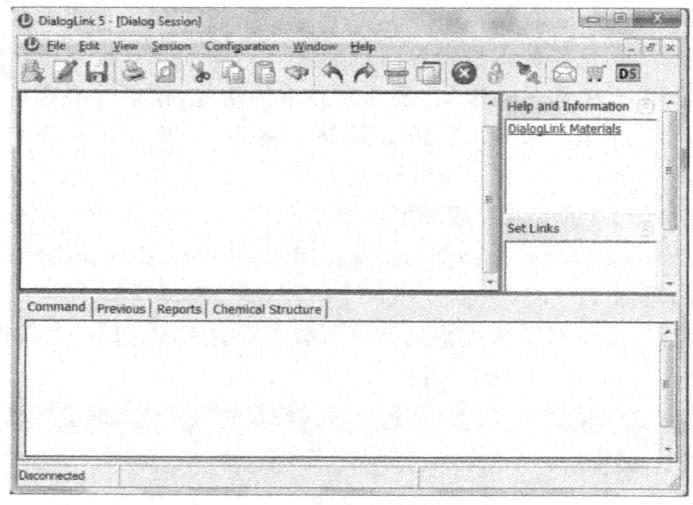

图 11-8　Dlink 5.0 检索界面

11.3　常用检索指令

11.3.1　基本指令

1. B 或 Begin ——选库指令

指令格式:B[数据库库号/组库名称]

例如:B 2　　　　　　打开 2 号数据库;

第 11 章　Dialog 国际联机检索

B 2,5,8,10	同时打开 2、5、8、10 号数据库；
B patents	打开专利组库；
B patents,34	同时打开专利组库和 34 号数据库；
B chemeng not 399	打开除 399 号数据库以外的化学组库；

注意：

(1) B 指令可以打开一个库或多个库，中间用逗号连接，一次最多同时打开 60 个数据库；

(2) B 指令支持打开组库（只支持小组组库），但不能打开 ALL 开头的 Supercategory 组库；

(3) B 指令支持打开组库和单库的组合，支持打开一个组库但排除组库里的某些单库；

(4) 执行 B 指令还有两个意思，第一，表示新检索的开始，那么之前的检索结果是不能再做处理的；第二，表示新一轮计费的开始。

2. SF 或 Set files ── 设置数据库扫描范围

指令格式：SF［数据库范围］

例如：B 411	打开 411 号文档；
SF 8,399	扫描 8 和 399 号数据库；
SF patents	扫描专利组库；
SF chemeng not 399	扫描除 399 号数据库以外的化学组库；

说明：

(1) SF 指令仅在 411 号文档使用；

(2) 其中［数据库范围］可以是多个库号、或是组库（支持大组和小组）、或是库号和组库的组合，或是一个组库但排除组库里的某些单库；

(3) SF 指令后至少要有两个数据库，如果仅仅扫描一个数据库，可随意选择一个陪同。

3. S 或 Select ── 选词指令

指令格式：S［检索式］

例如：S simvastatin	检索一个单词" simvastatin"；
S bridge and design	检索 bridge 和 design（"and"是逻辑算符）；
S S1 or S2	合并 S1,S2 的结果（"or"是逻辑算符）；
S (S1 or S2) and S3	先合并 S1,S2，再查找与 S3 的共同项；

S S1 and py=2009　对 S1 的结果增加时间限制；

说明：

(1)其中[检索式]是符合 Dialog 语法的式子，由检索词(关键词)、逻辑运算符、检索语法等构成；

(2)S 指令是 Dialog 检索时使用频率最高的指令，在开启一个数据库进行检索中，几乎每一个步骤都要用到这个指令；

(3)S 指令不仅可以进行关键词或检索式检索，而且每一步检索结果集合也可以通过逻辑关系编入检索式再进行组合检索。

4. E 或 Expand ——扩词指令

指令格式：E [检索词]

例如：E AU=liu y z　在作者字段(AU)进行匹配；

E exponential　单词在基本索引字段(Basic Index)进行匹配；

E trigonometric functions　短语是在 DE 字段或 ID 字段进行匹配；

说明：

(1)扩词指令多用于确定检索项的正确拼写；

(2)E 指令既可以在附加索引字段里使用，也可以在基本索引字段里面使用。

5. RD 或 Remove Duplicates ——去重指令

指令格式：RD <S♯>

例如：RD S1　表示对检索结果 S1 进行去重；

说明：

(1)其中<S♯>是之前得到的检索结果集合，♯代表 1,2,3……，如 S1,S2；

(2)去重规则，后一个数据库与前面的数据库进行比较，将后一个数据库中有相同标题的记录去除；

(3)适用于科技文献和新闻文献等，不适用于专利文献去重；

(4)直接使用 RD 指令，是指对最近的一次检索结果进行去重处理。

6. T 或 Type ——联机打印指令

指令格式：

(1)T S♯/输出格式或字段名称/输出条数(输出某个检索集合

第 11 章 Dialog 国际联机检索

里的记录);

(2)T 记录编号/格式或字段名称 from 数据库号(输出已知 dialog 文献收录号的某条记录)。

例如:T S1/full/all 输出结果集合 S1 中所有记录的全纪录格式;

T S4/ti,ab/1-10 输出 S4 中第 1 至 10 条的标题摘要,不同字段用逗号隔开;

T S2/6,k/all 输出 S2 中所有记录的 6 格式和 K 格式;

T 16057552/9 from 5 从 5 号数据库输出编号为 16057552 的记录的 9 格式;

Dialog 系统提供的九种预定义格式。

(1)格式 1:DIALOG 存取号。

(2)格式 2:除文摘及正文外的全记录(包括文献的题目、出处及标引词等内容)。

(3)格式 3 或 MEDIUM:题录(包括文献的题目、作者、来源、出版时间及全文的字数等)。

(4)格式 5 或 LONG:除正文以外的全记录。

(5)格式 6 或 SHORT:DIALOG 存取号和题目。

(6)格式 7 或 LONG:题录和文摘。

(7)格式 8 或 FREE:题目和标引词。

(8)格式 9 或 FULL:全记录,包括正文部分。

(9)K 格式或 KWIC:文中关键词(显示记录中含有检索词的那一部分内容)。

自定义格式是用户根据自己的特定需求而自行定义的显示格式。例如,题名(T1)、作者(AU)、文献出处(SO)和文摘(AB)等。

11.3.2 辅助指令

1. SS(SELECTSTEP;S STEPS)——分步骤选词检索指令

指令格式:SELECT STEP [检索词/检索式或 SS 检索词/检索式]

例如:SS information and education

检索结果如下:

S1　74 1NFORMATION
S2　43 EDUCATION
S3　17 1NFORMATION AND EDUCATION

SS指令功能与S指令相同,不同的是系统给每一个检索词赋予一个集合号,以便用户在检索过程中修改检索策略和重新组配时使用。

2. DS(DISPLAYSETS)——回顾检索过程指令

指令格式为:DS［检索步骤集合号］

例如:DS S1—S5

DS指令可回顾自BEGIN指令以来的检索过程。当输入此指令后,系统立即将各检索步骤的集合号、命中文献篇数及其检索式重新按顺序显示出来。该指令常用在使用的检索词或检索步骤较多,后面的检索式要用到前面使用过的检索词或检索式的情况,或在检索过程中因故发生中断需重新联机的情况。

3. SORT——排序指令

指令格式:SORT［检索组号/记录范围/字段代码］

排序指令的作用是按某一字段对记录进行排序,系统默认为升序,如果在末尾加上D,则按降序排列,排序的结果生成一个新的检索。

4. SAVE和SAVE TEMP——保留检索指令

SAVE是永久保留指令,需付费,而SAVE TEMP仅保留7天。所以一般情况下,用SAVE TEMP指令。当使用SAVE TEMP指令时,系统会自动分配一个以字母T开头的策略保存号。

5. EXS(EXCUTESTEPS)——执行保留检索指令

EXS与SAVE、SAVE TEMP指令配套使用,用来执行保存的检索策略。

6. D(DISPLAY)——联机显示指令

其特色为分页显示,格式与Type相同。

7. P(或Print)——脱机打印指令

该指令的作用在于用户可以将全部检索结果先存储在主机内,再由Dialog中心集中处理,分批打印,并将结果邮寄给用户。脱机打印具有占用机时少、费用低的特点,一般适宜较大量的打印输出要求。

第 11 章 Dialog 国际联机检索

8. LOGOFFHOLD ——暂停检索指令

允许用户在 30 分钟之内再次联机进入上次检索的文档中,并可调用上次的全部策略。如果执行时间超过 30 分钟,系统将自动断机,并结束检索。

9. LOGOFF ——结束检索过程指令

执行后退出 Dialog 系统,并在屏幕上显示用户使用情况的有关信息。

11.4 基本检索技术

11.4.1 逻辑算符

1. 逻辑与

算符为"AND"或"*"。若检索项 A 和 B 用"逻辑与"算符来组配,提问式可写成:A AND B 或者 A*B。其意义是检索时,记录中必须同时含有 A 和 B,即为命中记录。

2. 逻辑或

算符为"OR"或"+"。若检索项 A 和 B 用"逻辑或"算符来组配,提问式可写成:A OR B 或者 A+B。其意义是检索时,记录中只要含有检索项 A 或者检索项 B,无论是单独含有 A 或者 B,还是同时含有 A 和 B,均为命中记录。

3. 逻辑非

算符为"NOT"或"−"。若检索项 A 和 B 用"逻辑非"算符来组配,提问式可写成:A NOT B 或者 A−B。其意义是检索时,记录中凡含有检索项 A 而不含检索项 B,即为命中记录。

11.4.2 截词符

1. 有限截词

有限截词,顾名思义就是在词干后面截断有限的字符,也就是说截断一定数量的字符。有限截词检索有两种方式。

（1）在词干后紧跟一个"?"，然后空一格再加一个"?"，则表示在词干后只允许加 0—1 个字符。

例如：检索式为 CAR? ?，检索结果为 CAR 或 CARS、CARA、CARD、CARE、CARL、CARP、CARR、CART、CARY 等的相关文献。

（2）在词干后连续输入多个"?"，截词符的个数表示在该词干后允许变化的字符数量范围（用于检索两个或两个以上字符变化的词）。若在词干后连续输入 5 个"?"，则表示在该词干后允许变化 0—5 个字符。

例如：检索式为 CAR??，检索结果为 CAR、CARS……以及 CARAT、CARET、CAROB 等。

2. 无限截词

无限截词是在词干后有无限个可变字符。具体方法是在检索词词干后直接加一个"?"，则表示在该词干后加任意个字符或不加字符。即在某一词干的末尾使用"?"，可以检索出所有以该词干打头，以任意数量（包括零个）字符结尾声的检索词，使用这种方法解决了某些检索词词干相同、词义相近，但词尾有多种变化的问题。

例如：检索 TRANSPROT?，检索结果是 TRANSPORT、TRANSPORTER、TRANSPORTATION、TRANSPORTABILITY 等所有以 TRANSPORT 开头、以任意数量字符结尾的词，在使用无限截词时必须慎重，所用的词干不能太短，否则会造成大量误检或是磁盘溢出，使检索失败。

3. 屏蔽检索

屏蔽检索是在一个词中间，插入一个或多个截词符"?"（连续输入），则表示该词的"?"处必须有与截词符个数相同的字符存在。此法可用来解决英美不同拼法的词，但如果不同拼写的字母个数不等，则不能采用此法，只能一一输入每个检索词。

例如：检索 WOM? N，检索结果为 WOMAN、WOMEN。

11.4.3 位置算符

1. (W)、(nW)算符

(W)算符是 With 的缩写,有跟随的意思,表示两个检索词的先后次序不能改变。把(W)置于两词之间,即表示(W)算符两侧的词必须紧挨着,中间不能有任何词,但可以有空格或符号。通常 W 可以省略,只用()表示。

(nW)算符是(W)算符的扩展形式,其中的 n 为阿拉伯数字 0,1,2,3…。(nW)放在两个词中间,表示两个检索词之间可以嵌入 0—n 个词,但这两个词的顺序不得颠倒。

2. (N)、(nN)算符

(N)算符是 Near 的缩写,意思是附近,表示这两个检索词的位置可以变化。把(N)算符置于两词之间,则(N)两边的检索词中间不能插入任何词,但可以有词间空格或符号,且词序可以颠倒。

(nN)算符是(N)算符的扩展形式,其中的 n 为阿拉伯数字 0,1,2,3…。(nN)两边的检索词不仅词的位置序可以颠倒,而且中间可以插入 0—n 个词。

3. (S)算符

(S)符是 Sentence(句子)的缩写。把(S)置于两词之间,表示只要它们同处于一个句子中,该记录就能被检索出来,不管顺序如何,也不管它们中间有无其它词或符号。

4. (F)算符

(F)符是 Field(字段)的缩写。表示(F)两侧的检索词必须出现在记录的同一字段中,对它们中间插入的单词和两词的排列次序均不做限制。字段的含义由各数据库规定。

5. (L)算符

(L)算符 Link(叙词)的缩写。表示(L)两侧的检索词必须出现在同一叙词字段中,词序可以改变,中间也可以插入其它词或字母。

11.4.4 字段检索

检索字段反映文献内容特征,又称基本索引。它是一种主题性质的索引,由文献记录的篇名、文摘和主题词(叙词)等字段中所有有意义的检索词构成(不包括9个禁用词)。字段限制检索是 Dialog 中最主要的限制检索技术,它是限定检索词在数据库记录中出现的字段范围的一种检索方法。在 Dialog 系统中,数据库提供的可检字段通常分为表示文献内容特征的主题字段和非主题字段。由于各系统、各文档中检索字段所包括的内容和数量各有不同,故使用前需参考相应系统和文档的有关说明。见表11-1。

同时,还有一些字段反映文献外部特征,叫辅助索引。辅助索引是非主题性质的索引,它包括数据库中不属于基本索引的所有辅助检索字段,使用前需参考该文档的有关说明。某些系统在使用这种字段进行检索时,必须使用前缀代码,以区别于基本索引,其方法是:前缀代码加等号。

表 11-1 Dialog 基本索引字段代码表

后缀简称	代码全称	代码含义	索引方式	应用举例
/AB	Abstract	摘要	word	S neighborhood(w)affiliation/ab
/DE	Descriptor	文献标引主题词	Word & phrase	S mathematics activities/de
/ID or /IF	identifier	识别符	Word & phrase	S affiliative(w)behavior/id
/NT	Note	注释	word	S Child(w)development/nt
/TI	title	题目	word	S geometric(w)thinking/ti
/TX	text	文本	word	S information/tx
/CO	Company name	公司名称	word	S information/co

第 11 章 Dialog 国际联机检索

11.4.5 禁用词

禁用词(Stop Word)是指出现频率很高但没有实际检索意义的一些非检索用词,如介词、连词、代词等。每一个检索系统都有自己的禁用词表。Dialog 中的禁用词主要有 a、an、and、as、at、by、for、from、in、of、on、that、the、this、to、with、和 would 等。

一般情况下,所选择的检索词均是表达主要概念的词,因此这些禁用词对检索不是很重要的,但是在检索含有禁用词的词组时,禁用词则是很重要的,不可忽略的。在检索时遇到禁用词,基本的处理方式有两种。

一是检索字段用单元词标引的,检索时用位置算符(W)或(N)来代替禁用词。例如检索 dialog and information 方面的文献,可以使用检索式 S dialog (1W) information 来进行检索。

二是检索字段是用词组标引的,检索时可以使用双引号将整个词组引起来。例如检索刊名为 Journal of library and information sciences 的文献,可以使用检索式 S JN="Journal of library and information sciences",但却不能用 JN=Journal of library and information sciences 这样的检索式。

11.5 联机检索的步骤

11.5.1 明确检索需求

由于每一个检索课题都不会完全相同,因此只有明确了检索的需求,才有可能在检索中采取针对性的措施,获得解决特定问题的文献信息。检索的需求包括对检索主题(Search topic)、关键词(Keyword)以及检索的范围(Search scope)的确认;对文献类型、语种、年代的限制或要求;对检索得到文献数量的期望;以及所能承受的最高费用限度。

11.5.2 选择系统和数据库

对联机信息检索系统的选择,主要在于考虑检索费用标准的高低、检索性能是否完备,以及辅助服务是否完善等。

对联机数据库的选择,主要在于满足用户需求的主题内容和检索要求,以及现有有关数据库的性能指标,包括数据库的主题范畴与报道倾向、收录文献的数量与覆盖面、检索费用标准、字段结构、标引质量及其独特性等。

11.5.3 拟定检索策略

制定检索策略是联机信息检索过程中的一个关键步骤。正是这一步骤,将用户的需求提问转化为联机系统所能处理的检索语句,并且在系统和数据库已选定的情况下,直接决定着检索效率的高低和检索质量的优劣。

要制定出科学合理的检索策略,就要求检索者在课题所涉及的专业、有关数据库和有关词表以及手检和机检的经验等方面都有较强的背景知识。广义的检索策略包括与词有关的检索策略及其他检索策略两个方面。

与词有关的策略指检索逻辑式,是检索策略的核心内容,其编制过程为:第一,把检索主题剖析成几个主题概念组或面,分析各概念之间的逻辑关系;第二,为每个主题概念组或面选定合适有效的检索词;第三,根据概念之间的逻辑关系,灵活合理地使用逻辑算符,把检索词连接成检索式。

其他的检索策略包括选择所需检索的字段及其顺序,按照检索反馈及时调整检索的策略,确定检索的深度和水平,选定检索输出的顺序及格式等。

11.5.4 执行检索

在充分的检索准备基础上,即可与联机信息检索系统连接,灵活地利用联机系统提供的各种检索指令和特性功能,进行检索的人机对话过程,并得到相应的检索结果。

11.5.5 评价检索结果

在联机信息检索的人机对话过程中,要对联机系统的每一个响应逐一做出分析和评价,并根据系统对检索式的反馈以及预定的检索策略及时地调整检索式,以符合检索目的和要求。从理论上说,若有必要,必须重复第一至第四步骤的工作,直至结果满意为止。当然,在检索实践中,联机的评价和调整要受检索费用的限制,这就对上机前的准备工作提出了更高的要求,应尽可能在联机之前仔细周密地分析各种可能的情况,并预先制定相应的调整策略,以免因缺乏足够的准备而不知所措,导致费用的浪费。

第 12 章 网络信息资源检索

因特网(Internet)又称为国际互联网,是全球最大的信息资源库。互联网即互相连接的网络,由各国的公共信息网络互相连接而成。目前,已经有 100 多个国家和地区与 Internet 连接,连接的单位包括国家机构(政府、议会、军队)、国际组织、教育机构、科研机构、图书馆、商业机构、民间团体以及个人等。

Internet 是一个信息的海洋,信息发布者提供了浩如烟海的信息,内容涵盖政治、经济、军事、文化教育、科技、体育、新闻、娱乐等。信息的形式包括文字、声音、图形图像、视频、多媒体等。

12.1 概述

网络信息资源(Network Information Resources)是计算机网络中可以利用的各种信息资源的总和。网络信息资源包罗万象,内容极其丰富,涉及农业、生物、化学、数学、天文学、航天、气象、地理、计算机、医疗和保险、历史、大学介绍、法律、政治、环境保护、文学、商贸、旅游、音乐、电影等几乎所有专业领域,它是知识、信息的巨大集合,是人类的信息资源宝库。

12.1.1 网络信息资源的类型

1. 根据所采用的网络传输协议划分

(1) WWW 信息资源。WWW 是 World Wide Web 的缩写,中文译为万维网、环球网、蜘蛛网、3W 网、W3 网等。WWW 起源于

1989年欧洲粒子物理实验室(CERN),最初的目的是为了方便世界各地的高级物理研究科学家检索信息,以便相互交流他们的研究成果,实现信息共享。十余年来,不仅物理学家,全世界数千万的人们都成了 Web 的受益者。它是目前 Internet 上最热门的信息源,不仅提供文本信息,还提供数据、软件以及图形、图像、声音、影像等多媒体信息。

WWW 采用客户/服务器(client/server)模式工作,服务器通过路由器相联结。服务器端有大量的信息及超文本文件,还有相关的服务软件和数据库,负责处理客户端的请求并返回相应的结果。浏览器负责发送用户的操作,显示从服务器获得的信息。WWW 的基本协议是 HTTP 协议,基本语言是 HTML(Hy-per Tag Markup Language)语言,其特点是文件中有一些指向其他文件的链接,大部分信息是以 html 文件的形式传送到用户,这样,用户通过简单的鼠标点击操作,就可以轻易地从一个文件跳跃至另一个文件,而不管它们的实际位置在那里。

(2)Telnet 信息资源。Telnet 是 Telecommunication Network Protocol 的英文缩写,意指远程登录,是 Internet 最早提供的服务。在网络通信协议的支持下,利用 Telnet 用户的计算机暂时成为远程计算机终端,可以使用远程计算机上对外开放的软硬件资源。

Telnet 采用客户/服务器模式,要实现远程登录必须依靠两个软件程序的协同工作,即远程系统必须运行 Telnet 服务器程序,用户的本地机上必须安装 Telnet 客户程序,用户才能通过 Telnet 客户程序进行远程访问。在远程登录时,客户端程序首先与服务器建立连接,将用户的命令进行处理并发送至服务器程序,服务器程序接收并执行客户程序发来的命令,然后客户程序接收传来的命令执行结果并显示在用户的屏幕上。

利用 Telnet 可以检索不在身边的计算机资源,这些资源既有硬件资源,也有软件资源,如超级计算机、大型绘图仪、高速打印机、高档多媒体输入输出设备、大型的计算程序、图形处理程序、大型数据库、联机图书馆公共检索目录以及政府部门、研究机构对外开放的数据库。用户可以通过 Telnet 连接到远程计算机上完成自己的计算机无法完成的工作。

(3)FTP 信息资源。FTP(File Transfer Protocol)是互联网上另一个重要的应用协议。FTP 的主要功能是在任意主机之间进行可靠的文件传输,大型文件一般通过 FTP 来共享,FTP 也采用客户服务器模式,由 FTP 服务器(服务端)和客户软件(客户端)组成。使用 FTP 需要用户具有有效的账户和密码。

互联网上有大量的匿名 FTP 服务器(登录用户名为 anonymous,密码为你的电子邮件地址),这些 FTP 服务器上有各种资源,如电影、音乐、图片、电子图书、各种软件、数据文件等。

(4)USENET 信息资源。USENET 是一些有共同爱好的网络用户为相互交换信息而形成的论坛,论坛里的新闻是用户共同关注和讨论的问题。他们通过网络张贴或阅读新闻,讨论的问题按照不同主题分类,组织成一系列的专题组,并称之为网络新闻组,是一个分散的电子公告牌系统。

网络新闻组是提供用户与用户之间相互交流的好方法。如果遇到疑难问题,可以借助网络新闻组获得帮助,同样,用户也可解决别人提出的问题,所以说,网络新闻组向用户提供了一种围绕若干主题进行讨论的公共论坛,每一位用户既是信息发布者又是信息接收者。

网络新闻组名称采用层次结构命名,通常从新闻组的名称就能大致分辨出新闻组所讨论的内容。新闻组常被分为以下几类:

①comp 与计算机有关的新闻组;
②news 与网络新闻本身有关的新闻组;
③rec 有关娱乐活动的新闻组;
④sci 与某门科学有关的新闻组;
⑤soc 有关社会问题的新闻组;
⑥talk 具有争议性的讨论及随便交谈的新闻组;
⑦misc 上述各新闻组未涉及的其他讨论主题。

提供网络新闻服务的主机被称为新闻服务器,它所使用的通信协议是 NNTP（Network News Transferprotocol），因此又称为 NNTP 服务器。

(5) Mailing List 信息资源。因特网上有两种交流和讨论的方式：一种是网络新闻组 USENET；另一种是电子邮件清单或邮件目录 Mailing List，它是指对某专题感兴趣的用户组成的群体的 E-mail 地址列表。每个邮件列表都有管理员，管理员一般由人或一种称为 Listserv 的计算机程序负责管理维护邮件列表。与 USENET 不同的是，用户只要拥有 E-mail 功能就可以加入邮件列表，就可以收到邮件列表中任何成员发送的信息，也可以通过 Mailing List 向所有其他成员发送信息，以及能够找到所需询问、解决或讨论某问题的邮件群，为有共同兴趣爱好的网络用户建立一个交流信息、共享信息的空间。

(6) Gopher 信息资源。Gopher 是 Internet 上的一个菜单式信息检索工具，最早出现在美国的明尼苏达大学。在 WWW 出现之前，Gopher 可以说是因特网上最有效的信息查询及浏览工具。系统采用 C/S 结构，由存储有各种信息的、遍布世界各地的 Gopher 服务器组成并通过菜单系统相互连接。用户通过菜单，一层层地检索自己所需的信息，不必记住它们的网络地址，只需移动鼠标，便能从一个 Gopher 服务器跳到另一台 Gopher 服务器内，直接获取该服务器上的信息。

Gopher 上的信息十分丰富，一般拥有资源目录或索引、数字图书馆、专题数据库等，还提供与其他信息系统的链接，如 WWW、Telnet、FTP、WAIS、Archie 等。

(7) 对等传输信息资源（Peer to Peer, P2P）。最近，对等传输（P2P）变得流行起来。对等传输（Peer to Peer）是一个与客户机/服务器（client/server）相对的概念。在 C/S 模型中，信息的提供者称为服务器，信息的获取者称为客户，信息存放于服务器上，客户机访问服务器获得信息。而在对等传输中，每个用户都既是信息的提供者又是信息的获取者，换句话说，既是服务器，又是客户机。因此，在对等传输中，所有参与者均实现信息共享。

对等传输的优势在于传输存储尺寸较大的数据文件,如数字视频、数字音频、大型数据文件以及软件等。这些尺寸极大的文件如果通过传统的 WWW 或 FTP 方式传送,会受到存储文件的服务器的性能和通信线路性能的限制,而通过对等方式进行传送,则参与的人越多,相当于有越多的服务器,其结果是用户越多传输速度越高。最著名的对等传输系统有 BitTorrent 和 eMule/eDonkey。

BitTorrent(简称 BT,俗称 BT 下载)是一种多点下载的源码公开的 P2P 软件。由于其源码开放,许多基于 BT 核心的软件得以实现,如 BitSpirit、GredBT、BitComet 等。BT 共享系统中有几个基本概念:种子(Seed)、下载者(Peer)、跟踪器(Tracker)和种子文件(Seed Lile)。一个完整的共享文件称为一个种子,具有不完整的文件并正在下载的用户称为下载者;跟踪器是一个 BT 服务,它搜索并更新下载者名单,种子文件描述了种子的信息,用户使用 BT 软件加载种子文件来找到种子并下载。由于 BT 其采用了对等的多点对多点的方式,因此,具有下载的人越多速度越快的特点。

eDonkey2000 和 eMule 是另外两种 P2P 软件(共享网络),其中,eMule 是开放源码的软件,因此,也具有多种实现版本。目前,eMule 网已经是全球最大的对等共享网络。eDonkey/eMule 与 BT 有所不同。其一,BT 是单团体性的共享,不需要服务器,只要种子将种子文件发布出来就行了;而 eDonkey/eMule 需要用户登录到 eDonkey/eMule 服务器上发布或获取共享文件信息(服务器上只保存共享文件的信息,并不保存文件本身),即种子是采用排队制,实现的是全球共享。其二,eDonkey/eMule 软件具有自己的搜索程序。

2.根据网络信息所涉及的学科领域划分

(1)教育类信息。教育类信息主要有大、中、小学校设立的网站及其相关信息,其内容相当广泛,包括学校总体情况介绍,各院、系、专业介绍,学位、奖学金的设立,入学申请表、校历以及学校周边环境、生活设施、公共交通的介绍,以及各学科专业的教学计划、课程表及教师的有关情况(教师的个人简历、学术成果、科研状况、近期研究课题等)。网络教学现在已成为一种新的教学模式,清华大学的网络学堂,可以使成千上万的好学者步入清华殿堂实现梦寐以求的愿望。中央广播电视大学等学校的继续教育网站,都打破了以往课堂教学的局限性,突破了时空的限制。网络的信息除了文本信息之外,还包括图形、图像、声音、动画等多媒体信息,这使教学内容更加生动。

(2) 文化类信息。文化类信息主要包括目前各类团体纷纷上网创办的各类电子刊物,如《北京大学学报(哲学社会科学版)》、《作家杂志》、《计算机学报》、《能源与环境》等。

(3) 科研类信息。科研类信息主要指专门的学术机构(如学会、协会、研究所等)所设立的网站及相关信息,包括机构的目标、宗旨、成员、主要出版物、最新学术活动等。

(4) 娱乐消闲类信息。娱乐消闲被人称之为网上最成功的领域之一,包括阅读、游戏、购物、旅游、音乐、运动、养身、茶道等。如网上旅游信息,提供各旅游城市的风景名胜、特产、民风民俗、宾馆、饭店、交通等信息,一应俱全。随着网上书店、网上订货等网站的增加,网上购物也已成为一种时尚。

(5) 政策类信息。政策类信息主要由政府及相关部门的网站提供的信息,主要内容包括有关组织机构的宗旨、业务范围等;提供成员、出版物、最新消息发布,以及各类法律、法规、政策信息、统计数据等信息。这类信息由于出自官方,具有权威性、可靠性等特点,而且很多信息都是免费的。

12.1.2 网络信息资源的特点

1. 网络信息量大面广、形式多样

网络信息的自由发布,促成了网络信息量的激增。网上信息涵盖了人类知识的各个领域,既有人文科学、社会科学、自然科学、工程技术信息,也有各种生活服务、娱乐消遣等信息。网络信息资源形式多种多样,既有静态信息,如电子图书、电子报刊、电子工具书、软件资源等;又有动态信息,如新闻、会议、广告、交通、天气、股市行

情、个人主页、BBS、E-mail 等。信息形式涵盖文本、声音、图形、图像、软件、数据库等多种类型。

2. 网络信息的不均性与交互性

Internet 是一个基于 TCP/IP 协议的联结各国、各机构数以万计的计算机网络的通信网,是一个集各种信息资源为一体的信息资源网。网络信息发布的自由度与随意性,导致网络信息良莠不齐,既有高质量的信息资源,又混杂着大量的劣质信息,这表现出网络信息的不均性。网上的 BBS、讨论组、Blog、电子邮件等交流方式,实现了用户超越时空界限相互沟通,体现了交互特征。

3. 网络信息的动态性与无序性

网上的信息变化快且不稳定,不但各种信息都处在不断更新、淘汰的状态,它所链接的网络、网站、网页也都处在变化之中,这使得网络信息从形式、内容到地址都具有极高的动态性。同时,网上信息的组织以超文本技术链接,构成立体网状的联系,任何一个国家、服务器、网站、网页、文章上的相关信息都可以通过结点链接起来,用户的现实需要和随意组合,最终造成了网络信息用户界面、检索方式的各不相同,表现出网络信息的无序性特征。

4. 网络信息的分布性与多语种

网络将原本存储于不同国家、不同区域服务器上的信息连接在一起,因而网络信息是多语种的信息资源。只要用户与网络连线即可随时发布、传播、检索、利用信息资源,实现信息在线浏览、复制、下载、上传与存储等交流过程,增加网络信息传播、交流的随意性,容易制造信息噪声。

从宏观上看,由于互联网上的信息没有统一的控制,信息的质量参差不齐,另外,网上的信息也很分散、无序、不规范。但是从某个局部,如某个网页、数据库来看,又是有控制的、相对集中的、有序和规范的。因此,要有效使用互联网资源,就需要用户掌握一定的检索策略,充分利用网络检索工具获取自己所需的信息。

12.1.3 网络信息资源利用的几个概念

1. HTML

HTML(Hyper Text Markup Language)超文本标识语言,是为WWW建立超文本文件的语言。普通文本文件和印刷型文献的内容以线形排列,知识点之间固有的网状联系无法予以体现。在超文本文件中,文本中的某些内容通过被称为链接项(由高亮度、—F划线或编号等进行标识)的一些词和其他文本或文件连接起来。也就是说,超文本文件是指含有多个指向其他文本、图像、声音或动画文件的指针,是使它们连接在一起的文件,并由此实现在 Internet 上的漫游。

2. 网站和网页

网页是用 HTML 等语言写成的文本文件,而网站则是有独立的域名,由若干相关网页组成的一个站点。一般情况下,一个网站都有一个被称作主页(Homepage)的页面,起着引导访问者浏览网站的作用,或者说是用户通过超链接访问其他 Web 页或服务器的起始点。按照微软公司的比喻,如果把 WWW 当作是 Internet 上的大型图书馆,则每个 Web 站点就是一本书,每个 Web 页面就是书的一页,主页则是书的封面和目录。用户可以从主页开始,通过 Web 链接访问各类信息资源,在 WWW 世界中漫游。

3. WWW 浏览器

浏览器是 WWW 用来浏览网站和页面信息的客户程序。通过浏览器,用户可以十分方便地在 Internet 上获取所需要的信息。目前使用最为普遍的浏览器有 Microsoft 公司开发的 Internet Explorer 和 Netscape 公司开发的 Netscape Novigator。这两种浏览器都支持绝大多数的 WWW 资源和访问方式。

4. 互联网协议地址、域名和 URL

互联网协议(Internet Protocol,IP)是互联网信息定位所必需的地址,一般为四段数字,中间用圆点隔开。每台上网计算机都有一个唯一的 IP 地址,它的作用类似于上网计算机在信息高速公路上的

门牌号码。

域名(Domain Name,DN)一般由通信协议、主机名、域名三段字母构成。只有作为服务器的计算机才需要 DN。因此,域名的作用类似于服务器在信息高速公路上的门牌号码。

统一资源定位器(Uniform Resource Locator,URL)是规定服务器的所有信息资源的地址。这个地址不仅指明信息资源所在的目录和文件名,还指明信息文件存在于网络的哪个计算机上,以及可以访问的方式等。URL 由域名和文件地址组成,包括五个部分:protocol://host.[:port]/path/filename。

protocol 是通信协议或获取数据的方式。

host 是主机的地址,一般由三部分组成,各部分之间用圆点区别。第一部分通常是服务器的名称,以直接使用单位名称为多见;第二、第三部分都是域名,前者通常是机构性质的代码,后者是国家或地区的代码。在一些网址中,国家和地区域名常常省略。

[:port]即端口,用数字标识,属于可选项。不同的端口号代表不同种类的服务。

path 即路径。

filename 是文件名,即浏览器访问的目标。

12.2 搜索引擎

搜索引擎(Search Engine)是互联网上专门用于检索的网站的统称,是利用网络自动搜索技术,对各种因特网资源(如 Web 网站、网页,以及非 Web 形态的 BBS、Telnet、FTP、Newsgroup 等)进行采集、标引、组织、加工、处理,建立管理和存储这些信息的索引数据库,并提供给用户基于该索引数据库的检索的网络服务平台。

广义的搜索引擎泛指网络上提供信息检索服务的工具或系统,在网络环境下,搜索引擎所扮演的角色与传统的手工检索工具在印刷版时代所扮演的角色很近似,二者都是对信息资源进行搜集、整理并提供各种查询途径,因此,搜索引擎又被称为网络检索工具。搜索引擎主要面向网络信息资源,并通过 Internet 来提供服务。

狭义的搜索引擎主要指利用自动搜索技术软件(Robot),对 Internet(主要是 Web)网络资源进行收集、组织并提供检索服务的一类信息服务系统。

12.2.1 搜索引擎检索方法

1. 简单搜索

简单搜索(Simple Search)指输入一个单词(关键词),提交搜索引擎检索后反馈结果,它也叫单词搜索。这是最基本的检索方法。

2. 词组搜索

词组搜索(Phrase Search)指输入两个单词以上的词组(短语),提交搜索引擎检索并反馈结果,它也叫短语搜索。现有的搜索引擎一般都约定把词组或短语放在引号""内。如果查找的是一个词组或多个汉字,最好的办法就是将它们用双引号括起来,这样得到的结果最精确。这就叫使用双引号进行精确查找。一般来说,在网页搜索引擎中,用词组搜索来缩小范围从而找到搜索结果是最好的办法。但是,运用词组搜索涉及如何选择一个词组来表达检索的问题。有时简单搜索就能奏效,有时则需要输入一个词组才能奏效,故选择合适的词组对提高搜索效率是很重要的。

3. 高级搜索

高级搜索(Advanced Search)指用布尔逻辑组配方式检索,它也叫定制搜索,常用的逻辑运算为 AND(与)、OR(或)、NOT(非)。此外,还有 NEAR(邻近)算符。WebCrawler 直接要求用 NEAR/n 形式指明。恰当应用 AND(和)、OR(或)、NOT(非)及 NEAR(邻近),可以使搜索结果非常精确,而且可以用括号将搜索词组合起来,如(地球 OR 月球)AND 探测 NOT(火星)。有的搜索引擎还支持使用通配符,用于指代一串字符。不过,每个搜索引擎所用的通配符不完全相同,大多数用 * 或?,少数用 $。

此外,不少搜索引擎还支持加(+)、减(一)词操作,相当于逻辑

与(AND)和逻辑非(NOT)。在搜索词前冠以加号"＋"可以限定搜索结果中必须包含的词汇,用减号"－"则限定搜索结果不能包含的词汇。当只用一个单词进行搜索时,经常会出现数以千计甚至百万计的匹配网页,这时,就可以用"＋"再加上一个单词,使搜索结果缩小范围;同样,如果用"－"去除一个单词,就能立即排除不需要的搜索结果。这一方法对主要搜索引擎都适用。

4. 语句搜索

语句搜索(Sentence Search)指输入任意自然语言问句,提交搜索引擎检索并反馈结果,这种方式也叫任意检索,实际上就是自然语言检索。并非所有的搜索引擎都支持这样的检索,而且不同搜索引擎对语句和词与词之间的关系的处理方式也不同。

5. 目录搜索

目录搜索(Catalog Search)指按搜索引擎提供的分类目录逐级检索。用户一般不需要输入检索词,只需要按照检索系统所给的几种分类项目选择类别进行搜索。它也叫分类搜索(Classified Search)。当然,也有人提出不应将网站分类目录叫做搜索引擎,认为真正意义上的搜索引擎指的是全文搜索引擎。全文搜索引擎根据提问,当场去网上检索,技术含量高、处理的信息量大、准确度高、功能强、检索速度也快。然而,全文搜索引擎其实也要有一个大的索引表,其中记录了每个网页上出现过的关键词。当用户输入某个关键词搜索的时候,所有含有这个关键词的网页就能被找出来,并按一定顺序排列。这就与目录搜索依据的目录索引类似了。

12.2.2 国内常用搜索引擎

1. 百度(URL:http://www.baidu.com)

百度是全球最大的中文搜索引擎之一,它以超过 2 亿的中文网页、全球独有的"超链分析"技术、快捷的反应速度、庞大的服务器群,接受来自全球各个国家的中文搜索请求。1999 年底,李彦宏和徐勇于美国硅谷创建了百度。2000 年,百度回国发展,从此掀开了中文搜索引擎的新篇章。

第 12 章　网络信息资源检索

利用百度可检索的资源类型包括网页资源、新闻、5 万个 Flash、图片、超过 60 万的 MP3 音乐和地理资源。另外，百度按照主题分类方式组建的网站资源列表，收录了上万个质量很好的网站，并有专人负责维护和更新，是很好的网络资源。

百度支持关键词检索，查询方式分简单检索和高级检索两种。

(1) 简单检索。只要在搜索框中输入关键词，并单击百度搜索按钮，百度就会自动找出相关的网站和资料，并把最相关的网站或资料排在前列。

(2) 高级检索。百度的高级检索支持布尔逻辑 AND、OR、NOT 和词组检索，除此之外还能限定搜索结果显示条数、时间、地区、语言、关键词位置、和特定的域名等方面。百度检索窗口如图 12-1 所示。

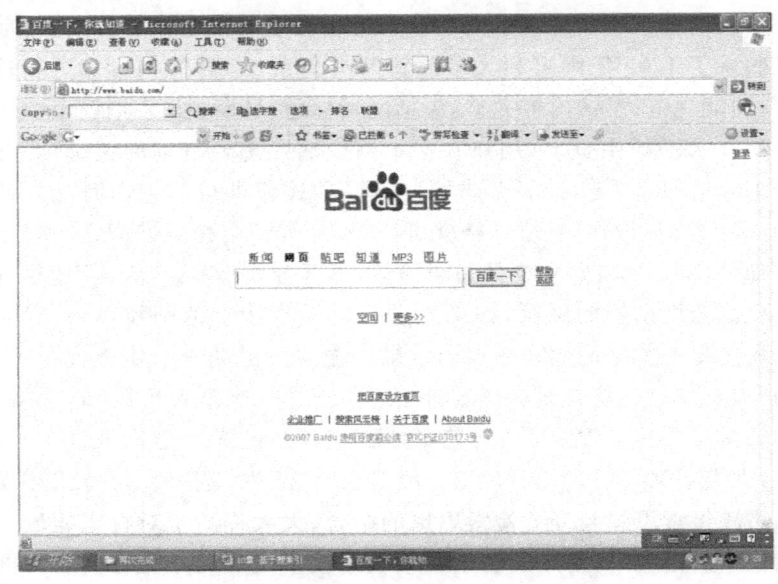

图 12-1　Baidu 主页

2. 3721 (URL: http://www.3721.com)

现任 3721 公司总裁周鸿伟于 1998 年 10 月创建了 3721 公司，并在同年推出了 3721 网络实名的前身——中文网址。2003 年 11

月,3721香港公司被Yahoo!所收购,Yahoo!因而获得了中文关键词搜索服务和包括在浏览器地址栏进行关键词搜索在内的3721全套技术。

3721公司从1998年成立至今,一直专注于中文上网服务,是中文上网服务的开创者和行业领导者。目前,3721网络实名覆盖了90%以上的中国因特网用户,每日使用量超过3000万人次,是使用量最大的中文上网方式,也是中国因特网用户最喜爱的网络服务之一。

由于3721公司和微软公司的合作,使网络实名服务和IE浏览器实现绑定,用户直接在地址栏里输入关键词即可得到需要的结果,方便快捷。

3. 天网搜索网站(http://e.pku.edu.cn/)

天网搜索网站由北京大学计算机系网络研究室设计开发,目前已收录了1.05亿网页和大量的新闻组文章、FTP等内容。更新较快,功能规范;反馈内容完整,包括网页标题、日期、长度和代码。

在"天网"主页上,用户在文本框中输入想要查询的关键词,并按Enter(回车)键,或者单击"搜索网页"按钮即可。查询时无需使用AND、OR操作,只要空格就可以了,"天网"会在关键词之间自动添加AND。"天网"也支持短语检索,不区分大小写。"天网"提供符合全部查询条件的网页,如果想进一步缩小搜索范围和结果,只需输入更多的关键词或者在查询结果中输入关键词进一步查询。"天网"独具特色的地方是在类别下拉列表框中,检索者可以选择关键词的学科类别,包括人文与艺术、商业与经济、娱乐与休闲等11大类,大类下又可以进一步规定二级类目。"天网"这一检索方式体现了主题检索思想与分类检索思想的结合,大大提高了对特定领域文献检索的检准率,是今后搜索引擎检索技术发展的一大方向。天网搜索主页如图12-2所示。

4. 中国搜索(URL:http://www.Zhongsou.com)

中国搜索(原慧聪搜索)CEO陈沛带领公司于2002年正式进入中文搜索引擎市场,后推出第三代智能搜索引擎。自2002年正式

第12章 网络信息资源检索

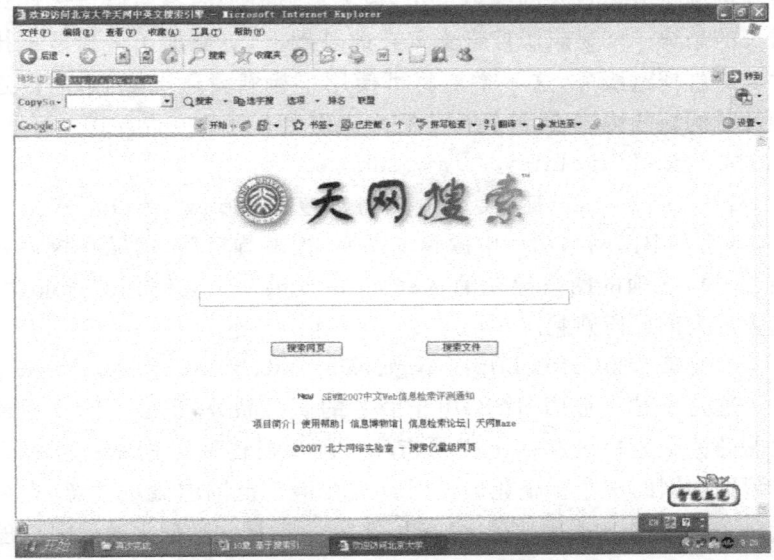

图 12-2 天网搜索主页

进入中文搜索引擎市场以来，中国搜索的表现令人瞩目。在一年多的时间里，中国搜索就发展成为全球最大的中文搜索引擎服务商，为新浪、搜狐、网易、TOM等知名门户网站，以及中国搜索联盟的上千家各地区、各行业的优秀中文网站提供搜索引擎技术。目前，每天有数千万次的中文搜索请求是通过中国搜索实现的，中国搜索已被公认为第三代智能中文搜索引擎。

5. 新浪网搜索引擎（URL：http://www.sina.com.cn）

这是面向全球华人的网上资源查询系统，提供网站、网页、新闻、软件、游戏等查询服务。网站收录资源丰富，分类目录规范细致，遵循中文用户习惯。目前共有16大类目录，1万多个细目和20余万个网站，是因特网上最大规模的中文搜索引擎之一。

6. 网易搜索引擎（URL：http://www.163.com）

其最大的特色之一是采用"开放式目录"管理方式，在功能齐全的分布式编辑和管理系统的支持下，现有5000多位各界专业人士参与可浏览分类目录的编辑工作,极大地适应了因特网信息爆炸式增长的趋势。网易新版搜索引擎在此基础上,更增加了全新搜索技术及广告搜索服务,这一举措将可使用户检索高达16亿条的信息和及时的新闻内容,同时为广告客户提供更有效的广告方式。

7. 搜狐(URL:http://www.sohu.com)

1998年2月25日,大型中文网站搜狐(Sohu.com)正式推出后,迅速在中国网络用户中掀起了一股"搜狐旋风"。搜狐在提供方便、快捷、准确的网络导航的基础上,也提供基于关键词的查询,普遍为广大网民所熟悉。

8. 阿里巴巴(URL:http://page.china.alibaba.com/index.html)

这是全球企业间(B2B)电子商务的著名品牌,也是目前全球最大的商务交流社区和网上交易市场。阿里巴巴商务网站一直致力于帮助中国的中小型企业通过因特网在世界范围内做成生意,现会员总数已超过100万,其中约有九成左右是中小型企业等。阿里巴巴主要提供商品贸易、供求信息、产品、公司信息等的查询、检索。

12.2.3 国外常用搜索引擎

1. Google(http://www.google.com)

Google是由美国斯坦福大学的两位博士生拉里·佩奇(Larry Page)和谢尔盖·布林(Sergey Brin)在1998年创建的。1999年6月,Google通过自己的网站www.google.com推出,很快便以其特有的技术优势和极佳性能扬名世界。

Google的使命就是要提供网上最好的检索服务,促进全球信息的交流和共享。Google开发出了世界上最大的搜索引擎,提供了最便捷的网上信息检索方法。通过对30多亿网页进行整理,Google可为世界各地的用户提供所需的搜索结果,而且搜索响应时间通常不到半秒。现在,Google每天提供的检索服务在2亿次以上。

现介绍Google的特殊功能。

(1)图像搜索。Google的"图像搜索"是网络上现今最好的图像搜索工具,收录有超过3.3亿张图像可供用户查看。要进行图像搜

第12章 网络信息资源检索

索,选择主页上方的图像键或直接用 URL(http://images.google.Com)即可进ty,在图像搜索框中输"ty"要查找的图像主题或相关关键词,然后单击"搜索"按钮。在检索结果页上单击缩略图即可看到原始大小的图像,同时还可看到该图像所在的网页。但要注意,由 Google 图像搜索服务提供的图像可能受版权保护,除了可以在网页上查看之外,Google 并未授权将这些图像用于其他任何用途。

(2)信息挖掘。如果要查找网络上的 PDF 格式、DOC 格式、GIF 格式等专门格式的文件,只需在检索词后加上 PDF、DOC、GIF 等信息,Google 就会自动到服务器甚至数据库中去搜寻这些文件,体现出新颖的信息挖掘功能。反之,如果只想查找一般网页而不要 PDF 等文件,则只需在检索词后加上"— filetype:pdf"等就可以了。

(3)手气不错。按下"手气不错"按钮将自动进人 Google 检索到的第一个网页,而完全看不到其他搜索结果。使用"手气不错"进行搜索表示用于搜索网页的时间较少而用于检查网页的时间较多。Google 最擅长于为常见检索找出最准确的搜索结果,用"手气不错"按钮就能直接进人最符合搜索条件的网站,省时又方便。

(4)网页快照。Google 在访问网站时,会将看过的网页复制一份网页快照,以备在找不到原来的网页时使用。单击"网页快照"时,将可看到 Google 将该网页编入索引时的页面。Google 依据这些快照来分析网页是否符合用户的需求。

(5)类似网页。单击"类似网页"时,Google 侦察兵便开始寻找与这一网页相关的网页。

Google 侦察兵可以"一兵多用"。如果用户对某一网站的内容很感兴趣,但又嫌资料不够,Google 侦察兵会帮助找到其他有类似资料的网站。例如,如果用户在寻找产品信息,Google 侦察兵就会提供相关的信息供用户比较,使用户能货比三家。

(6)按链接搜索。有一些词后面加上冒号,对 Google 具有特殊的含义,其中的一个词是"link"。检索 link 显示所有指向该网址的网页。例如,"link:www.google.com"将找出所有指向 Google 主页的网页。不能将 link 搜索与普通关键词搜索结合使用。

(7) 指定网域。又一个后面加冒号而有特殊含义的词是"site："。要在某个特定的网域或网站中进行搜索，可以在 Google 搜索框中输入"site：xxx.com"。

(8) 语句搜索。Google 是最早支持自然语言检索的少数搜索引擎之一，目前，这一功能仍在不断完善之中。

最后值得一提的是可以将 Google 工具箱安装到 Internet Explorer 的工具列内，这使得用户在任何网页上随时可以使用 Google 的强力搜索，而不需要每次都造访 Google 首页。Google 工具箱完全免费，包含下列各项功能：Google Search——让您在任何网页上随时使用 Google 的检索；Search Site——站内检索，限定搜索范围于您所在的网站内；PageRank——网页级别，让您知道 Google 对这网页的评价；PageInfo——网页资讯，提供更多有关这网页的资讯，例如和这页类似的其他网页，哪些网页有链接到此，或该网页在 Google 里的存档等；Highlight——用不同的颜色标释出您的检索字词；Word Find——在网页内寻找您检索字词的位置。

安装 Google 工具箱的操作很简单。只要在操作系统 Windows95/98/ME/NT/2000/XP 和微软 Internet Explorer5.0 以上环境，连接到 http://toolbar.google.corn/intl/zh-CN/，按提示操作即可。

2. Yahoo！（http://www.yahoo.com）

Yahoo！是世界上最早的搜索引擎之一，它是 1994 年 4 月由斯坦福大学的两名博士生大卫·费罗（David Filo）和杨致远（Jerry Yang）研制的。1995 年，两位主要创建人成立了 Yahoo！公司，该公司营业收入主要来自电子广告。Yahoo！拥有第一流的 Web 目录和最佳的新闻链接以及许多附加服务，因而，也有人将其专门独立为目录索引类搜索引擎。其主页如图 12-3 所示。

Yahoo！主页中有检索选择及输入框，输 ty 框下方 Find 后可选查 HotJobs、Maps、People Search、Yellow Pages 等。输入检索词后点击 Search 按钮可进行检索。主页下部是详尽的分类目录，供目录搜索用。

第12章 网络信息资源检索

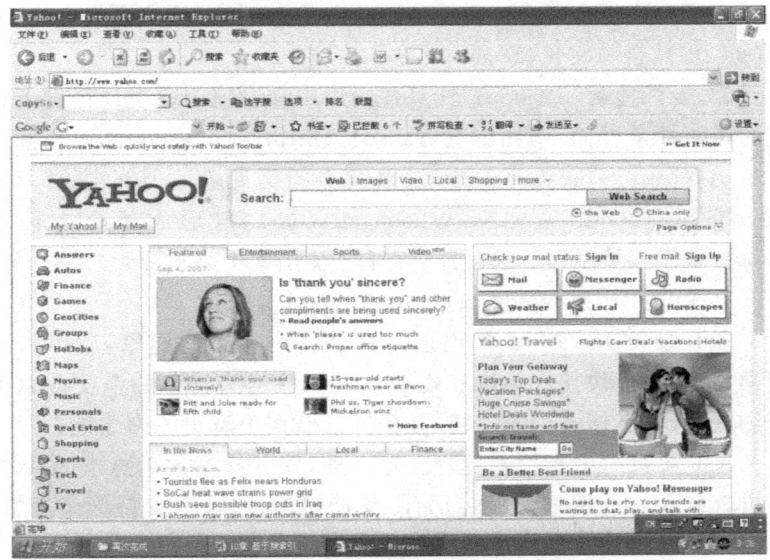

图12-3　Yahoo！主页

Yahoo！的特色和优势是具有独特的目录搜索和系列化的专门搜索功能，并以其优良的性能享誉世界。

(1) 目录搜索。Yahoo！的魅力就在于它的可浏览式分类主题目录。按照主题建立分类索引，提供全面的分类体系结构，并结合高质量的检索软件，Yahoo！成功地建立起了一套独特的消息管理和组织机制，使得对网络信息的全面检索变成现实。Yahoo！包含的主题内容经过精心选择，按字母顺序归为14个大类。它对每个大类所包含的子类有精练的描述，每个子类与数以千计的互联网网站信息相连，范围广泛，汇集了数百万分类URL，并且能将搜索限制在某一类别内。

Yahoo！的14个基本大类是：艺术与人文（Art & Humanities）、商业与经济（Business & Econo-my）、电脑与网际网路/网络（Computers & Internet）、教育（Education）、娱乐（Entertainment）、政府（Government）、健康与医药（Health）、新闻与媒体（News & Media）、休闲与运动（Recreation & Sports）、参考资料（Ref-

erence)、国家与地区(Regional)、科学(Science)、社会科学(Social Science)、社会与文化(Society&Culture)。

(2)专门搜索。Yahoo!针对各国用户和专门用户设计开发了相应的功能检索界面,例如中文 Yahoo!(http://cn.yahoo.com)、德文 Yahoo!(http://de.yahoo.com)、以及专门为儿童设计的搜索引擎 Yahooligans!(http://www.yahooligan.com)等,形成了全方位的 Yaoo!搜索网站系列。这在目前所有搜索引擎中是独一无二的。

3. Ask(http://www.ask.com)

Ask 原名 Askjeeve,初出道时只是一个元搜索引擎,后以目录搜索为主,但很快便成为以实现自然语言检索为特色的全文搜索引擎,并跻身著名搜索引擎之林,在国际互联网上赢得一席之地。

Ask 主页栏中有检索选择及输入框,输入检索词后点击 Ask 按钮可查。Ask 的搜索功能包括:①支持简单搜索;②支持词组搜索;③支持高级搜索。其特色是支持自然语言搜索。

Ask 支持自然语言搜索的实现方式是支持自然语言提问,它的数据库里已经储存了足够多的问题的答案,只要用英文输入一个问题,它就会给出问题的答案。如果问题答案不在它的数据库中,那么,它会列出一串与问题类似的问题和含有答案的链接供用户选择。

4. WiseNut(URL:http://www.wisenut.com)

Wisenut 由韩裔尹汝杰(Yeogirl Yun)创立,2001 年 9 月正式发布,2002 年 4 月被分类目录提供商 Looksmart 收购。

WiseNut 是搜索引擎新秀,在功能上比之现有的引擎有其自己的特色,而且一开始就以其宣称的含有称 5 亿张网页的数据库显出咄咄逼人之势。

WiseNut 的引擎功能与 Google 很相似,采用与 PageRank 类似的排名规则,即根据网页相关性、网站内部链接结构及受欢迎程度来确定搜索结果的排列顺序。WiseNut 也提供类似 Google"网页快照"的功能,不过在 WiseNut 中,该功能被命名为 Sneek-a-Peek,并且不是从引擎数据库中调出存储的网页文字索引,而是直接从目标网站实时下载整个网页供用户预览。除此之外,WiseNut 还具备一些高级检索功能,例如用户搜索某方面的资料,WiseNut 会将结果自动归类,成为 Wiseguideso 用户可以选择单击相应的链接访问分类信息,或单击分类旁边的图标以该类目为条件重新搜索。WiseNut 另一个新特性是在给出相关网页链接时,它列出网站中相关网页的实际数目,而不像其他引擎仅显示 More Results 而已。

5. 美国在线(URL:http://search.aol.com)

这是全美最大的网络服务商。美国在线 2000 年以后开始使用 Google 提供的搜索服务。美国在线检索功能与查询方式均与 Google 的检索特色保持了一致,搜索引擎提供了网页、图像、音频、视频、购物、新闻、地图查询的检索范围提示,并支持目录分类的检索需求。关键词搜索有简单搜索和高级搜索两种。

6. Excite(URL:http://www.excite.com)

Excite 的历史可以上溯到 1993 年 2 月,6 个斯坦福(Stanford)大学生的想法是分析字词关系,以对因特网上的大量信息做更有效的检索。到 1993 年中,这已是一个完全投资项目 Architext,他们还发布了一个供 Webmasters 在自己网站上使用的搜索软件版本,后来被叫做 Excite for Web Servers。Excite 后来曾以概念搜索闻名,2002 年 5 月,被 Infospace 收购的 Excite 停用自己的搜索引擎,改用元搜索引擎 Dogpile。

Excite 的查询内容包括 WWW、SENET、音频、视频、新闻、地图、黄页、软件、股票、电子邮件地址、飞机航班等信息。含有 5000 万个网页。

12.3 学科网络信息资源检索

12.3.1 社会科学信息检索

1. 法律信息检索

(1)互联网法律研究组(Internet Legal Resource Group,简称

 信息检索

ILRG,http://www.ilrg.com)是一个较全面的法律信息检索工具，它收录了来自238个国家、地区、领地的4000个有关法律信息的网站。

ILRG提供关键词检索，可检索有关法律信息的所有站点（Search Areas of Site）；检索法学院的所有信息（Search Academia），包括法律课程教学大纲（Law Outlines）、法学学生（Lawstudents）、攻读法学院准备资料（Pre-law）等；还可检索与专业相关的所有信息（Search Profession-related），包括法律协会（Legal Associations）、法学继续教育（Continuing Legal Education）、法律专家（Legalexperts）、自编法律范文和规范表格数据库（Law Firm Database）、网络法律表格索引（Legal Forms Web Index）、实例空间（Practice Areas）等；以及检索所有的政府相关信息（Search all of Government），如世界政府索引（World Index）、澳大利亚政府索引（Australian Index）、加拿大政府索引（Canadian Index）、英国政府索引（U. K. index）、美国联邦索引（U. S. Federal&State）等。

（2）找法网（FindLaw，http://www.findlaw.com）是世界著名的法律网站，提供较全面的美国法律信息。该网站在各法律条目下又链接了许多免费数据库，是查找法律的常用工具。

（3）律师信息网（InfoLaw，http://www.infolaw.com.uk）是英国的法律信息网站，收录了超过八万个英国法律文档和资源。

（4）中国法网搜索引擎（http://www.cnlaw.net/search）。中国法网（中国法律信息网）是中国最早创立和最大的法律网站之一，成立于1997年，提供咨询中心、律师黄页、律师快报、律师原创、诉讼指南、法律调查、法网导航等信息的检索。

（5）Qseek中国法律搜索引擎（http://www.qseek.net）提供法律、英文版法律、案例、律师、律师事务所、网站等信息的检索。用户可通过主题和分类途径进行检索，它是一个融合信息、用户、服务的专业搜索引擎。

（6）中国法律资源网（http://www.lawbase.com.cn）可以检索全国性和地方性的法律条文、各部委行政规章条例、国际条约和国

第12章 网络信息资源检索

际惯例、最高人民法院和最高人民检察院司法解释、经典判例、规范法律文书等。另有多个相关网站链接。

(7)北大法律信息网(http://chinalawinfo.com)是北大英华科技公司和北大法制信息中心共同创办的大型综合性法律网站,设置的栏目包括法规中心、咨询、教育、法学文献、论文、动态信息、法律聊天室等,提供众多法律资源链接并加以分类,并提供英文版的中国法律法规。

(8)法律图书馆(http://www.law-lib.com)主要介绍各种法律图书、论文等,提供大量法学链接。

(9)东方中华法律网(http://www.eastlaw.net)是中国法和比较法网站,提供英文版中国法律及研究课题等。

(10)法律教育网(http://www.chinalawedu.com)主要提供法学教育资源、司法考试辅导等

2.经济信息检索

(1)Inomics(http://www.inomics.com)是一个专门收集经济信息并提供检索服务的网站,采集了17万多有关经济信息的网页,经济信息内容十分丰富,包括金融机构、工商企业、银行、市场新闻、经济政策、经济会议、经济学者、经济学图书、经济学期刊、经济出版物、经济学各分支学科信息等,是一个针对性强、覆盖面广、具有权威性的专业检索工具。

Inomics提供信息浏览和关键词检索,通过"search engine for economic in formation"进入关键词检索界面,可进行多种选项组合查询,包括布尔逻辑检索、短语检索、字段检索等。单词之间五连接符默认为"与"关系。

(2)HooverOnline(http://www.hoovers.com)提供1200万个公司的综合商业信息,其中有4万个全球顶尖商业企业。

(3)国务院发展研究中心信息网(http://www.drcnet.com.cn)以国务院发展研究中心丰富的信息资源和强大的专家阵容为依托,全面整合中国宏观经济、金融研究和行业经济领域的专家资源及其研究成果,并与海内外众多著名的经济研究机构和经济资讯提供商

紧密合作,是中国著名的大型经济类专业网站,也是领导者和投资者的经济决策平台。

(4)中国经济学教育科研网(http://www.org.cn/cn)由中国经济学会秘书处主办,提供经济学教育综合资源信息、文献检索等。

(5)国家统计局网站(http://www.stats.gov.on)是国家统计局对外发布消息的窗口,设有统计公报、统计数据、统计分析、统计书架、统计法规、统计管理、统计机构等栏目。

(6)中国宏观经济信息网(http://www.macrochina.com.cn/nfo.html)由国家计委所属的中国宏观经济学会、中宏基金等机构共同发起,是具有政府背景的宏观经济专业网站,拥有政策信息资源优势和专家机构研究优势。中宏研究数据库涉及宏观形势、经济政策、金融、产业、外资、统计等18大类、70余小类,目前已有约20亿字。

(7)MACD证券搜索引擎(http://www.macd.cn)是MACD网站(广州市明夏阳人工智能技术有限公司)独家开发的搜索引擎产品。MACD"即时金融信息搜索引擎"的随时监控超过50000个金融站点,并不断增加,用户可及时把握深沪A、B个股,指数,基金,债券随时发生的消息。

3. 教育信息检索

(1)教育资源信息中心(The Educational Resources Information Center,http://www.eric.ed.gov)是由美国联邦政府投资的提供教育相关文献的国家信息系统,共有记录100多万条,是全球最大的教育信息源。主要有教育学图书与论文摘要数据库,数据每月更新,收录时间自1996年起,涉及教育研究与实践各领域。

(2)教育周刊(Education Week,www.eric.ed.gov.edweek.org)电子版提供全美教育在线新闻和记录,栏目有每日新闻、教育杂志、教育动态、特别报道等。

(3)中华人民共和国教育部网站(http://www.moe.edu.cn)是中华人民共和国教育部官方网站,提供教育新闻、教育政策、法规、各类型教育信息、招生考试、重要教育文献等内容。

(4)中国教育信息网(http://www.chinaedu.edu.cn)是由教育部教育管理信息中心与北京网盟信息技术发展有限公司合办的教育门户网站,有新闻中心、教研天地、学生社区、家长时段、招考中心、海外视窗、教育资讯、职业与培训等栏目和若干专题教育论坛。

(5)中国基础教育信息网(http://www.chinaevedu.net)由教育部信息中心和三联智信教育信息咨询有限公司联合建设基础教育和教育管理方面的资源。

(6)中国教育技术网点(http://www.etr.com.cn)是由中国教育技术协会主办的教育技术网站,提供教育技术政策法规、学术论文、学术动态、专业刊物的查询,设有教育技术论坛,并有多个教育技术相关的站点链接。

(7)中国教育报网站(http://www.jyb.com.on)由《中国教育报》主办,是中国教育报的电子版,设置有高等教育、中小学教育、学前教育、特殊教育、职业教育、教师教育、民办教育、家庭教育、校外教育、国外教育等栏目。

(8)教育部学位与研究生教育发展中心(http://www.cdgdc.edu.cn)是教育部直属事业单位,在教育部和国务院学位委员会的领导下开展工作。该网站提供学位考试、认证咨询、杂志等内容的检索。

4. 心理学信息检索

(1)美国心理学学会(The American Psychological Society, http://www.psychologicalscience.org)成立于1988年,该网站收录了大量的心理学资源网站信息,包括美国心理学学会与相关机构、国际心理学会与相关机构、心理学相关的美国政府机构、指导心理学研究的相应的美国联邦政府政策,并与其他心理学相关网站链接。

(2)美国心理学协会(American Psychological Association, http://www.apa.org)成立于1953年,是世界上最大的心理学家协会,成员包括15.9万多名研究人员、教育界人士、临床医师、顾问医师和学生。"心理信息"是美国心理学协会的主要学术出版项目的一个组成部分,包括每年出版近40种学术期刊、近75种图书。

(3)心理学百科全书网站(Encyclopedia of Psychology, http://www.psychology.org)提供大量心理学词条解释。

(4)斯坦福心理学系(Stanford Psychology, http://www.psych.stanford.edu)

是美国大学心理学专业领军之地,许多著名的心理学家如戈登·霍华德·鲍尔(Gordon H. Bower)、赫伯特·克拉克(Herbert H. Clark)等均在这里执教。该网站主要提供就读相关信息和导师信息。

(5)华夏心理网(http://www.psychen.com)是心理学应用、国家心理咨询师远程教育、执业支持和信息服务专业网站,由北京华夏赛科技发展有限公司为配合国家劳动和社会保障部的国家心理咨询师职业资格教育工程,与中国心理学界专家合作建立的国内第一家"国家心理咨询师职业资格远程教育培训中心与信息服务平台"。下设华夏心理资讯中心、华夏心理教育中心、华夏心理执业支持中心、华夏心理产品推展中心、华夏心理咨询论坛、华夏赛科公司和青苹果7个子网站,内容包括心理学资讯、远程教育、职业心理资讯师支持、心理学及其相关领域产品的网上推荐、心理学沦坛、青少年性健康教育等。

(6)心理学进取之路(http://www.psychapeo.com)是国内的一个心理学论坛,有心理学知识库、心理学图库、心理学论坛及心理学 Blog 等。

5. 文学信息检索

(1)文学资源中心(Literature Resource Center,简称 LRC,http://www.galenet.com/servlet/LitRC)是美国盖尔集团公司(Gal Groof)1998年推出的集成化、基于万维网的综合性文学信息数据库,包括古今九万位作家的生平、作品书目、部分作品梗概,以及对他们作品的评论。

LRC 根据文学信息检索的特殊性,提供八种检索途径,包括作者检索(Authorsearch)、题名检索(Title Search)、体裁检索(Genre Search)、文学运动或时代检索(Literary Movement/Time Period

Search)、文学主题检索(Literary Themes Search)、出版商说明检索(Essays on Publishing Companies search)、文学主题说明检索(Essays on Literary Topics Search)、自定义检索(Custom Search)。用户可选择上述单项或多项组配检索,检索结果按作家场记、著作目录、检索杂志报刊文章、作品评论、因特网资源、其他资源和相同风格的作家七个栏目显示,同一栏目下并列显示不同来源出版物的信息。

(2) An Online Library of Literature(http://www.literature.org)是隶属于英国 Knowledge Matters Ltd.公司的一个网上图书馆,全文收录大量经典英文文学作品以及达尔文、笛卡儿等科学家的杰作,按作者姓名编排。

(3) Bibliomania(http://www.bibliomania.com)免费提供超过2000部经典作品,并提供学习和研究指导,提供作者、标题及具体章节的搜索。

(4) Electronic Text Collections in Western European Literature(http://www.lib.virginia.edu/wess/etexts.html)是弗吉尼亚大学(The University of Virginia)图书馆的西欧和北欧文学电子文本资源导航,提供各国网站资源介绍,包括丹麦语(Danish)、荷兰语(Dutch)、法语(French)、德语(German)、希腊语(Greek)、爱尔兰语(Irish)、意大利语(Italian)、挪威语(Norwegian)、葡萄牙语(Portuguese)、罗马尼亚语(Romanian)、西班牙语(Spanish)、瑞典语(Swedish)等语言的文学信息。

(5) 国学宝典(http://www.gxbd.eom)自称是全球最大的中华古籍数据库网站,提供丰富的中华民族的古老文化信息,可以搜索到字典、古代人名及书名、唐诗宋词、历史文献等资料。

(6) 国学网站(http://www.guoxue.com)由北京国学时代文化传播股份有限公司和首都师范大学中国诗歌研究中心合办,是收费网站。

(7) 台湾国立政治大学英美文学系网站(http://www.english.moe.edu.tw)推出研究方法与论文写作指导、研究方法与论文写作

指导论坛、英美文学资源导航、文学论坛等栏目。

6. 历史信息检索

（1）历史信息网(http://www.thehistorynet.com)

历史信息网(History Net)由 Cowles History Grouplnc 推出，它收集了许多从杂志上摘录下来的文章，包括关于第二次世界大战、军事历史、航空历史、美国历史、美国内战、拓荒前美国西部、英国传统等信息，能够满足用户对于历史信息的多种检索需求。

（2）历史虚拟图书馆(http://www.ku.edu/history/VL/index.html)是由堪萨斯大学维护的网站，包括世界各国历史、重大事件、历史学研究方法和材料、研究指导等。

（3）中国历史文化信息网(http://www.chc.net.cn)由中国社会科学院主办，收录详细的中国历史信息，包括特藏著名学者文库等。

（4）中国国家博物馆网(http://www.nmch.gov.cn)提供所收录的大量珍贵历史文物资料信息。

（5）中国史学网(http://www.chinahis.com)由南开大学历史学院承建，主要面向高等院校教师、科研人员以及历史学爱好者。网站栏目以教学和科研为主，主要介绍历史学、考古学信息，相关的理论方法、思想流派以及论著教材，并提供历史素材数据库，内容包括原始文献、历史图片、地图、音频、视频等资料。

7. 旅游信息检索

（1）旅游搜索(http://www.lianwuzhou.com/navigator)是中国第一个专业的旅游业中文搜索引擎，汇集了内地及港、澳、台地区和新加坡、马来西亚等中文地域的旅游网站地址，目前已有各地的旅游资源及旅游企业的网址 5000 多条。

（2）中国旅游咨询网(http://www.chinaholiday.com)由武汉联合咨询网络有限公司创建于 1997 年 6 月，是国内较著名的旅游网站。该网站旅游信息资源十分丰富，提供全国各地和世界各国的风景名胜、旅游线路、酒店、旅行社、餐饮、娱乐、购物、交通等综合信息。

第12章 网络信息资源检索

(3)中国旅行热线网(http://www.cnto.com)提供旅游、酒店、机票等资料信息,信息内容全面,涉及全国300多个城市、地区及30多个国家和地区的食、住、行、购、娱等旅游信息,还包括行业动态、旅游研究、旅游商务、旅游人才市场、旅游研究等。

(4)华夏之旅(http://travel.chinavista.com/chsitemap.html)提供名胜古迹、旅游沙龙、酒店预订、机票预订、旅游导游图、黄金路线、出门手册、各地食谱等信息。

(5)中国西部旅游信息网(http://www.intowest.com)提供四川、重庆、西藏、贵州、云南、广西、新疆、青海、甘肃、宁夏等地区的旅游信息,内容包括交通顾问、风土人情、名胜古迹、宾馆饭店、旅游社团、旅游购物等。

8. 地图信息检索

(1)地图信息站点(Map Blast,http://www.maplast.com)是Vicinity Corp公司推出的地图信息检索服务站点,提供地图(Map)、行车(Drive)、地址(Find)三种检索途径。查找某国某地的相关地图可通过Map检索;检索行车路线可以利用Drive,检索地址使用Find。Map Blast不仅为用户提供地图及行车指南,还有交通、住宿、气象等信息。

(2)MapQuest(http://www.mapquest.com)公司1996年在因特网上投入使用,主要提供查询美国、北美及欧洲主要城市的地图、驾驶线路、旅游指南等。通过"Quick Search",选择美国城市或国际城市,可快速获得所需地图及相关信息;通过"Map Search",输入地址名称、城市名、州或省、邮政编码、国家名称等,即可获得相关地区的地图;通过驾驶指南"Driving Directions",了解北美城市之间、美国城市内部的行驶路线图;通过旅游导游"Travel Guide",可以得到从地图到食宿的一系列服务。

(3)ArcWeb Showcase(http://arcweb.esri.com/arcweb-viewer)是全球最大的GIS软件公司ESRI的WebGIS站点,提供美国、加拿大、欧洲的地图检索,地图从行政区划级到街道一级。

(4)MaponUS(http://www.mapsonus.com)提供非常详细的

 信息检索

美国地图查询,查询途径可以通过街道名、城市名或邮政编码,其特色是提供公司所在地和驾车路线等的查询。

(5)图行天下(http://www.go2map.com)提供中国城市地图信息检索,包括单位查询、行车路线查询、公交路线查询、周边环境查询、最近单位查询等。

9.艺术信息检索

(1)大英博物馆的官方网站(The British museum, http://www.thebritishmuseum.ac.uk)。大英博物馆是世界上最大的博物馆,收藏有全球各国文物约700万件。该网站对主要藏品作了比较详细的介绍,包括各国的许多珍贵艺术作品。由于藏品数量过于庞大,此网站只是大英博物馆各专题子网站的门户。

(2)卢浮宫博物馆官方站点(http://www.10uvre.fr/11v/commun/home_flash.jsp?bmLocale=en)。卢浮宫的艺术收藏多达40万余件,包括雕塑、绘画、美术工艺、古代东方、古埃及、古希腊、古罗马等七个门类。

(3)伦敦国立画廊官方网站(http://www.nationalgallery.org.uk),提供全部藏品的检索。伦敦国立画廊收藏有大量的东西方绘画,藏品数量仅次于卢浮宫。

(4)艺术收藏画廊(National Gallery of Art, http://www.nga.gov)由美国政府建立,收录有欧洲及美国的美术作品,包括绘画、雕塑、摄影、装饰艺术、建筑以及研究信息。

(5)巴黎毕加索博物馆(Musee Picasso, http://www.musee-picasso.fr)收集并展示毕加索的画作及雕刻作品,总计约203幅油画、158件雕刻作品、88件陶瓷器、1500件素描、1600幅版画。还收集了毕加索的亲笔原稿,编有毕加索的附有插图的书籍。此外,还有一部分为大师生平所收藏的帕尔哥(Braque)、卢梭(Rousseau)、米罗(Miro)及雷诺瓦(Renoir)等人的画作。

(6)美国国立音乐博物馆的网站(Nationa lMusic Museum, http://www.usd.edu/smm)。美国国立音乐博物馆的藏品主要是乐器,提供按制作者姓名索引的乐器介绍。

第12章 网络信息资源检索

(7)华夏艺术网(http://www.artsweb.com.cn)是四川省书法家协会、四川省美术家协会、四川省诗书画院、成都画院和四川省政协书画研究院主办的美术门户网站,主要提供作品欣赏、作者简介、画廊、国内主要美术馆链接。

(8)中国美术网(http://www.artcn.org)由中国美术网络中心、淄博信息港、淄博市文联、淄博中国画院主办,提供论坛、聊天室、美术理论和美术知识介绍以及美术资料,内容涵盖中国工艺美术、绘画、书法、建筑、石窟、雕塑、篆刻等。

(9)故宫博物院官方网站(http://www.dpm.org.cn)提供藏品精粹、故宫书库、学术论坛等栏目。

(10)国立故宫博物院(http://www.npm.gov.tw)是台湾故宫博物院的官方网站,提供在台湾的故宫藏品信息。

(11)兵马俑博物馆官方网站(http://www.bmy.com.cn),内容包括有关兵马俑的研究信息和论文。

(12)中国京剧艺术网(http://www.jingjuok.com)是国内京剧爱好者的个人网站,提供京剧的曲库、文库、伴奏、视频、脸谱等信息,部分资源可下载,并提供论坛和聊天室。

10.体育信息检索

(1)中国体育在线(http://www.sportsol.com.cn)以中国体育报业总社所属的25种媒体的丰富信息资源为基础,提供全面、及时、权威的体育文献信息、新闻信息等。25种媒体包括《中国体育报》、《中国足球报》、《世界体育周报》、《新体育》、《围棋天地》、《中华武术》等。在各栏目中,该站点提供的信息包括所有竞技运动项目重大比赛的最新最及时的消息、明星人物特写、赛事分析、述评、各个重点事件、热点人物等的相关信息。

(2)中华全国体育总会网(http://www.sport.org.cn/)是全国体育总会的官方网站,提供的体育信息丰富、全面,内容以发展体育事业、普及群众体育运动、提高全民族的身体素质为主体。

(3)中国奥委会(http://www.olympic.cn/)。中国奥委会官方网站(Official Website of the Chinese Olympic Committee)提供的

 信息检索

信息以奥林匹克运动会为主,包括雅典奥运、奥运百科、体育精英、体育项目、综合赛会、中国奥委会、北京 2008 等栏目。

(4)华奥星空(http://www.ports.cn/)提供丰富的体育资讯信息,包括体育彩票、电子竞技、视频点播等,全面介绍中国体育备战和参加奥运会等世界大赛的情况、奥林匹克运动知识和发展、北京 2008 奥运会的筹备情况及中国传统民族体育,还推出明星聊天、文化收藏、专家评论、网上论坛等。

(5)奥林匹克百科全书网(http://olympicnets.db66.com/index.asp)是一个以《奥林匹克百科全书》为依托,与中国奥林匹克出版社合作而建成的与奥林匹克运动有关的知识性网站,提供网上奥林匹克百科知识使用和查询服务。

12.3.2 自然科学信息检索

1. 数学信息检索

(1)美国数学学会(American Mathematical Society,http://www.ams.org)成立于 1888 年,其宗旨意在推动数学研究。该网站的信息服务内容十分丰富,提供各种数学专题研究、数学出版物信息、各种数学学术会议信息、数学评论、数学教育资料以及其他数学研究信息资源的检索等。

(2)Math Archives(http://archives.math.utk.edu)是一个综合性的数学站点,提供各种数学软件的链接、美国各大学数学院系的介绍和链接等。

(3)加州研究院应用与计算研究分部网站(Mathematics Resource Pointers,http://www.ama.caltech.edu/resources.html),提供部分数学资源的搜索和链接。

(4)国际数学联盟(http://www.mathunion.org/)提供国际数学科学的进展、新闻及全球数学资源的链接。

(5)数学服务网(http://www.math-net.org/services)是国际数学资源综合站点,提供全球数学资源、文献等的检索和链接。

(6)中国科学院数学研究所(http://www.math.aecn)是中国

数学研究的权威机构,提供数学资源链接。

2. 物理信息检索

(1)美国物理研究所开发的万维网检索站点(American Institute Physics,简称 AIP,http://www.alp.org)提供物理科研信息、出版信息及指向其他物理研究信息资源的链接,栏目包括站点内容(Entire AIP Site)、关于 AIP(about AIP)、公共信息(Public Information)、出版物(Pubications)、在线电子期刊(Online Journal & Electronic Services)、出版(Publishing Services)、职业与工业(Employment & Industry)、教育与学生(Eduction & Studentservices)、科学政策(Science Policy)、历史学中心(History Center)等。

(2)物理学链接网(http://www.physlink.com)是物理学资源综合性网站,提供物理学资源检索、教育信息和世界知名大学的物理学资源链接等。

(3)物理学资源指南(http://www.1ibrary.yale.edu/scilib/help/physbib.html)。耶鲁大学的物理学资源指南包括物理手册、物理学百科全书、字典的链接、专业刊物的索引等。

(4)中国物理学会(http://www.cps—net.org.cn/)。中国物理学会的官方站点,提供物理学学术消息。

3. 化学信息检索

(1)材化热讯电子报(Chem Center,http://www.chemcenter.org/search.html)是由美国化学学会(American Chemistry Society,ACS)推出的资源站点和检索工具,提供的资源和服务包括利用 ACS 图书馆(Use the Library)、建立您的事业(Build your Career)、会议检索(Find Meetings)、全球化学网络(Global Chemistry Network)、ACSR 的行动(ACS in Action)、化学新闻(Chemistry in the News)等 10 个大类。它提供的关键词检索功能能够对 ACS 网站、ChemCenter 网站、化学文摘 CAS、ACS 出版社、ACS 会员数据网站进行检索。

(2)WWW Chemistry Resources(http://www.chem.ucla.edu/chempointers.html)是美国加州大学洛杉矶分校化学系的化

资源网站,提供的链接有研究机构、非营利性组织、商业组织、化学虚拟图书馆、出版物、年鉴、软件、FTP 资源、化学新闻组等。

(3)国际网上化学学报(Chemical Journal On Internet,http://www.chemistrymag.org)是国际分子多样性保护组织(简称 MDPI)出版的国际性学术月刊。联合参与创办的中国机构有国家自然科学基金委员会化学科学部、中国科学院化学部。

(4)中国国家科学数字图书馆化学学科信息门户(http://chemport.ipe.ac.cn/index.shtml)是"国家科学数字图书馆项目"的子项目,提供了大量的、较为全面的化学信息。

4. 生物信息检索

(1)WWW Virtual Library:Biosciences (http://golgi.harvard.edu/htbin/biopages)是美国哈佛大学分子细胞生物学院开发的资源站点及检索工具,收集的生物信息十分全面详细,涉及生物科学的各个专业方向,如生物化学、分子生物学、植物学、生物工艺学、动物学等。资源内容丰富,既有资料库、电子期刊等出版物,又有生物教育资料、生化软件目录、生物学会等信息。它不仅提供目录浏览功能,还提供关键词检索。

(2)生物学虚拟图书馆(http://vlib.org/Biosciences/html)是生物学资料综合站点,包括生物剂量学、生态学、林木育种、栽培、细胞生物学、发生生物学、城市环境管理、遗传学、微生物学、有机体模型、神经生物学、寄生虫学、生理学等资料。该站点资源以目录形式进行分类。

(3)海威出版社(HighWire Press,http://intl.highwire.org)是世界第二大免费全文网站,提供超过 60 万篇全文,作者、标题、发表日期检索生物学和医学方面的信息,可按作者、标题、发表日期检索生物学和医学方面的信息。

(4)生物学信息资源网站(Bioinformatics Resources,http://www.genet.sickkids.on.ca/bioinfo_resources)主要提供有关生物特别是人类基因序列研究的情况、基因序列数据库查询及各种生物学刊物的链接和一些生物学软件的链接和介绍。

第12章 网络信息资源检索

(5) 美国国家生物技术信息中心网站(National Center for Biotechnology Information, http://www.ncbi.nlm.nih.gov)提供数据库、生物信息工具和应用的资源,链接了许多有关生物信息学的站点和资源。

(6) 专家蛋白质分析系统(Expert Protein Analysis System,简称 ExPASy, http://www.expasy.ch),其分子生物学服务器由瑞士生物信息学研究所维护,提供有关分析蛋白质序列、结构和表达的链接以及数据库和软件资源。

(7) 日本京都基因和基因组百科全书(Kyoto Encyclopedia of Genes and Genomes, 简称 KEGG, http://www.genome.ad.jp/kegg),网站主要提供较全面的代谢图谱。

(8) 生命科学学科信息门户(http://www.lifesciences.cn/SPT-Home.php)是国家科学数字图书馆(CSDL)资助的建设项目之一,是由生命科学图书馆资深信息资源建设人员和生命科学领域专家共同精心建设的生命科学网络资源导航(中、英文版),旨在对生命科学信息资源有所需求的用户提供免费服务,是在本学科范围内具有相当知名度和一定权威性的学科信息门户网站。

(9) 分子生物学信息网(http://www.37c.com.cn/topic/004/00401.asp)由第四军医大学建立,是国内第一个全中文、全方位提供分子生物学信息服务和查询的网站,内容包含分子生物学理论及技术、基因诊断技术与应用、研究进展、科技快讯等内容,旨在为广大的分子生物学及相关人员提供学习和相互交流的园地。

(10) 生物谷(http://www.bioon.com)是国内的专业生命科学站点和生命科学的综合信息网站,设有研究进展、热点资讯、考试信息、生物产业园、论文精华、生物学论坛等栏目,提供 TILS(Trends in Life Sciences)刊物的文章检索和下载。

5. 地理信息检索.

(1) CIA World Factbook(http://www.odci.gov/cia/publications/factbook)提供有关地理数据信息、出版物、地图以及有关组织和专业机构的信息。

(2) USGS(http://www.usgs.gov)是美国联邦地质调查局、地理科学/地球物理学网站,提供地理学、地质学、地球物理学、环境等方面的文献、数据、标准、信息。

(3) 美国国家地理数据中心(National Geophysical DataCenter,简称 NGDC,http://www.ngdc.noaa.gov)提供美国和全球环境监测卫星获得的数据的信息服务。

(4) Gesource (http://www.gesource.ac.uk/home/html)是 RDN(Research Discovery Network)地理和环境科学枢纽,提供的学科信息资源包括环境学、普通地理学、人类地理学、自然地理学等。数据库记录现已超过 4700 条,数据每日更新。

(5) 中国科学院地理科学与资源研究所网站(http://www.igsnrr.aecn)是中国地理科学研究的权威官方站点,提供的该学科专业期刊包括《地理学报》、《地理学报(英文版)》、《自然资源学报》、《地理研究》、《资源学报》、《地理科学进展》、《AMBIO》。可查阅著名科学家的学术报告。

(6) 国家测绘局官方网站(http://www.sbsm.gov.cn)由国家测绘局管理信息中心主办,主要提供地图学/测绘学方面的政策、法规、标准等信息。

(7) 国家基础地理信息系统(http://nfgis.nsdi.gov.cn)是国家测绘局的专业信息系统,也是中国最大的全国地理信息存储、数据管理、地图生产和数据应用系统之一。该系统是国家空间数据基础设施的重要组成部分。

(8) 中国空间信息网(http://www.cslgov.cn/gps/htm)由中华人民共和国科学技术部国家遥感中心主办,提供中国空间信息技术的资料、标准、论文等信息查询和一些重要的中国空间信息站点的链接。

(9) 中国科学院遥感应用研究所网站(http://www.irsa.ac.cn/index.asp)是中国遥感科学技术的权威站点,设有遥感论坛、遥感图书馆等栏目。

参考文献

[1] 王知津,崔永斌,胡伦赋,李颖.科技信息检索[M].天津:南开大学出版社,2003.
[2] 王知津.工程信息检索教程[M].北京:机械工业出版社,2009.
[3] 刘红光,周金元.科技信息检索与利用[M].南京:东南大学出版社,2004.
[4] 赵静.现代信息查询与利用[M].北京:科学出版社,2004.
[5] 于晓梅,高海玉,张静.林业信息检索[M].哈尔滨:东北林业大学出版社,2008.
[6] 高继红,潘辉,邓宗极.科研信息检索指南[M].哈尔滨:东北林业大学出版社,2008.
[7] 陈雅芝,等.信息检索[M].北京:清华大学出版社,2006.
[8] 叶鹰.信息检索理论与方法[M].北京:高等教育出版社,2004.
[9] 谢新洲,滕跃.科技查新手册[M].北京:科学技术文献出版社,2004.
[10] 董源.信息检索学[M].北京:中国林业出版社2000.
[11] 蒲延秋,文丽,宁淑华.医学文献检索[M].哈尔滨:东北林业大学出版社,2001.
[12] 陆建平.信息检索——从手工到联机、光盘、因特网[M].上海:华东师范大学出版社,2001.
[13] 符绍宏.信息检索[M].北京:清华大学出版社,2006.
[14] 陈冬花.文献信息检索与利用[M].上海:上海交通大学出版社,2005.
[15] 林希林,高继红,等.Internet网络信息资源检索[M].哈尔滨:

东北林业大学出版社,2006.
- [16] 潘燕桃.信息检索通用教程[M].北京:高等教育出版社,2009.
- [17] 赵捧未,窦永香.信息资源管理技术[M].北京:科学出版社,2010.
- [18] 贾君枝.信息资源战略管理理论与实践[M].北京:科学出版社,2007.
- [19] 刘双魁.信息检索与利用[M].南京:东南大学出版社,2010.
- [20] 王大盈.Elsevier 全文电子期刊数据库使用技巧[J].当代图书馆,2010(1).
- [21] 佟岩,杨错,王琳.EBSCOhost 和 Elsevier 全文数据库比较研究[J].数理医药学杂志,2010(5).
- [22] 张红芹,金洁琴,徐宁.数据库期刊开放获取情况的调查与分析[J].大学图书馆学报,2010(5).
- [23] 李岩,陈晓红.新版 Springer Link 全文数据库检索与利用[J].农业图书情报学刊,2009(3).
- [24] 王恺荣.Springer Link 网络数据库新版评价[J].现代情报,2008(1).
- [25] 鲍国海.Scopus 网络数据库收录的中国科技期刊统计分析[J].中国科技期刊研究,2006(6).
- [26] 杜永莉,刘畅.SCOPUS 数据库的检索与利用[J].现代情报,2007(2).
- [27] 刘广普.EBSCO 数据库检索方法[J].图书馆建设,2003(3).
- [28] 姜继红,陈少川.EBSCO 网络全文数据库介绍[J].青岛大学学报(自然科学版),2003(2).
- [29] 刘靖莉.EBSCOhost、Springer Link、Kluwer、John Wiley 和 Elsevier SDOS 的比较分析[J].江西图书馆学刊,2007(3).
- [30] 杨欣.我国文献原文传递服务现状与分析[J].农业图书情报学刊,2007(10).
- [31] 樊晓莉.文献传递与原文文献的获取[J].农业网络信息,2007(3).

[32] 薛调.原文传递中免费全文资源的查找途径[J].现代情报,2007(1).
[33] 张秀梅.高校图书馆外文文献原文传递补贴政策初探[J].图书馆工作与研究,2006(2).
[34] 张帆.Internet免费专利数据库检索与利用[J].昆明理工大学学报(社会科学版),2009(8).
[35] 马艳萍,柏介军,杨茹欣.专利数据库检索中应注意的几个问题[J].科技情报开发与经济,2010(23).
[36] 张新明,方小洵,吴国栋.专利文献和标准文献检索系统及网站的研究[J].广东科技,2010(8).
[37] 曹彩英.中国标准网上免费信息资源与检索技巧[J].河北工业科技,2005(3).
[38] 何青芳,陆琪青.中外科技报告的检索方法与获取途径[J].现代情报,2005(9).
[39] 何怡.中外网上学位论文数据库的检索与利用[J].图书馆工作与研究,2011(2).
[40] 李健康,许四洋,张政.九个常用中国专利检索网站比较研究[J].图书馆论坛,2010(6).
[41] 沈建华.国外主要专利网站介绍及检索技巧[J].网络财富,2009(6).
[42] 陈珍芳.网上免费标准文献信息的检索方法[J].科技情报开发与经济,2008(30).
[43] 雷桂萍.网络学术会议信息检索[J].图书馆学研究,2004(11).
[44] 余丽清,宛章齐.网络环境下科技报告的检索[J].农业网络信息,2010(2).
[45] 贺西安,李宏建,李文芯.转变研究模式推动知识创新——新一代学术信息资源整合体系ISI Web of Knowledge评介[J].科技情报开发与经济,2010(27).